Elementare Mikroökonomik

Von
Professor
Dr. Konrad A. Hillebrand

2., vollständig überarbeitete Auflage

R. Oldenbourg Verlag München Wien

Die Deutsche Bibliothek - CIP-Einheitsaufnahme

Hillebrand, Konrad:
Elementare Makroökonomik / von Konrad A. Hillebrand. – 2., vollst. überarb. Aufl. – München ; Wien : Oldenbourg, 1998
ISBN 3-486-24824-3

Rosenheimer Straße 145, D-81671 München
Telefon: (089) 45051-0, Internet: http://www.oldenbourg.de

Gedruckt auf säure- und chlorfreiem Papier
Gesamtherstellung: Grafik + Druck, München

ISBN 3-486-24824-3

Vorwort zur zweiten Auflage

Mit der neuen Auflage der „Elementaren Mikroökonomik" ist das Manuskript umfassend überarbeitet worden. Im Vordergrund stand dabei die Beseitigung von Fehlern und die rechnergestützte Anfertigung und Integration der Graphik. Für die hilfreiche Unterstützung bei dieser Arbeit danke ich Herrn Diplom-Betriebswirt Wolfgang Weber ebenso wie den zahlreichen Studierenden, die mit ihren kritischen Hinweisen ihr Interesse bekundet haben.

K. Hillebrand

Vorwort zur ersten Auflage

Noch ein Lehrbuch zur Mikroökonomik? Ja, denn Konkurrenz belebt das Geschäft! Ein inhaltlich neues Lehrbuch zur Mikroökonomik? „Jjjein!"

Das gehandelte Produkt auf dem Markt mikroökonomischer Lehrbücher zeigt sich heute merkwürdig heterogen. Manchmal bietet es schmale Kost, die über das Niveau wirtschaftskundlichen Palavers nicht hinausreicht. Dann wieder herrscht das Bemühen um Vollständigkeit vor. In diesem Fall entstehen voluminöse Bände, die aus der Sicht eines(r) typischen Studenten(in) eher abschrecken als zur Lektüre einladen.

Das vorliegende Lehrbuch versucht, die grundlegenden Inhalte der Mikrokonomik kurz und knapp aufzubereiten und zum Weiterstudium anzuregen. Es enthält deshalb alles, was etwa für ein Grundstudium relevant ist.

Als guter Geist, der bei der Überarbeitung des Manuskripts behilflich war, fungierte in diesem Fall Herr stud. rer. oec. Andreas Paulicks. Er zeichnet auch für das Personen- und Sachregister verantwortlich. Dafür schulde ich ihm Dank.

K. Hillebrand

Inhaltsverzeichnis

1. Zur Methodik oder: Was macht eigentlich ein Mikroökonom ?

Ein Mikroökonom zählt zur Spezies der Volkswirte. Seine vornehmste Aufgabe besteht darin, gesellschaftliche Realität zu erklären. Im allgemeinen - und dies gilt erst recht für ein einführendes Lehrbuch - konzentriert er sich dabei auf die im landläufigen Sinne wirtschaftliche Realität, also auf jenen Bereich des menschlichen Handelns, in dem es um die Erzeugung und den Verbrauch knapper Güter geht. Als knapp bezeichnet man Güter, die in einem größeren Umfang gewünscht werden als sie vorhanden sind. Knappheit charakterisiert demnach immer einen relativen Tatbestand und sollte nicht mit (absoluter) Seltenheit verwechselt werden. Abgestandenes Bier etwa mag selten sein, knapp ist es nie!

Ein Mikroökonom beschäftigt sich also mit Fragen folgender Art: Warum steigt der Preis für leichtes Heizöl? Weshalb nimmt die Zahl der selbständigen Existenzen im Lebensmitteleinzelhandel ständig ab? Wieso produzieren die landwirtschaftlichen Betriebe in der EU permanent Überschüsse bei bestimmten Agrarprodukten? Woran liegt es, daß der Absatz von Frühstückseiern stagniert, jener von Fernreisen aber expandiert? Warum sind über viele Jahre hinweg Millionen von Menschen arbeitslos?

Auf derartige Fragen werden Anworten gesucht, die zu den Ursachen führen. Der Weg dorthin ist allerdings schwierig. Jede der Fragen läßt nämlich spontan eine ungeheuere Vielzahl von Hinweisen auf denkbare Ursachen zu, die mal mehr oder mal weniger bedeutsam sein mögen, grundsätzlich aber Relevanz beanspruchen können für ein erklärungskräftiges Gesamturteil. Das Problem besteht darüber hinaus darin, daß die Beziehungen der Einflußgrößen untereinander und ihre Wirkungen auf den zu erklärenden Sachverhalt nicht einfach strukturiert sind. Es bestehen häufig keine simplen Abhängigkeiten sondern komplizierte Interdependenzen. Mit anderen Worten: Die wirtschaftliche Realität ist äußerst vielfältig, sehr komplex und wenig überschaubar. Wenn man angesichts eines solchen Befundes nicht resignieren und auf Erkenntnis nicht gänzlich verzichten will, bleibt nur eine vernünftige Strategie: Man reduziere die Komplexität!

Ein Mikroökonom trifft daher gleich zu Beginn seines Bemühens um Erklärungen eine Entscheidung von großer Tragweite. Er richtet sein Augenmerk nur auf jene Faktoren, die er im Zusammenhang mit dem gerade anstehenden Problem für wesentlich hält. Nebensächliches wird von ihm bewußt außer acht gelassen. Auf diese Weise entsteht ein gedankliches Konstrukt, das die Realität drastisch vereinfacht. Es handelt sich um eine Abstraktion der schillernden Vielfalt der Wirklichkeit, um ein Modell.

Um einem naheliegenden Mißverständnis gleich vorzubeugen: Ökonomische Modelle beanspruchen nicht, die wirtschaftliche Realität komplett, quasi en miniature, abzubilden. Solche Abbildungen wären auch wenig hilfreich, da sie keine

Orientierungen ermöglichen. Die Aufgabe ökonomischer Modellierung besteht vielmehr darin, die als relevant erachteten Zusammenhänge deutlich zu machen und pointierend hervorzuheben. Es kann also immer nur um ein problemadäquates Bild gehen. Insoweit sind ökonomische Modelle immer „irreal". Gleichwohl sind sie unglaublich nützlich, da sie die Herleitung wertvoller Einsichten über reale wirtschaftliche Sachverhalte ermöglichen.

Wenn wir bis hierher festhalten können, daß Mikroökonomen auf der Grundlage von abstrahierenden Gedankenspielen Aussagen treffen, die über die wirtschaftliche Realität informieren, dann ist damit recht eigentlich noch nicht das spezifisch Mikroökonomische deutlich geworden, denn die Modellakrobatik ist typisch für jeden Volkswirt und somit auch für den Makroökonomen. Kennzeichnend für die mikroökonomische Vorgehensweise ist hingegen die Berücksichtigung des einzelwirtschaftlichen Verhaltens bei der Erklärung. D. h., eine mikroökonomische Analyse liegt vor, wenn mit einer Hypothese über das Verhalten von einzelnen Wirtschaftssubjekten operiert wird. Dies schließt nicht aus, daß man auch Aggregate untersucht, eine Vielzahl von Akteuren also zu Gruppen zusammenfaßt, oder sich für das Zusammenwirken und die Konsequenzen der Entscheidungen vieler oder gar aller Individuen interessiert. Charakteristisch ist aber, daß der fraglichen Verhaltenshypothese für den Erklärungszusammenhang eine überragende Bedeutung zukommt.

Demgegenüber hantiert der Makroökonom bei seiner Analyse wirtschaftlicher Phänomene mit Aggregaten, ohne ständig auf einzelwirtschaftliches Verhalten zu rekurrieren. Für einen Makroökonomen sind vor allem die Beziehungen zwischen gesamtwirtschaftlichen Globalgrößen von Interesse, um zu Erklärungen zu gelangen. In seinem Modell agieren Gruppen, deren Aktivitäten durchaus nicht immer kompatibel sein müssen mit mikroökonomisch gefundenen Einsichten. Auf diese Weise wird im allgemeinen ein größeres Maß an Klarheit und Überschaubarkeit erreicht.

Damit sollte deutlich sein, daß es sich bei der Gegenüberstellung lediglich um ein unterschiedliches methodisches Vorgehen handelt, mikro- und makroökonomische Untersuchungen sich also nicht gegenseitig ausschließen. Im Interesse einer erklärungskräftigen Theorie dürfte es vielmehr sinnvoll (wenngleich nicht immer möglich) sein, makroökonomische Analysen mikroökonomisch zu fundieren.

Wie sieht nun das typische Menschenbild eines Mikroökonomen aus? Es ist denkbar einfach strukturiert und läßt sich durch die beiden folgenden Annahmen kennzeichnen:

1. Die Wirtschaftssubjekte wissen, was sie wollen.

2. Bei den Bemühungen, ihre Ziele zu erreichen, entscheiden sich die Akteure für die am wenigsten aufwendigen Alternativen.

Einen Menschen dieses Typs nennt man „homo oeconomicus“. Er tritt im Rahmen mikroökonomischer Analysen entweder als „minimizing man“ oder „maximizing man“ in Erscheinung. Seine Existenz wird außerhalb der Ökonomik oft ebenso vehement in Frage gestellt, wie sein Verhalten als unmoralisch diffamiert wird. Dabei behauptet dieses Menschenbild weder die ausschließliche Verfolgung streng egoistischer Ziele noch kommt ihm der Status einer empirisch bisher unwiderlegten Aussage zu. Es handelt sich um eine Hypothese, mit deren Hilfe es möglich ist, wirtschaftliche Sachverhalte, die den Charakter von Massenerscheinungen besitzen, auf ihre typischen Eigenschaften hin zu reduzieren. Insofern liefert die Mikroökonomik niemals vollständige Erklärungen konkreter Einzelereignisse, sondern immer nur „idealisierende“ Erklärungsmuster. Die Prämisse des zweckrationalen Verhaltens erweist sich dabei als äußerst nützliches Instrument.

Nicht minder bedeutsam ist in diesem Zusammenhang der Begriff des wirtschaftlichen Gleichgewichts. Als Gleichgewicht bezeichnet man gemeinhin einen Zustand, der die Tendenz aufweist, sich nicht zu verändern. Vor dem Hintergrund der Rationalitätsprämisse läßt er sich deuten als eine Situation der - bei gegebenen Umständen - bestmöglichen Zielerreichung. Gleichgewicht in diesem Sinne liegt dann etwa vor, wenn es einem (mehreren) Wirtschaftssubjekt(en) nicht mehr möglich ist, durch Umdisponieren eine günstigere Lage zu erreichen. Solange sich die von den Akteuren unabhängigen Umstände nicht verändern, wird auch keine Revision der Entscheidungen zu erwarten sein, die eingetretene Situation folglich in einem „Zustand der Ruhe“ verharren oder sich ständig reproduzieren. Dies ändert sich selbstverständlich, wenn die Entscheidungsumstände variieren, weil dann Anpassungen notwendig werden, um der Zweckrationalität zu genügen.

Das Denken in Gleichgewichtslagen ist nun ebenfalls charakteristisch für den Ökonomen. Da wirtschaftliches Geschehen Prozeßcharakter aufweist, interpretiert er ökonomische Abläufe im allgemeinen als Veränderungen, die sich als „Zwischenstationen“ auf dem Weg hin zu einem Gleichgewicht begreifen lassen. Die Vorstellung von einem Gleichgewicht fungiert dabei als Bezugspunkt, als Referenzgröße.

Es ist üblich, stabile Gleichgewichte von instabilen zu unterscheiden. Stabil wird ein Gleichgewicht genannt, wenn Anpassungsvorgänge infolge geänderter Entscheidungsumstände das erneute Erreichen eines gleichgewichtigen Zustandes gestatten bzw. wahrscheinlich machen. Ein Gleichgewicht wäre demgegenüber als instabil zu bezeichnen, wenn derartiges nicht zu erwarten ist. Es liegt auf der Hand, daß vor allem die Vorstellung von stabilen Gleichgewichten bedeutsam ist; denn ohne sie kann praktisch nichts ausgesagt werden über die Richtung oder gar Gesetzmäßigkeit ökonomischer Prozesse, da es an der maßgeblichen Orientierungsgröße fehlt.

Wenn insoweit festgehalten werden kann, daß volkswirtschaftliche Modellierung immer auch Gleichgewichtsanalyse bedeutet, so muß nunmehr erwähnt werden, daß dabei durchaus unterschiedliche Analysetechniken üblich sind. Sie lassen sich unterscheiden durch die Art und Weise, in der der Faktor Zeit Berücksichtigung findet. So ist eine Analyse statisch zu nennen, wenn nur der Gleichgewichtszustand als solcher interessiert und nicht etwa auch die Frage, wie sich diese Situation im Zeitablauf ergeben hat. Vom Zeitaspekt wird also abgesehen bzw. er wird aus der Betrachtung ausgeklammert. Daß ein solches Vorgehen dem Verlaufscharakter jeden wirtschaftlichen Geschehens nicht sonderlich adäquat ist, bedarf sicher keiner weiteren Begründung. Gleichwohl ist damit ein erster Schritt auf dem Weg getan, die Dimension Zeit quasi näherungsweise zu erfassen. Durch die Kennzeichnung einer weiteren Gleichgewichtssituation, die sich infolge geänderter Umstände ergeben haben mag, lassen sich nämlich Vergleiche anstellen, die Schlußfolgerungen über die bewirkten Konsequenzen zulassen (komparativ-statische Analyse). Der Anpassungsprozeß selbst bleibt dabei allerdings nach wie vor ungeklärt. Er wird erst dann explizit berücksichtigt, wenn man sich eines dynamischen Modells bedient, mit dessen Hilfe Entwicklungen sequentiell abgebildet werden können.

Auf einen weiteren Aspekt im Zusammenhang mit der Modellbildung in der Ökonomik ist an dieser Stelle hinzuweisen. Er betrifft die Unterscheidung zwischen einer partial- und einer totalanalytischen Betrachtung. Ein Partialmodell liegt vor, wenn Teilbereiche einer Volkswirtschaft zum Gegenstand einer Untersuchung gemacht werden und dabei z. B. von der Interdependenz aller Märkte abstrahiert wird (werden muß). Hier kommt die sog. „ceteris-paribus-Klausel“ besonders deutlich zu Anwendung, mit deren Hilfe alle sonstigen Einflüsse zwar nicht geleugnet, aber doch gedanklich als unverändert angenommen werden. Erkenntnisse auf der Grundlage von Partialanalysen können naturgemäß nur dann überzeugen, wenn die hinter der c.p.-Klausel verborgenen sonstigen Einflüsse tatsächlich unverändert bleiben oder nur unwesentliche Bedeutung für das Untersuchungsergebnis besitzen.

Totalanalysen richten ihr Interesse demgegenüber auf die Nationalökonomie als Ganzes und versuchen, alle relevanten Faktoren und Beziehungen zu berücksichtigen. Ihr Anspruch ist damit von vornherein ehrgeiziger als im Falle eines partialanalytischen Bemühens.

Faßt man die bisherigen Überlegungen zusammen, so wird deutlich, daß ein ökonomisches Modell immer durch die erwähnten drei differenzierenden Eigenschaften näher beschrieben werden kann. Es ist mikro/ makroökonomisch ausgerichtet, entweder statischer oder dynamischer Natur und beschäftigt sich mit Teilbereichen einer Volkswirtschaft (Partialmodell) bzw. deren Ganzen (Totalmodell). Darstellen läßt es sich mittels einer verbalen Explikation, eines graphischen Exposés oder in Form mathematischer Symbole und Gleichungen. Die Verwendung der Mathematik als Hilfsmittel besitzt dabei den Vorteil, daß der Gefahr einer logisch widersprüchlichen Argumentation vorgebeugt wird. Auch treten die Implikationen eines Modells deutlich zu Tage. Es ist deshalb nicht verwunderlich, wenn die ökonomische Modellierung häufig auf mathematische Weise erfolgt. Sie kommt überdies dem Interesse an Gleichgewichtssituationen entgegen. Stellen letztere doch nichts anderes dar als die Lösung eines mathematisch formulierten ökonomischen Modells.

Was also macht, um die eingangs formulierte Frage aufzugreifen, eigentlich ein Mikroökonom? Eine resümierende Antwort könnte lauten: Er beschäftigt sich mit wirtschaftlichen Phänomenen, indem er sie auf der Grundlage vereinfachender, aber problemadäquater Abbildungen als Konsequenzen menschlichen Verhaltens deutet. Das Verhalten interpretiert er als zweckgerichtetes Handeln im Sinne eines individuellen Kosten-Nutzen-Kalküls. Inhaltlich interessiert er sich vor allem für das preisgesteuerte Geschehen auf den Gütermärkten, behandelt im Kern also die Fragen der Preis- und damit der Allokationstheorie. Dies macht es erforderlich, zunächst den Bestimmungsgründen von Angebots- und Nachfrageentscheidungen auf Seiten der Unternehmen und Haushalte nachzugehen.

2. Haushaltstheorie

Die Orientierung an der Idee, den Wirtschaftsprozeß als einen Kreislauf zu begreifen, erlaubt eine zweckmäßige Übersicht über das Entscheidungsfeld, auf dem jene Wirtschaftssubjekte tätig sind, die man gemeinhin als Haushalte (HH) bezeichnet.

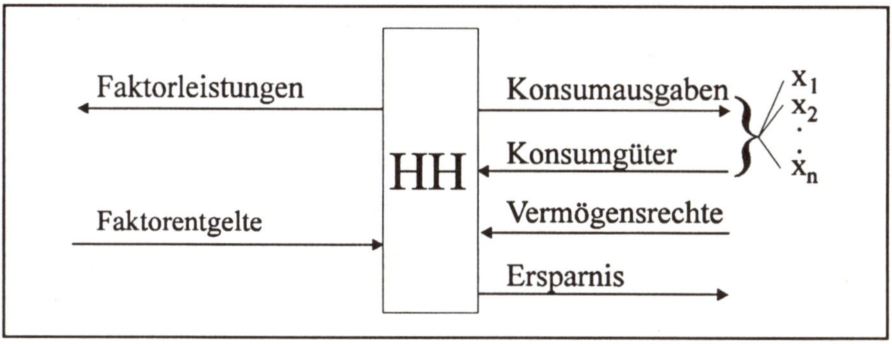

Abb. 2/1

Haushalte stellen den Unternehmen Produktionsfaktoren zur Verfügung, für deren Leistungsabgabe als Äquivalent ein Entgelt gezahlt wird. Dieses Einkommen wird verwendet zu konsumtiven Zwecken bzw. zur Vermögensbildung. Begreift man das Wirtschaftssubjekt „Haushalt" als einen repräsentativen, rational handelnden Akteur, gilt es folglich eine Vorstellung davon zu entwickeln, wie die Entscheidungen im Hinblick auf ein optimales Erwerbseinkommen, eine optimale Verwendung für Konsum- und Sparzwecke sowie eine optimale Aufteilung auf die verschiedenen Konsumgüter bzw. das Vermögensportfolio getroffen werden. Dabei ist zu beachten, daß die Einzelentscheidungen nicht unabhängig voneinander, sondern interdependent und häufig auch simultan erfolgen.

Im Rahmen eines einführenden Lehrbuches ist es sicher wenig sinnvoll, sich mit allen diesen Aspekten zu beschäftigen. Wir beschränken uns im folgenden auf die Konsumentscheidungen. Dabei wollen wir annehmen, daß die Einkommenshöhe zunächst gegeben ist und auch das Niveau der Ersparnis bereits festgelegt wurde. Im Mittelpunkt des Interesses steht dann die Frage, wie das (verbleibende) Konsumbudget aufzuteilen ist auf die verschiedenen Konsumalternativen.

2.1 Der optimale Konsumentscheid

Ein „homo oeconomicus" wird in der Konsumsphäre das objektiv Machbare so gut wie irgend möglich auf das subjektiv Wünschenswerte auszurichten suchen. Das objektiv Machbare ist leicht zu beschreiben; es liegt vor mit dem Umfang des Konsumbudgets. Unterstellen wir der Einfachheit halber, daß es dem Einkommen gleich sei, so läßt sich formulieren

$$\overline{E} = \overline{p}_1 x_1 + \overline{p}_2 x_2 + \dots + \overline{p}_n x_n \quad \text{mit}$$

$\overline{E}$ = gegebenes Einkommen

$\overline{p}_i$ = gegebene Preise der Konsumgüter 1, 2 ... n und

x_i = Mengen der Konsumgüter 1, 2 ...n.

Die Höhe des Einkommens E ist begrenzt und muß aufgeteilt werden auf die konsumtiven Verwendungen x_1, x_2 ...x_n. Zur Kennzeichnung des subjektiv Wünschenswerten wollen wir davon ausgehen, daß es unserem Haushalt möglich sei, exakt anzugeben, wie groß das Ausmaß seiner Bedürfnisbefriedigung (= Nutzen) infolge des Ge- und Verbrauchs der einzelnen Konsumgütermengen x_1, x_2 ... x_n ist. Diese Annahme ist sehr restriktiv. Wie später zu zeigen sein wird, ist sie in dieser Strenge nicht notwendig zur Herleitung der maßgeblichen Ergebnisse. Sie erweist sich aber als sinnvoll aus didaktischen Gründen, da sie einen leichteren Zugang zu dem anstehenden Problem möglich macht.

Unser Haushalt kann also jeder beliebigen, nach Art und Umfang unterschiedlichen Konsumgütermenge eine eindeutige, kardinal meßbare Nutzenzahl zuordnen, d. h. er kennt seine individuelle Nutzenfunktion

$$U = f(x_1, x_2 \dots x_n),$$

mit U(= utility) = Nutzen. Beschränken wir uns, um die Übersichtlichkeit zu erhöhen, auf nur zwei Konsumgüter, so mag die Nutzenfunktion etwa folgende Werte aufweisen:

$x_1 \Rightarrow$ / $x_2 \Downarrow$	0	1	2	3	4	5	6	7	8
0	0	10	19	27	34	40	45	49	52
1	16	26	35	43	50	56	61	65	68
2	30	40	49	57	64	70	75	79	82
3	42	52	61	69	76	82	87	91	94
4	52	62	71	79	86	92	97	101	104
5	60	70	79	87	94	100	105	109	112
6	66	76	85	93	100	106	111	115	118
7	70	80	89	97	104	110	115	119	122
8	72	82	91	99	106	112	117	121	124

Tab. 2/1

Die in der Tabelle enthaltenen Informationen lassen erkennen, daß sich die beiden Konsumgüter gegenseitig austauschen lassen, d. h. es handelt sich um substitutive Güter. So ist z. B. ein Nutzenniveau in Höhe von U = 70 erreichbar durch die Güterkombination (x_1=0 ; x_2=7), (x_1=1 ; x_2=5) oder auch (x_1=5 ; x_2=2). Ebenso läßt sich ein Ausmaß an Bedürfnisbefriedigung von U = 79 erreichen durch die Verbrauchsmengen (x_1=2 ; x_2=5), (x_1=3 ; x_2=4) oder (x_1=7 ; x_2=2).

Des weiteren wird deutlich, daß mit zunehmenden Konsumgütermengen immer auch ein höheres Nutzenniveau einhergeht. Diese Eigenschaft läßt sich so interpretieren, daß unser Haushalt offenbar „unersättlich" ist. Jeder weitere Verbrauch ist für ihn erstrebenswert, weil mit zusätzlicher Bedürfnisbefriedigung verbunden, so daß für alle Differenzenquotienten gilt: $\Delta U/\Delta x_i > 0$.

Andererseits zeigt die Tabelle auch, daß der Nutzen sich nicht proportional zum Verbrauch entwickelt. Die zusätzliche Bedürfnisbefriedigung aus zusätzlichem Konsum, der Grenznutzen also, ist zwar stets positiv, nimmt aber ständig ab. So gilt für jede Zeile bzw. Spalte:

x_i	1	2	3	4	5	6	7	8
$\Delta U/\Delta x_1$	10	9	8	7	6	5	4	3
$\Delta U/\Delta x_2$	16	14	12	10	8	6	4	2

Tab. 2/2

Die beiden letzten Eigenschaften entsprechen einem Sachverhalt, den man als 1. Gossensches Gesetz bezeichnet, da das Urheberrecht für das „Gesetz vom abnehmenden Grenznutzen" von H. H. Gossen in Anspruch genommen werden darf.

Wenn insoweit hinreichend Klarheit besteht über die subjektive Dimension des Wahlproblems, gilt es nun, den Optimierungsentscheid zu beschreiben. Wir wollen dabei davon ausgehen, daß unser Haushalt über ein Einkommen in Höhe von $\overline{E} = 28$ Geldeinheiten verfüge und die Preise der Güter 1 und 2 mit $\overline{p}_1 = 2$ und $\overline{p}_2 = 4$ angegeben werden können. Welche Verbrauchsstruktur ist zu wählen angesichts der Unersättlichkeit einerseits, aber nur beschränkt verfügbarer Mittel andererseits? Offenbar jene, die unter den gegebenen Umständen den größtmöglichen Nutzen ermöglicht. Unser Haushalt befindet sich dann im sog. Haushaltsgleichgewicht.

Die Lösung gelingt besonders instruktiv, wenn man die Wahlhandlungen sequentiell betrachtet. Unser Haushalt muß sich nämlich bei jeder Geldeinheit, die er ausgibt, die Frage stellen, welcher Nutzenzuwachs damit erzielt werden kann. Die günstigere Alternative ist jeweils zu wählen. Für das (diskrete) Zahlenbeispiel bedeutet dies, daß er jeweils abzuwägen hat zwischen zwei Einheiten des Gutes 1 und einer Einheit von Gut 2. Nur so ist die Vergleichbarkeit gewährleistet; in beiden Fällen entstehen wegen der unterstellten Preise dann Ausgaben in gleicher Höhe (4 Geldeinheiten).

Ein Blick auf die tabellierten Werte der Nutzenfunktion zeigt, daß zunächst zwei Mengen von Gut 1 zu wählen sind. Das erreichbare Nutzenniveau ist mit $U(x_1 = 2; x_2 = 0) = 19$ der Alternative $U(x_1 = 0; x_2 = 1) = 16$ überlegen. Anschließend fällt die Abwägung zugunsten der Alternative 2 aus, da ein höherer Zugewinn an Nutzen nunmehr hier zu erzielen ist: $U(x_1 = 2; x_2 = 1) - U(x_1 = 2; x_2 = 0) > U(x_1 = 4; x_2 = 0) - U(x_1 = 2; x_2 = 0)$. Die dritte Entscheidung gibt wieder der Verwendung 1 den Vorzug, denn es gilt: $U(x_1 = 4; x_2 = 1) - U(x_1 = 2; x_2 = 1) > U(x_1 = 2; x_2 = 2) - U(x_1 = 2; x_2 = 1)$. Für jede Sequenz der weiteren Wahlhandlungen gelten entsprechende Überlegungen. Der Weg und das Ergebnis sind in der Tabelle 2/1 durch Pfeile (mit durchgehender Linienführung) gekennzeichnet. Sie erreichen ihr Ziel bei einem Nutzenniveau von $U(x_1 = 6; x_2 = 4) = 97$. Dies ist das Resultat der unter den gegebenen Umständen optimalen Konsumwahl. Die bewerteten Verbrauchsmengen absorbieren das Budget.

Im Prinzip geht es immer um eine Abwägung, die jenen Zusatznutzen vergleicht, der durch zusätzlichen Konsum infolge zusätzlicher Ausgaben möglich wird. Die entscheidende Orientierung liefert also der Grenznutzen des Geldes. Er muß, wenn das Budget optimal strukturiert ist, in allen Verwendungsbereichen dasselbe Niveau aufweisen. Mit anderen Worten: Der letzte zu konsumtiven Zwecken verwendete Geldbetrag hat bei allen Konsumalternativen denselben Nutzenzuwachs zu bewirken. Solange dies nicht gewährleistet ist, besteht die Möglichkeit, durch eine revidierte Konsumwahl das Nutzenniveau insgesamt zu erhöhen.

Für unser Zahlenbeispiel gilt etwa, daß auch die Konsumstruktur (x_1=2 ; x_2=6) das Budget in Höhe von $\overline{E}$ = 28 Geldeinheiten ausschöpft. Das realisierte Ausmaß der Bedürfnisbefriedigung beläuft sich in diesem Fall auf 85 Nutzeneinheiten. Verzichtet man nun auf den Verbrauch von einer Einheit der Alternative 2, so hat man zwar einen Nutzenentgang in Kauf zu nehmen, der sich auf $U(x_1 = 2; x_2 = 6) - U(x_1 = 2; x_2 = 5) = 6$ beziffern läßt. Gleichzeitig besteht jedoch die Möglichkeit, den auf diese Weise disponibel werdenden Teil des Budgets in die Verwendung 1 zu lenken. Der dadurch erzielbare Nutzengewinn weist einen Wert von $U(x_1 = 4; x_2 = 5) - U(x_1 = 2; x_2 = 5) = 15$ auf, übersteigt also den Verlust infolge des Konsumverzichts bei Alternative 2. Solange mit Hilfe eines derartigen Umdisponierens die Zugewinne größer sind als die auftretenden Einbußen, ist das Haushaltsgleichgewicht noch nicht gefunden. In der Tabelle 2/1 weisen die Pfeile mit der unterbrochenen Linienführung auch hier den Weg.

Insgesamt ist somit festzuhalten, daß eine optimale Verbrauchsstruktur dann erreicht ist, wenn der Grenznutzen des Geldes in jeder Verwendungsrichtung denselben Wert annimmt. Dies ist der Inhalt des 2. Gossenschen Gesetzes. Es läßt sich, wie alle bisherigen Überlegungen, anhand einer Graphik anschaulich machen.

2.1.1 Das graphische Exposé

Unser Zahlenbeispiel bedingt eine Nutzenentwicklung infolge steigender Verbrauchsmengen des Konsumgutes 1 (bei gegebenem Verbrauch in der alternativen Verwendung von z. B. x_2 = 1), die aus der Figur 2/2 deutlich wird.

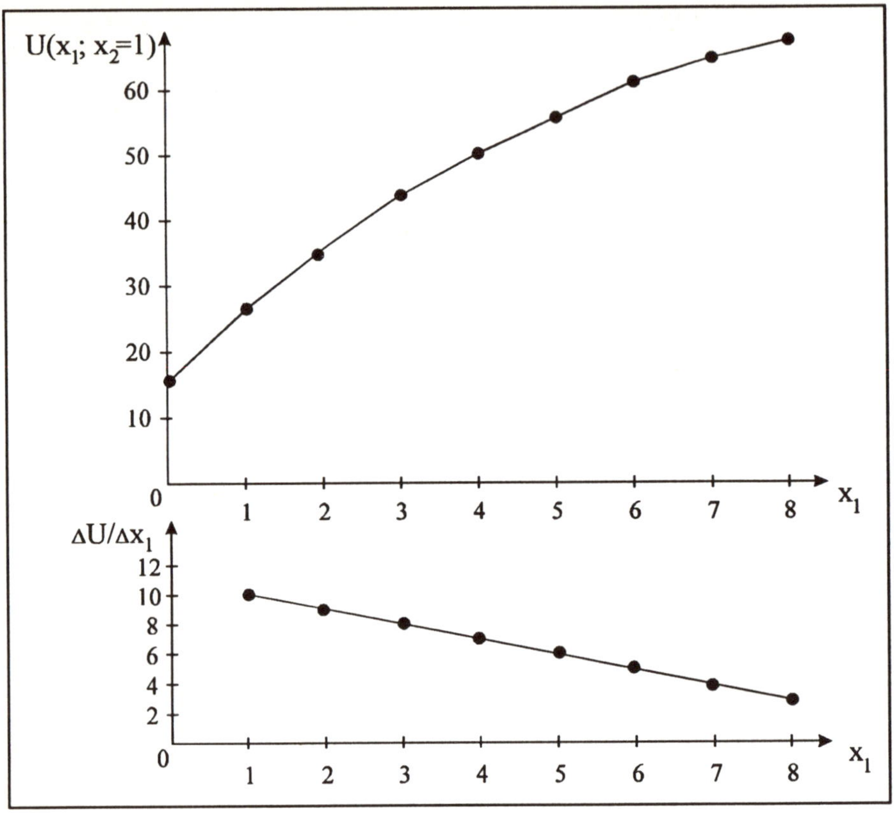

Abb. 2/2

Der Verlauf des ebenfalls dargestellten Grenznutzens dokumentiert die Berücksichtigung des 1. Gossenschen Gesetzes: Der Grenznutzen ist zwar stets positiv, nimmt aber ab, d. h., der Graph des Grenznutzens weist eine negative Steigung auf. Das Bild des Nutzenverlaufs bei zunehmendem Konsum von 2 (und gegebenem Verbrauch von 1) sähe ähnlich aus.

Stilisiert man das grundlegende Verlaufsmuster und unterstellt unendliche Teilbarkeit sowie Stetigkeit, dann führt dies, bei variablen Verbrauchsmengen beider Konsumalternativen, zu einem dreidimensionalen Nutzengebirge wie in dem folgenden Bild.

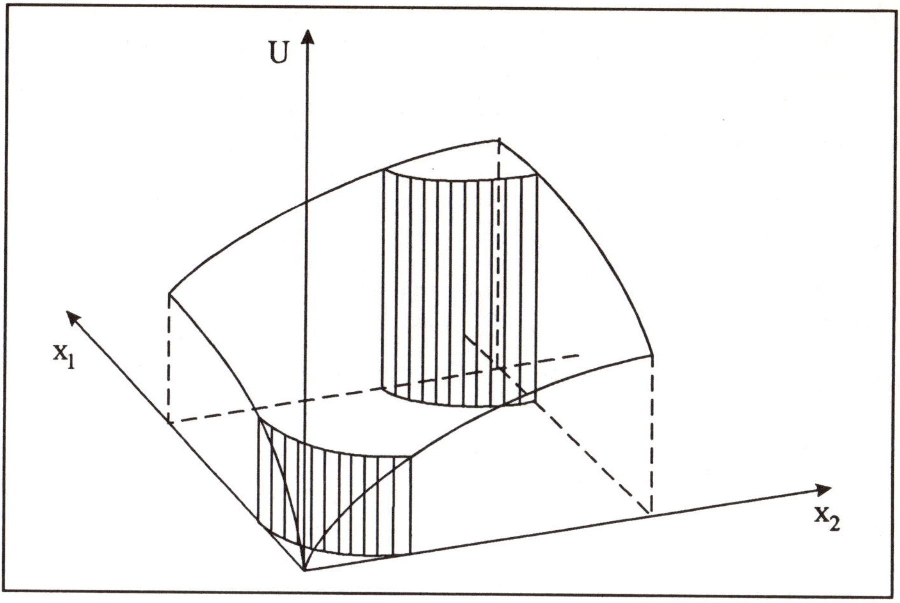

Abb. 2/3

Das Nutzengebirge läßt erkennen, daß sich die Konsumgüter zueinander substitutiv verhalten im Hinblick auf die Bedürfnisbefriedigung. Würde man das Gebirge etwa parallel zur (x_1,x_2)-Ebene schneiden und den Schnitt auf diese Fläche projizieren, so resultierte daraus folgende Kurve.

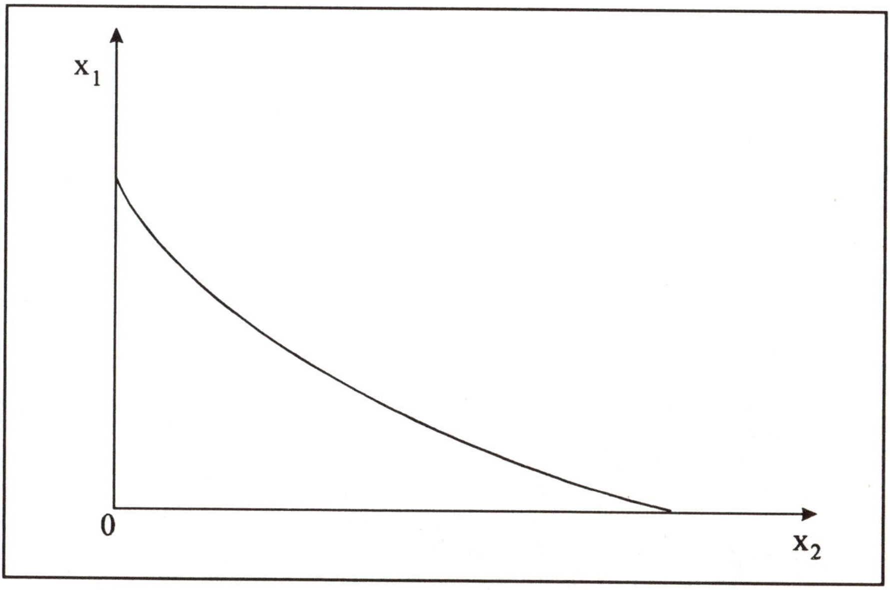

Abb. 2/4

Man nennt sie eine Indifferenzkurve. Sie ist der geometrische Ort aller (x_1,x_2)-Kombinationen, denen gegenüber sich ein Haushalt subjektiv indifferent verhält, da diese verschiedenen Gütermengen ihm denselben Nutzen stiften. Sofern die Indifferenzkurve eine der Achsen des Koordinatensystems oder gar beide berührt, liegt vollkommene, ansonsten unvollkommene Substitution vor.

Man kann sich nun vorstellen, daß die (x_1,x_2)-Ebene von einer ganzen Schar von Indifferenzkurven bedeckt wird. Das Nutzenniveau, das sie jeweils repräsentieren, wird umso höher sein, je weiter weg vom Koordinatenursprung sie angesiedelt sind. Sie werden beliebig dicht beieinander liegen, sich aber niemals schneiden.

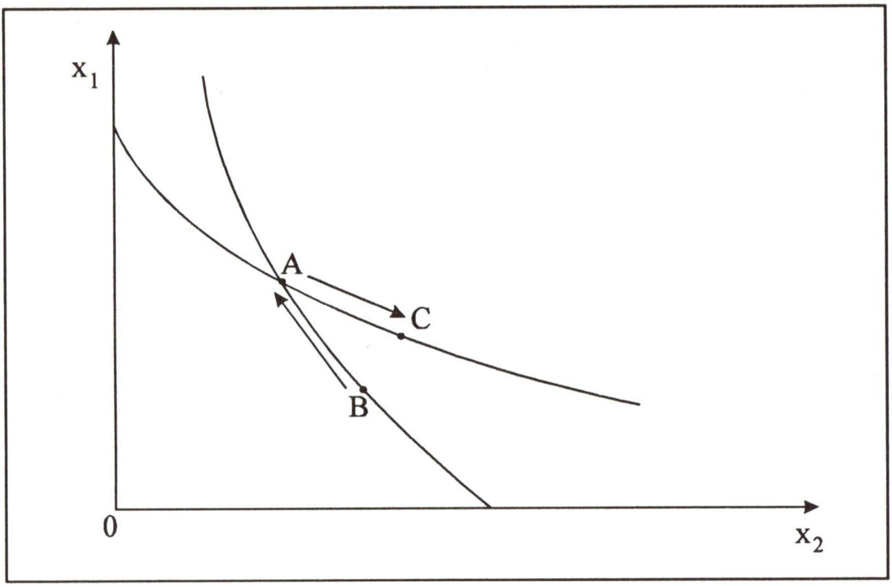

Abb. 2/5

Die (x_1,x_2)-Kombinationen etwa in A und B liegen beide auf einer Indifferenzkurve, repräsentieren also dasselbe Nutzenniveau. Gleiches gilt für A und C. Logischerweise müßte dann auch eine Indifferenz bestehen zwischen B und C. Dies ist aber nicht möglich, da C sowohl von 1 wie auch von 2 mehr Mengen enthält als B und wegen der „Unersättlichkeit" unseres Haushalts deshalb für ein höheres Niveau der Bedürfnisbefriedigung stehen muß.

Wie läßt sich nun der optimale Konsumplan graphisch deuten? Erinnern wir uns, daß in unserem Beispiel das disponible Einkommen mit $\overline{E} = 28$ Geldeinheiten und die Preise der Konsumalternativen mit $\overline{p}_1 = 2$ und $\overline{p}_2 = 4$ gegeben waren. Dividiert man die Werte der Grenznutzen aus Tab. 2/2 durch die jeweiligen Preise, so erhält man die Grenznutzen des Geldes. Diese lassen sich in Abhängigkeit von dem „Realeinkommen", ausgedrückt in Gütergegenwerten, darstellen.

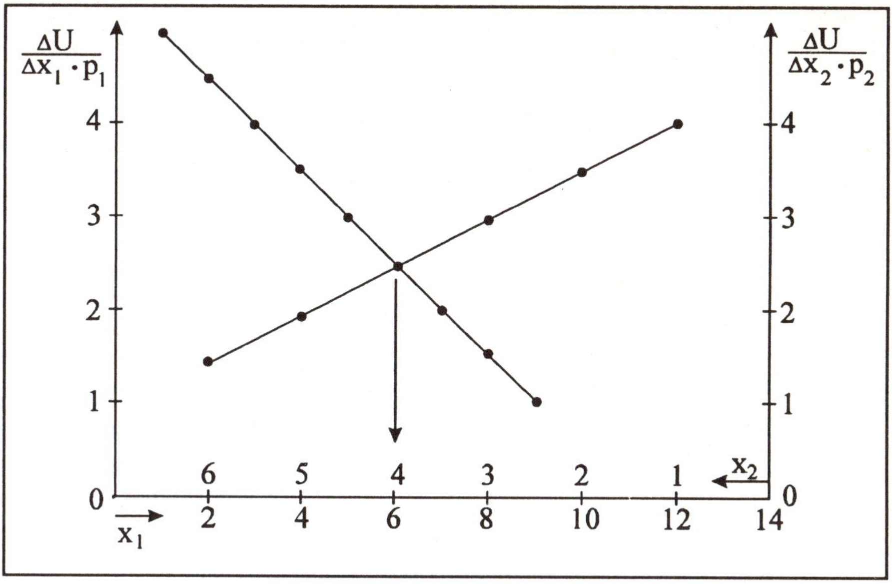

Abb. 2/6

Die Strecke der Abszisse in Figur 2/6 informiert über die Höhe und mögliche Aufteilung des Realeinkommens. Es kann zum Kauf von maximal $x_1 = 14$ (gelesen von links nach rechts) bzw. $x_2 = 7$ (gelesen von rechts nach links) Mengeneinheiten verwendet werden. Möglich sind aber auch z.B. die Güterkombinationen ($x_1 = 2$; $x_2 = 6$) oder ($x_1 = 8$; $x_2 = 3$). Trägt man auf den Ordinaten den jeweiligen Grenznutzen des Geldes ab, so liegt mit dem Schnittpunkt der beiden Graphen das Haushaltsgleichgewicht ($x_1 = 6$; $x_2 = 4$) fest. Der Grenznutzen des Geldes nimmt an dieser Stelle in beiden Verwendungen den Wert $\Delta U/(\Delta x_i.p_i) = 2{,}5$ für $i = 1{,}2$ an. Suboptimal wären Güterkombinationen sowohl links wie rechts von dieser Aufteilung; denn durch einen zunehmenden (reduzierten) Verbrauch jenes Konsumgutes mit dem höheren (geringeren) Grenznutzen des Geldes zu Lasten (zugunsten) der alternativen Verwendung ließe sich ein insgesamt höheres Nutzenniveau erreichen. Selbstverständlich müssen sich diese Resultate auch in der mathematischen Version der Problemlösung wiederfinden lassen.

2.1.2 Die mathematische Version

Aus mathematischer Perspektive handelt es sich bei der Herleitung der optimalen Konsumstruktur um eine Aufgabe, die wie folgt formuliert werden kann: Es gilt eine Funktion zu maximieren unter Beachtung einer Nebenbedingung. Für derartige Fragestellungen existiert dank J.-L. Lagrange ein einfaches Lösungskonzept. Die Zielfunktion wird additiv mit der umgeformten Nebenbedingung erweitert, und die solcherart ergänzte Funktion wird maximiert. Auf diese Weise ist sichergestellt, daß die gefundenen Lösungen auch der Nebenbedingung genügen.

Im Vordergrund steht hier die Nutzenfunktion

(1) $$U = f(x_1, x_2)$$

mit den Eigenschaften

a) $\delta U/\delta x_i > 0$ und b) $\delta^2 U/\delta x_i^2 < 0$

für i = 1,2. In den Eigenschaften a) und b) kommt das 1. Gossensche Gesetz zum Ausdruck. Der Einfachheit halber hatten wir mit dem Zahlenbeispiel überdies unterstellt, daß

c) $\delta^2 U/(\delta x_1 \cdot \delta x_2) = 0$

gilt; d. h., daß sich der Grenznutzen eines Gutes nicht verändert, wenn von dem anderen Gut mehr konsumiert wird. Diese Eigenschaft ist nicht zwingend notwendig.

Die Funktion (1) ist zu maximieren unter Beachtung der Restriktion, die mit der Höhe des gegebenen Einkommens (= Konsumniveau) und seiner möglichen Verwendung in Form von

(2) $$\overline{E} = \overline{p}_1 \cdot x_1 + \overline{p}_2 \cdot x_2$$

vorliegt. Fassen wir (1) neu unter Berücksichtigung von (2), so lautet die Langrange-Funktion

(3) $$U_L = f(x_1, x_2) + \lambda (\overline{E} - \overline{p}_1 \cdot x_1 - \overline{p}_2 \cdot x_2)$$

Der additive Zusatz realisiert den Wert Null, wenn das Einkommen E restlos zu konsumtiven Zwecken verwendet wird. λ ist ein fester, aber nicht näher bestimmter Multiplikator. Auf diese Weise entsteht eine Funktion mit nunmehr drei Argumenten: x_1, x_2 und λ. Sie besitzt Extremwerte an jenen Stellen, an denen auch die Nutzenfunktion (1) Extremwerte innerhalb des Intervalls besitzt, das durch (2) festliegt.

Eine Funktion mit mehreren Argumenten weist bekanntlich an jenen Stellen Extremwerte auf, an denen die partiellen Ableitungen nach den unabhängigen Variablen den Wert Null realisieren (= Bedingung 1. Ordnung; die Bedingungen 2. Ordnung lassen wir im folgenden außer acht). Für unsere Lagrange-Funktion (3) bedeutet dies

(4) $$\delta U_L / \delta x_i = (\delta U/\delta x_i) - \lambda \overline{p}_i = 0 \qquad \text{für } i = 1{,}2 \text{ und}$$

$$\delta U_L / \delta\lambda = \overline{E} - \overline{p}_1 \cdot x_1 - \overline{p}_2 \cdot x_2 = 0.$$

Es resultiert ein Gleichungssystem, das aus drei Gleichungen besteht mit drei Variablen, deren Werte durch die Lösung festliegen. Die letzte Gleichung garantiert die Beachtung der Nebenbedingung.

Gemäß (4) hat zu gelten

(5) $$\lambda = (\delta U/\delta x_1) / \overline{p}_1 = (\delta U/\delta x_2) / \overline{p}_2$$

Dies ist die analytische Form des uns bereits bekannten 2. Gossenschen Gesetzes. Der Grenznutzen des Geldes besitzt bei einer optimalen Verbrauchsstruktur in allen Verwendungen denselben Wert. Wie leicht zu erkennen ist, kann diese Bedingung auch in die folgende Form

(6) $$(\delta U/\delta x_1) / (\delta U/\delta x_2) = \overline{p}_1 / \overline{p}_2$$

gebracht werden. Danach gilt ebenfalls: Im Haushaltsgleichgeweicht ist das Verhältnis aus den Grenznutzen der Güter dem Verhältnis ihrer Preise gleich. Diese Resultate lassen sich selbstverständlich auf beliebig viele Güter verallgemeinern.

2.1.3 Eine andere, aber ähnliche Sicht des Problems: Die Theorie des ordinalen Nutzens

Die bisherigen Überlegungen basierten auf der Annahme, unser Haushalt sei in der Lage, einer jeden beliebigen, nach Art und Umfang unterschiedlichen Konsumgütermenge eine eindeutige, kardinal meßbare Nutzenzahl zuzuordnen. Eine derartige Vorstellung hat in der Geschichte der Volkswirtschaftslehre nicht erst seit jüngster Zeit Widerspruch hervorgerufen. Es läßt sich jedoch zeigen, daß auch schwächere Prämissen genügen, um zu unseren Ergebnissen zu gelangen.

Für die folgenden Überlegungen fordern wir nicht mehr die Möglichkeit der kardinalen, sondern nur mehr die der ordinalen Vergleichbarkeit. Unser Haushalt vermöge also stets anzugeben, ob er eine bestimmte Gütermengenkombination $(x_1;x_2)^A$ einer anderen $(x_1;x_2)^B$ vorzieht, ob ihm $(x_1;x_2)^B$ vorteilhafter erscheint als $(x_1;x_2)^A$ oder ob er beiden Alternativen gegenüber indifferent ist.

Es wird mithin nicht mehr gefordert, auch das Ausmaß der Vorteilhaftigkeit beziffern zu können. Wenn wir darüber hinaus Widerspruchsfreiheit verlangen im Hinblick auf alle solcherart dokumentierbaren Präferenzen und im übrigen an der

Annahme der Nichtsättigung festhalten, dann lassen sich in Orientierung an einer $(x_1;x_2)$-Gütermengenebene folgende Schlußfolgerungen ziehen:

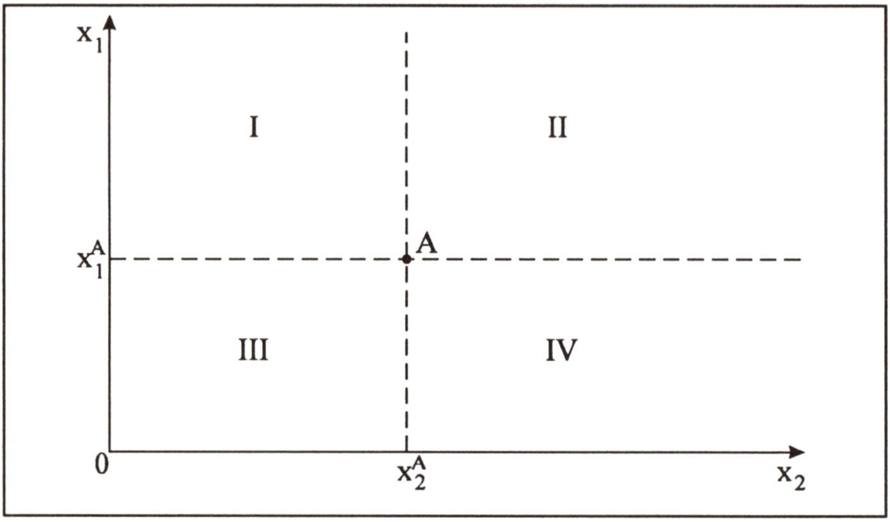

Abb. 2/7

Unser Haushalt wird, ausgehend von Punkt A, all jene Verbrauchsalternativen der Versorgungssituation A vorziehen, die sich durch beliebige Punkte in dem Quadranten II abbilden lassen. Quadrant III ist dagegen der geometrische Ort aller Konsumkombinationen, die der Ausgangslage A unterlegen sind. Wegen der unterstellten Nichtsättigung in Verbindung mit der geforderten Widerspruchsfreiheit gelten die Rangordnungen: $(x_1;x_2)^{II} > (x_1;x_2)^A$, $(x_1;x_2)^A > (x_1;x_2)^{III}$ und auch $(x_1;x_2)^{II} > (x_1,x_2)^{III}$.

In den Quadranten I und IV liegen jene Güterkombinationen, die im Vergleich zu A von x_1 (x_2) zwar mehr, dafür von x_2 (x_1) aber weniger enthalten. Geht man von einem substitutiven Verhältnis der Konsumgüter x_1 und x_2 zueinander aus, dann muß es offenbar Versorgungsalternativen in I und IV geben, die in Relation zu A als gleichwertig anzusehen sind. Drei weitere Annahmen (Stetigkeit, Differenzierbarkeit und Konvexität) führen schließlich zu einer Verbindungslinie all dieser Konsumpunkte, und es entsteht der geometrische Ort all jener Gütermengen, die dem Haushalt denselben Nutzen stiften: unsere aus früheren Überlegungen schon bekannte Indifferenzkurve.

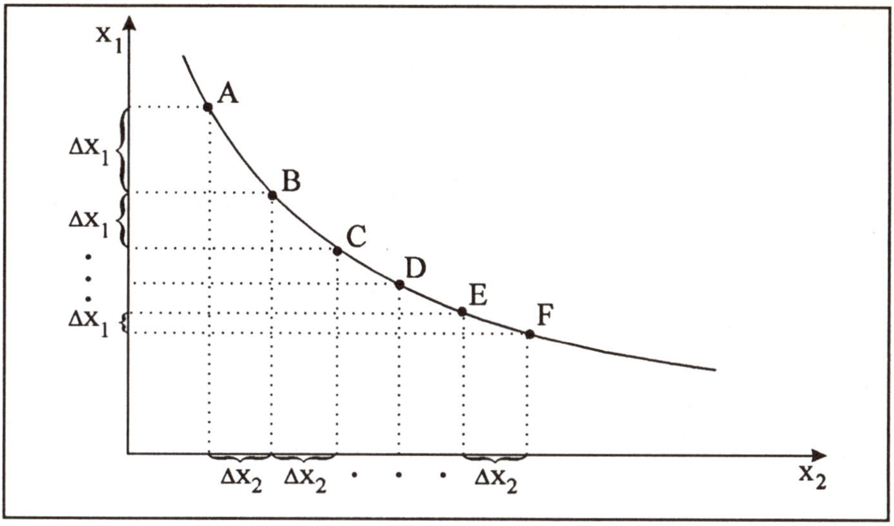

Abb. 2/8

Ihre gegen den Koordinatenursprung gerichtete Krümmung (Konvexität) hat in bezug auf die Austauschbarkeit der Güter untereinander eine charakteristische Konsequenz. Wandert man etwa vom Punkt A aus über B, C usw. bis F auf der Indifferenzkurve entlang, ersetzt man das Gut 1 also sukzessiv durch 2, dann nimmt der Differenzenquotient $\Delta x_1/\Delta x_2$ ständig ab. Anders gewendet: Eine anhaltende Substitution des einen Produktes 1 durch das andere 2 verlangt zur Aufrechterhaltung eines gegebenen Nutzenniveaus relativ steigende „Ersatzmengen". Geht man zu einer Grenzwertbetrachtung über, so hat man es mit der Steigung der Indifferenzkurve zu tun. Der fragliche Sachverhalt ist dann gleichbedeutend mit der Feststellung, daß die Steigung der Indifferenzkurve (dx_1/dx_2), die „Grenzrate der Substitution", absolut abnimmt.

Diese Eigenschaft wird plausibel, wenn wir uns an die (kardinale) Nutzenfunktion erinnern. Ihr totales Differential lautet

$$dU = (\delta U/\delta x_1)dx_1 + (\delta U/\delta x_2)dx_2$$

und informiert uns über Nutzenänderungen, die sich infolge kleiner Veränderungen der Gütermengen ($dx_1;dx_2$) ergeben. Entlang einer Indifferenzkurve gilt, da der Nutzen unverändert bleibt, $dU = 0$, so daß auch

$$(\delta U/\delta x_1)dx_1 + (\delta U/\delta x_2)dx_2 = 0$$

ist.

Diese Beziehung läßt sich umformen zu

$$dx_1/dx_2 = -(\delta U/\delta x_2)/(\delta U/\delta x_1),$$

womit ausgesagt ist, daß die Grenzrate der Substitution von Gut 1 durch Gut 2 immer dem reziproken negativen Verhältnis der Grenznutzen entspricht. Von den Grenznutzen hatten wir früher aber angenommen, daß sie abnehmen bei zunehmendem Konsum (1. Gossensches Gesetz). Für den Quotienten rechts des Gleichheitszeichens bedeutet dies, daß eine Substitution von 1 durch 2 den Wert des Zählers verringert und jenen des Nenners erhöht. Folglich ist die Krümmung der Indifferenzkurve gegen den Koordinatenursprung und damit die abnehmende Grenzrate der Substitution eine unmittelbare Konsequenz des 1. Gossenschen Gesetzes.

Für die Überlegungen dieses Abschnitts wollten wir lediglich ordinale Vergleichbarkeit verlangen. Damit sind wir gezwungen, von der Gültigkeit des 1. Gossenschen Gesetzes abzusehen; denn ein ordinaler Vergleich erlaubt keine Aussage darüber, ob die Grenznutzen zunehmen, abnehmen oder gleichbleiben. Dies bedeutet, daß im Kontext der ordinalen Nutzentheorie die konvexe Krümmung der Indifferenzkurven axiomatisch gefordert werden muß und sich nicht deduktiv aus anderen Annahmen ergibt. Ansonsten gleichen die Ergebnisse den früheren Überlegungen.

Entsprechendes gilt für das Haushaltsgleichgewicht. Bevor wir es herleiten, haben wir noch die objektiven Beschränkungen in Form eines gegebenen Konsumbudgets zu berücksichtigen. Sie lassen sich in geeigneter Weise ebenfalls in einem $(x_1;x_2)$-Koordinatensystem abtragen.

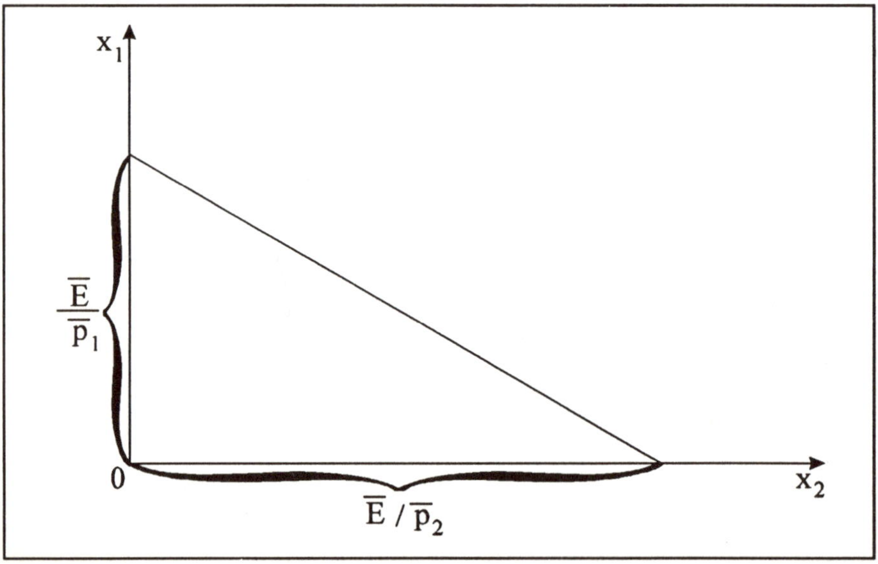

Abb. 2/9

Bei gegebenen Preisen $\overline{p}_1$ und $\overline{p}_2$ definiert jede Einkommenshöhe $\overline{E}$ eine Gerade mit den Koordinatenabschnitten $\overline{E}/\overline{p}_1$ auf der Ordinate und $\overline{E}/\overline{p}_2$ auf der Abszisse. Diese Linie nennt man Budget- oder Bilanzgerade. Ihre Steigung wird, wie unschwer zu erkennen ist, durch das Verhältnis der Konsumgüterpreise festgelegt, denn es gilt:

$$dx_1/dx_2 = -(\overline{E} / \overline{p}_1)/(\overline{E} / \overline{p}_2) = -\overline{p}_2 / \overline{p}_1.$$

Die Gerade informiert über alle aus der Sicht eines Haushalts realisierbaren Verbrauchsmengenkombinationen. Gütermengen, die sich durch Punkte rechts von der Bilanzgerade abbilden lassen, sind infolge der gegebenen Einkommenshöhe und der ebenfalls gegebenen Preise objektiv nicht zu erreichen. Gütermengen links von der Bilanzgerade schöpfen das Budget nicht aus und kommen für die weiteren Überlegungen aus diesem Grund nicht in Frage. Daraus folgt: Unser Haushalt wird sich auf jeden Fall für eine Verbrauchsstruktur entscheiden, die auf der Budgetgeraden liegt. Aber für welche?

Um diese Frage zu beantworten, müssen wir wiederum das objektiv Machbare (hier: die Bilanzgerade) mit dem subjektiv Wünschenswerten (hier: das Indifferenzkurvensystem) konfrontieren.

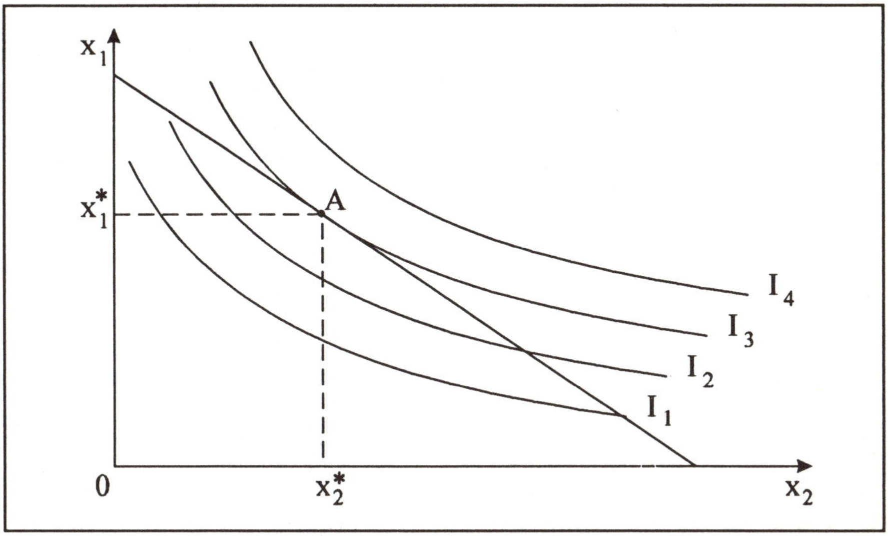

Abb. 2/10

Wandert man auf der Budgetgeraden von links oben nach rechts unten, so erreicht man fortwährend Indifferenzkurven, die weiter weg vom Koordinatenursprung angesiedelt sind als die vorhergehenden und deshalb für ein höheres Nutzenniveau stehen. Dies gilt so lange, bis die Budgetgerade zu einer Tangente an einer Indifferenzkurve wird (Punkt A). Würde man auf der Bilanzgerade weiterwandern, erreichte man nurmehr Nutzenniveaus, die im Vergleich zu A geringer ausfallen.

Offenbar ist in A das Haushaltsgleichgewicht realisiert: Die Verbrauchsstruktur ($x_1^*;x_2^*$) gewährleistet bei der gegebenen Restriktion das höchstmögliche Niveau der Bedürfnisbefriedigung.

Formal gilt überdies, daß im Punkt A die Steigung der Indifferenzkurve mit der Steigung der Bilanzgerade übereinstimmt. Für die Steigung der Indifferenzkurve, die Grenzrate der Substitution, hatten wir früher notiert:

$$dx_1/dx_2 = -(\delta U/\delta x_2)/(\delta U/\delta x_1)$$

Für die Steigung der Budgetgerade gilt, wie oben gezeigt:

$$dx_1/dx_2 = -\overline{p}_2/\overline{p}_1$$

Folglich gilt auch:

$$(\delta U/\delta x_2)/(\delta U/\delta x_1) = \overline{p}_2/\overline{p}_1 \text{bzw.}$$

$$(\delta U/\delta x_1)/\overline{p}_1 = (\delta U/\delta x_2)/\overline{p}_2,$$

womit wir wieder bei der Feststellung angelangt sind, daß sich im Haushaltsgleichgewicht die Grenznutzen des Geldes in allen Verwendungen entsprechen.

Bis hierher war für uns vorrangig von Interesse, wie ein gegebenes Budget bei gegebenen Preisen und bekannter Präferenzordnung auf die möglichen Konsumalternativen optimal aufgeteilt wird. Wir beschäftigten uns mit einem Problem, daß in funktionaler Hinsicht auch als

$$x_i = g_i[\overline{p}_i; \overline{p}_j; \overline{E}; U = \overline{f}(x_i;x_j)] \quad \text{mit } i,j = 1,2 \text{ und } i \neq j$$

formuliert werden kann. Die weiteren Überlegungen konzentrieren sich nun auf die Frage, welches Verhalten unser „homo oeconomicus“ offenbart, wenn sich die Ausgangssituation verändert. Sie kann variiert werden durch geänderte Preise, ein verändertes Einkommen und/oder eine neue Nutzenfunktion. Mit dem Entstehen und der Veränderung von Präferenzen beschäftigen sich Nationalökonomen gewöhnlich nicht („de gustibus non est disputandum“). Wir wollen hier ebenfalls davon absehen und auch die einzelnen Konsumgüterpreise zunächst unverändert lassen. Vorerst variiere nur das Konsumbudget (= die Einkommenshöhe).

2.2 Der optimale Konsumentscheid in Abhängigkeit von Einkommensvariationen

Orientieren wir uns an dem Zahlenbeispiel der Tab. 2/1 und setzen alternativ die beiden Einkommensniveaus $\overline{E} = 16$ und $\overline{E} = 36$ voraus, so wird folgendes deutlich: Im ersten Fall gewährleisten die Verbrauchsmengen ($x_1 = 4$; $x_2 = 2$) das Haushaltsoptimum, im zweiten Fall die Verbrauchsmengen ($x_1 = 8$; $x_2 = 5$). Dieses Ergebnis erhält man auf der Grundlage desselben Kalküls, das früher beschrieben wurde. Im Vergleich zur optimalen Verbrauchsstruktur ($x_1 = 6$; $x_2 = 4$) bei der ursprünglich angenommenen Einkommenshöhe $\overline{E} = 28$ nimmt sowohl x_1 wie auch x_2 mit dem Konsumbudget ab bzw. zu. Diese Konsequenz ist im allgemeinen auch zu erwarten (Nichtsättigung!), wenngleich die jeweilige Verbrauchsentwicklung nicht notwendigerweise parallel zum Einkommen verlaufen muß. Die graphische Darstellung der Zusammenhänge bestätigt diese Vermutungen.

Einkommensvariationen führen in der (x_1; x_2)-Gütermengenebene zu einer Parallelverschiebung der Budgetgeraden. Dies gilt nicht nur für eine Veränderung des Nominaleinkommens bei konstanten Güterpreisen, sondern auch für eine Veränderung des Realeinkommens infolge einer gleichförmigen Variation der Güterpreise bei unverändertem Geldeinkommen. Mit steigendem Einkommen verlagert sich die Budgetgerade vom Koordinatenursprung weg nach rechts.

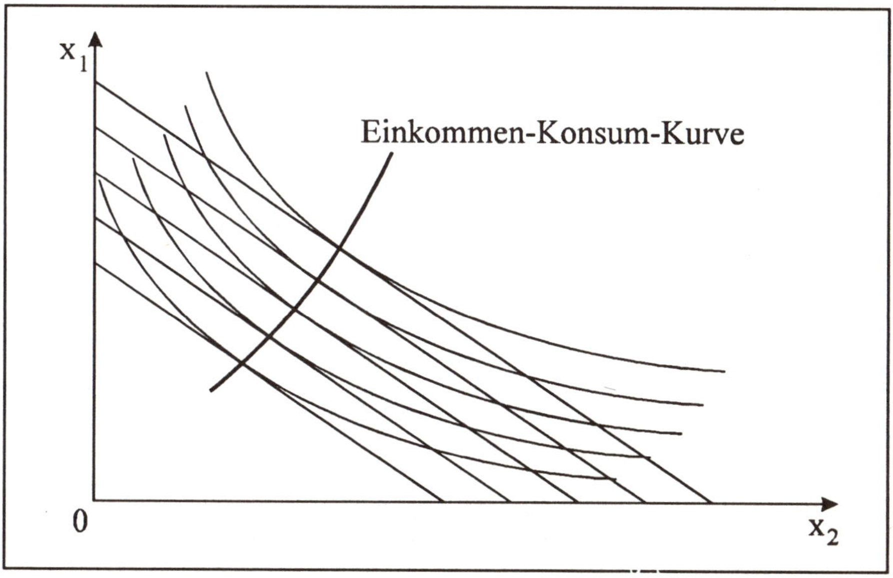

Abb. 2/11

Jede Budgetgerade berührt eine Indifferenzkurve und realisiert damit das ihr gemäße Haushaltsgleichgewicht. Verbindet man alle Tangentialpunkte zu einer Kurve, entsteht der geometrische Ort aller Haushaltsoptima bei variablem

Einkommen: die Einkommen-Konsum-Kurve. Sie informiert über die einkommensabhängigen Konsumentscheidungen unseres Haushalts als Ergebnis des Optimierungskalküls. Ihr exakter Verlauf resultiert aus dem konkret vorliegenden Indifferenzkurvensystem. Für Figur 2/11 bedeutet dies, daß x_1 überproportional und x_2 unterproportional auf Einkommensvariationen reagiert. Abgebildet in einem gesonderten Diagramm ergäbe sich etwa folgendes Bild:

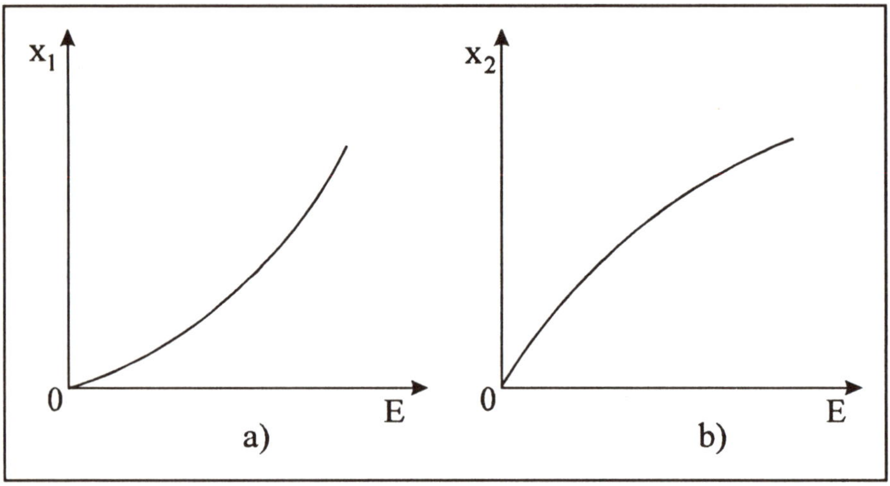

Abb. 2/12

Im Fall 2/12 a) spricht man von einem superioren und im Fall 2/12 b) von einem relativ inferioren Gut. Denkbar ist durchaus auch, daß die Nachfrage nach einem Produkt negativ mit der Einkommenshöhe korreliert ist. Für wahrscheinlich gehalten wird dies üblicherweise bei sog. „minderwertigen" Produkten. Es läge dann absolute Inferiorität vor.

Relativ inferiore Güter werden häufig Engel-Schwabesche Güter genannt; denn der deutsche Statistiker Engel stellte Mitte des 19. Jahrhunderts aufgrund von Querschnittsanalysen fest, daß die Ausgaben für Nahrungsmittel nur unterproportional mit der Einkommenshöhe steigen. Ein ähnliches Ergebnis konnte zur fraglichen Zeit von Schwabe im Hinblick auf die Mietausgaben ermittelt werden. Die Kennzeichnung relativ inferiorer Güter als Engel-Schwabesche Produkte ist jedoch insofern unscharf, als Querschnittsanalysen immer unterschiedliche Präferenzen erfassen, während unser Thema hier auf eine konstante individuelle Präferenzordnung abstellt und die Konsequenzen von Einkommensvariationen aufzudecken sind. Die Gleichsetzung wäre nur dann überzeugend, wenn auch die Existenz gleicher oder ähnlicher Präferenzordnungen behauptet werden kann.

2.3 Der optimale Konsumentscheid in Abhängigkeit von Preisveränderungen

Wenden wir uns nun im Wege des isolierenden Vorgehens (c.p.) den Konsequenzen von Preisveränderungen zu. Eine Orientierung an dem Zahlenbeispiel der Tab. 2/1 ermöglicht auch für diesen Fall nützliche erste Einsichten. Unterstellen wir, der Preis des Gutes 2 sinke von $\overline{p}_2 = 4$ auf $\overline{p}_2 = 2$. Das Einkommen E und der Preis p_1 mögen auf dem alten Niveau von $\overline{p}_1 = 2$ und $\overline{E} = 28$ verbleiben.

Auf der Grundlage des früher beschriebenen Optimierungskalküls wird sich unser Haushalt für die Verbrauchskombination ($x_1 = 7$; $x_2 = 7$) entscheiden. Er wird von der billiger gewordenen Konsumalternative beträchtlich mehr nachfragen und den Verbrauch des anderen Produktes ebenfalls, wenn auch nur geringfügig, steigern. Der erste Effekt überrascht nicht sonderlich. Man wird ihn normalerweise erwarten. Die Auswirkungen auf den Verbrauch x_1 sind hingegen zumindest bemerkenswert. Warum nimmt die Nachfrage nach einem Gut zu, wenn der Preis eines anderen Produktes sinkt? Die Antwort auf diese Frage ist nicht einfach. Dies hängt damit zusammen, daß die beiden aufgezeigten Konsequenzen - wenn man von dem Zahlenbeispiel einmal absieht - keinesfalls selbstverständlich sind, sondern durchaus auch Gegenteiliges eintreten kann. Anschaulich wird dies anhand von graphischen Darstellungen.

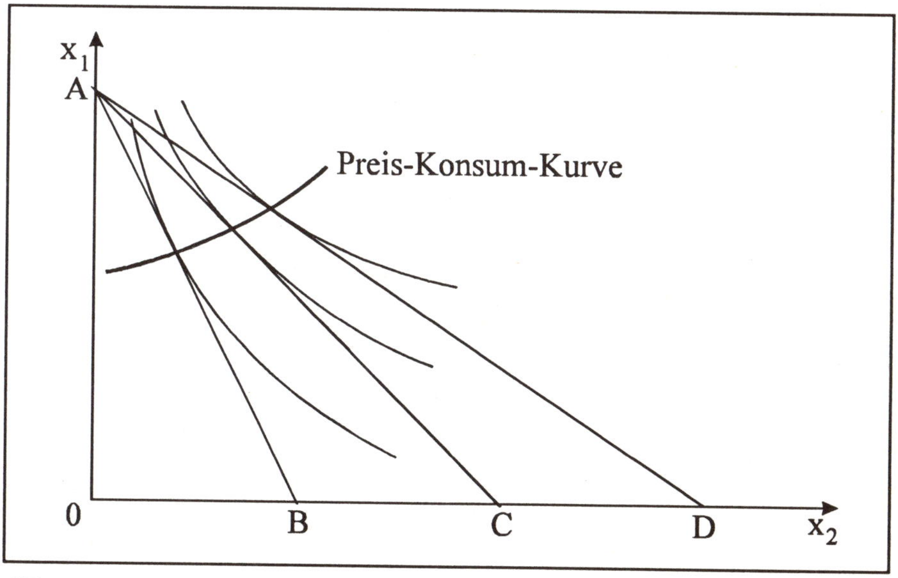

Abb. 2/13

Preisvariationen bei einem Produkt führen in der (x_1;x_2)-Gütermengenebene dazu, daß sich die Steigung der Budgetgerade verändert. Sinkt etwa der Preis p_2 um 50% bei konstantem Preis p_1, so realisiert die zugehörige Budgetgerade nun auf der Abszisse den doppelten Wert (ausgehend von der Gerade AB gilt: OC = 2 · OB). Würde der Preis p_2 auf 1/3 seines Ausgangswertes fallen, bedeutete dies eine Verlängerung des Abszissenwertes um das 3-fache (OD = 3 · OB) usw..

Zu jeder Budgetgerade existiert eine Indifferenzkurve, die tangiert wird. Hier liegt das entsprechende Haushaltsoptimum. Verbindet man alle derart gefundenen Optima zu einer Kurve, so resultiert daraus der geometrische Ort aller Haushaltsgleichgewichte bei alternativen Preisen p_2. Sie informiert über die preisabhängigen Konsumentscheidungen eines Haushalts als Ergebnis des Optimierungskalküls. In der Figur 2/13 läßt sie erkennen, daß mit sinkendem Preis p_2 ein zunehmender Verbrauch sowohl bei x_1 wie bei x_2 einhergeht. Dies ist nicht selbstverständlich, wenn auch vielleicht üblicherweise zu erwarten. Möglich sind aber auch Fälle, wie sie in der folgenden Abbildung zum Ausdruck kommen.

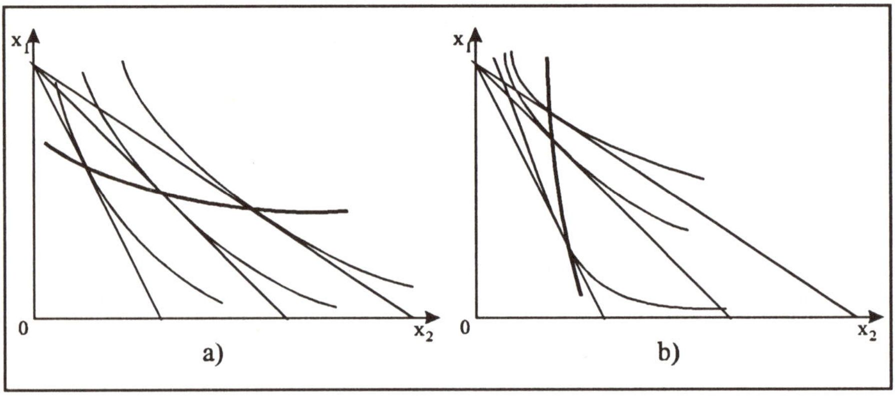

Abb. 2/14

Die Preis-Konsum-Kurve in der Abb. 2/14 a) dokumentiert zunehmende (abnehmende) Verbrauchsmengen bei x_2 (x_1) infolge eines sinkenden Preises p_2. Bild 2/14 b) weist abnehmende (zunehmende) Verbrauchsmengen bei x_2 (x_1) infolge eines sinkenden Preises p_2 aus: ein Paradox! Wie ist dies zu erklären?

Des Rätsels Lösung findet sich, wenn man den Effekt einer Preissenkung, festgestellt als Übergang von einem Ausgangsoptimum zu einem neuen Haushaltsgleichgewicht, in zwei Teileffekte zerlegt: den Substitutions- und den Einkommenseffekt.

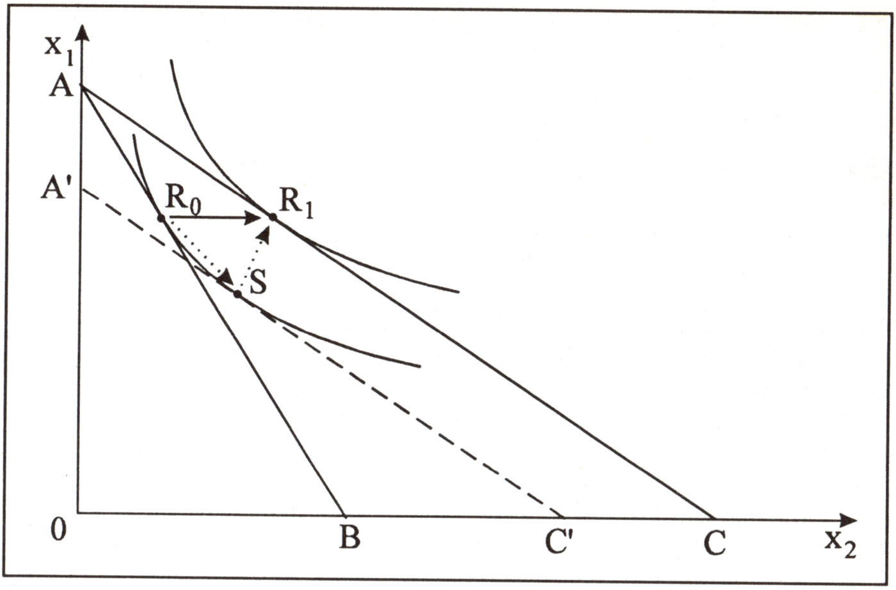

Abb. 2/15

In Figur 2/15 ist wieder, ausgehend vom Haushaltsoptimum im Punkt R_0 auf der Budgetgerade AB, ein verringerter Produktpreis p_2 unterstellt. Das neue Haushaltsgleichgewicht wird in R_1 auf der neuen Budgetgerade AC realisiert. Der Übergang von R_0 zu R_1 läßt sich zerlegen in eine Strecke, die von R_0 zu S führt (= Substitutionseffekt), und in einen anschließenden Übergang von S zu R_1 (= Einkommenseffekt). Eine derartige Zerlegung ist zweckmäßig. Sie berücksichtigt den Sachverhalt, daß jede isolierte Preisvariation nicht nur das Verhältnis der Güterpreise zueinander verändert, sondern - bei gegebenem Geldeinkommen - auch das Niveau des Realeinkommens beeinflußt.

Nimmt man etwa (fiktiv) an, das reale Einkommensniveau bleibe von einer Preisveränderung unberührt, so ist es offenbar möglich, den Nutzenwert der Ausgangsposition zu halten und damit auf der ursprünglichen Indifferenzkurve zu bleiben. Das Optimierungskalkül verlangt jedoch eine Anpassung an die geänderte Preisrelation, die sich bekanntlich in der Steigung der Budgetgerade ausdrückt. Zeichnet man nun zur neuen Budgetgerade (AC) eine Parallele als Hilfslinie ein (A'C'), die an der Indifferenzkurve der Ausgangslage zur Tangente wird (Punkt S), so liegt damit ein (fiktives) Optimum vor, das die neue Preisrelation berücksichtigt, von der (gleichzeitigen) Änderung des Realeinkommens aber abstrahiert. Für die Verbrauchsstruktur im Punkt S müßte sich der Haushalt entscheiden, wenn es keinen Realeinkommenseffekt gäbe. Die relativ teurer gewordene Konsumalternative würde durch das relativ preiswertere Produkt ersetzt.

Der Übergang von S zu R_1 steht für den Einfluß der Preisveränderung auf das Niveau des Realeinkommens. Da eine Preissenkung (c.p.) das Realeinkommen erhöht, liegt die Budgetgerade AC in der $(x_1;x_2)$-Gütermengenebene rechts von der Hilfslinie A′ C′ und ermöglicht deshalb ein höheres Nutzenniveau.

Wenn aus jeder Preisvariation insoweit immer ein Substitutions- und ein Einkommenseffekt folgt, ist an dieser Stelle daran zu erinnern, daß die Konsequenzen von Einkommensveränderungen keineswegs eindeutig sind. Wir hatten früher etwa superiore von inferioren Gütern unterschieden. Superiore Güter zeichnen sich dadurch aus, daß die Nachfrage überproportional auf Einkommensveränderungen reagiert. Inferiorität liegt vor, wenn die Nachfrage auf Einkommenserhöhungen bzw. -senkungen unterproportional zunimmt bzw. zurückgeht (relative Inferiorität) oder aber gar absolut abnimmt bzw. steigt (absolute Inferiorität). Dies bedeutet in dem hier vorliegenden Zusammenhang, daß nur bei superioren und relativ inferioren Gütern der Gesamteffekt einer Preisvariation für das betreffende Gut eindeutig vorhergesagt werden kann, da der Substitutions- und der Einkommenseffekt in dieselbe Richtung zielen. Liegt hingegen der Fall eines absolut inferioren Gutes vor, mag es durchaus sein, daß der Gesamteffekt ein paradoxes Ergebnis zeigt. Wenn Substitutions- und Einkommenseffekt gegenläufig wirken, kann der zweite gegenüber dem ersten grundsätzlich auch dominieren. Als Resultat ergibt sich dann eine rückläufige Nachfrage infolge sinkender Preise. Selbstverständlich lassen sich derartige Überlegungen auf Preiserhöhungen analog übertragen.

Die Analyse der Konsequenzen von Preisveränderungen mit Hilfe des Substitutions- und des Einkommenseffektes mag einem ökonomischen Novizen wie ein akademisches Glasperlenspiel ohne praktische Relevanz vorkommen. Sie ist es nicht. Der englische Nationalökonom R. Giffen beobachtete im letzten Jahrhundert das fragliche Phänomen: Die Nachfrage nach Brot reagierte positiv auf eine Erhöhung des Brotpreises (Giffen-Paradox). Offenbar war es für die in großer Armut lebenden englischen Arbeiterfamilien vernünftig, so zu reagieren, um das nackte Überleben zu sichern. Unter weniger dramatischen Umständen wird man dieses Phänomen allerdings für eher unwahrscheinlich halten; denn absolut inferiore Güter (Giffen-Güter) dürften selten sein. Im Normalfall also wird die Nachfrage nach einem Produkt zunehmen, wenn der Preis sinkt, und umgekehrt. Dies ergibt, in ein gesondertes Diagramm übertragen, folgendes Bild:

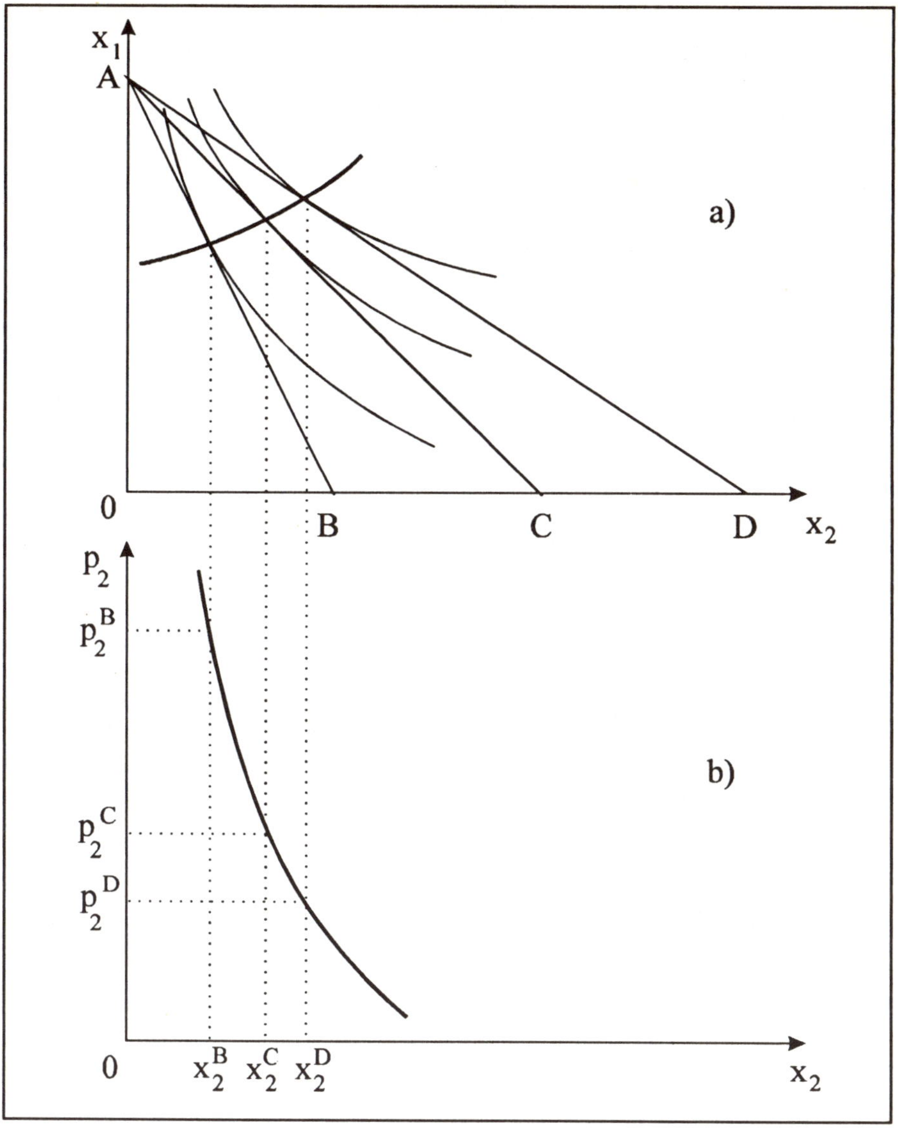

Abb. 2/16

Die Figur 2/16 a) bildet nochmals eine stilisierte Preis-Konsum-Kurve ab, die aus einer Verringerung des Preises p_2 um 1/2 bzw. 2/3 folgt. Überträgt man die Nachfragemengen x_2^B, x_2^C und x_2^D der verschiedenen Haushaltsoptima auf die Abszisse des Koordinatensystems 2/16 b) und notiert auf der entsprechenden Ordinate die zugehörigen möglichen Niveaus des Produktpreises p_2, dann informiert die Verbindungslinie der Koordinatenpunkte über die alternativen Verbrauchsmengen x_2 des Haushalts als Reaktion auf Preisvariationen.

Eine vergleichbare „Normal"-Reaktion des Verbrauchs von Produkt 1 infolge von Variationen des Preises p_2 existiert nicht. Hier ist sowohl ein positiver wie ein negativer Zusammenhang möglich. Ebenso ist nicht auszuschließen, daß keine Reaktion erfolgt.

2.4 Die Aggregation der individuellen Nachfragefunktionen zur Gesamtnachfrage und deren Eigenschaften

Ziel der Haushaltstheorie - soweit sie Konsumentscheidungen thematisiert - ist es letztlich, die Bestimmungsgründe der Gesamtnachfrage x_i^G nach einem Konsumgut i aufzuzeigen. Zu diesem Zweck müssen die individuellen Nachfragefunktionen zu einer Gesamtnachfragekurve aller Haushalte zusammengefaßt werden. In ihr kommt die Reaktion aller Konsumenten auf alternative Produktpreise zum Ausdruck.

Bisher hatten wir das Optimierungskalkül eines einzelnen Haushalts analysiert. Er kann als repräsentativ gelten; denn bis auf die konkret verwendete Nutzenfunktion wäre nichts zu verändern, wenn wir das Entscheidungsfeld eines weiteren Individuums untersuchen wollten. Dies bedeutet, daß wir bei allen Haushalten ein „Normal"-Verhalten in bezug auf Preisveränderungen gemäß der Figur 2/16 unterstellen können. Die subjektive Dimension des individuellen Handelns - die unterschiedliche Nutzenfunktion - sowie mögliche Einkommensunterschiede kommen in der Lage der jeweiligen Nachfragefunktion zum Ausdruck. Drei solche, der Einfachheit halber linear angenommene, individuelle Nachfragefunktionen sind in dem folgenden Bild dargestellt.

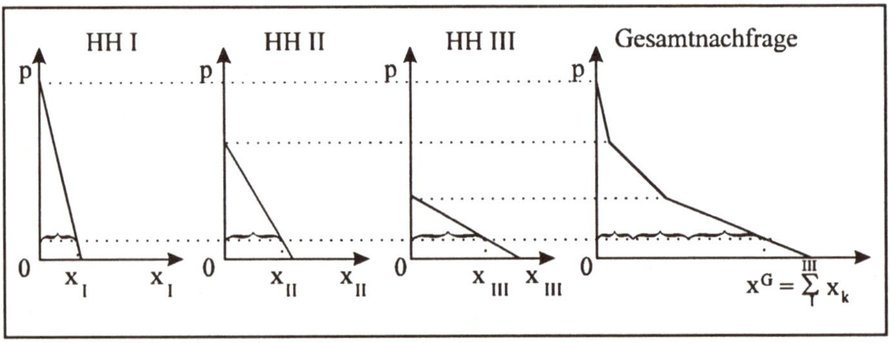

Abb. 2/17

Die Gesamtnachfrage aller drei Haushalte x^G bei alternativen Produktpreisen ergibt sich durch einfache Addition der individuellen Verbrauchsmengen. Die Abszissenwerte der einzelnen Nachfragekurven sind jeweils horizontal zu addieren.

Auf diesem Wege entsteht die Kurve der Gesamtnachfrage, die logischerweise insgesamt flacher verläuft als jede der Ausgangskurven. Das charakteristische Grundmuster ändert sich jedoch nicht: hohen Preisen sind geringe Nachfragemengen zugeordnet und umgekehrt. Die Annahme einer großen Zahl von Haushalten gestattet überdies, die Kurve der Gesamtnachfrage auch als eine stetige und überall differenzierbare Funktion zu begreifen (Da wir im folgenden nur noch die Gesamtnachfrage thematisieren, schreiben wir der Einfachheit halber für x^G stets x).

Für viele Problemstellungen der Wirtschaftstheorie ist nun nicht nur die grundsätzliche Richtung des Zusammenhangs zwischen Preisen und Nachfragemengen von Interesse, sondern auch die Intensität von Nachfragemengenreaktionen, die aus Preisveränderungen folgen. Auf diesen Sachverhalt zielt das Instrument der Preiselastizität der Nachfrage.

Elastizitätsmaße lassen sich für verschiedene Zusammenhänge definieren. Stets geht es um das Messen einer Ursache-Wirkung-Beziehung in der Weise, daß die relative Veränderung einer abhängigen Größe ins Verhältnis gesetzt wird zur relativen Veränderung der verursachenden Variablen. Da hier Preisveränderungen Nachfragemengenreaktionen bewirken, lautet demnach die Definition der Preiselastizität der Nachfrage (oder treffender: Nachfrageelastizität in bezug auf den Preis)

$$\eta_{x_i,p_i} = (dx_i/x_i) : (dp_i/\ p_i)$$

bzw. umgeformt

$$\eta_{x_i,p_i} = (dx_i/dp_i) \cdot (p_i/x_i).$$

Von Giffen-Gütern abgesehen ist dieses Maß immer negativ. Interessant ist daher lediglich seine Größenordnung. Sie kann Werte annehmen zwischen Null und Unendlich, so daß stets gilt:

$$0 < |\ \eta_{x_i,p_i}\ | < \infty$$

Realisiert die Preiselastizität der Nachfrage einen Wert in dem Intervall „$0 < | \eta_{x_i,p_i} | < 1$“, so nennt man die Nachfragereaktion preisunelastisch. Anschaulich bedeutet dies, daß aus einer einprozentigen Preisveränderung eine geringerprozentige Nachfrageveränderung resultiert. Für Werte des Elastizitätskoeffizienten in dem Intervall „$1 < | \eta_{x_i,p_i} | < \infty$“ gilt dann entsprechend, daß die prozentuale Nachfragereaktion größer ausfällt als die ihr zugrundeliegende prozentuale Preisvariation. Man spricht von einer preiselastischen Nachfrage.

Mit Hilfe dieses Instrumentes lassen sich charakteristische Eigenschaften von Nachfragekurven näher kennzeichnen. Gehen wir dazu von einer linearen Nachfragefunktion aus.

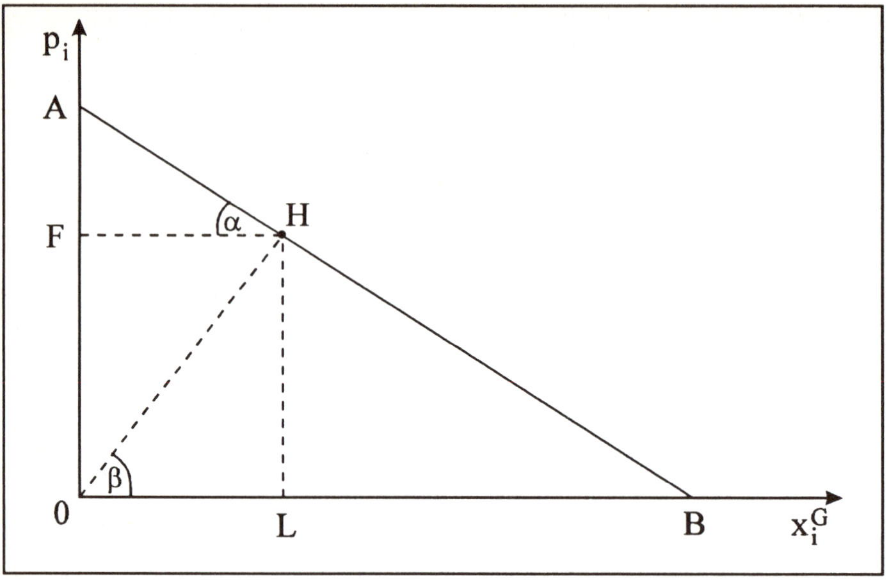

Abb. 2/18

Die Strecke $\overline{OA}$ auf der Ordinate heißt Höchst- oder Prohibitivpreis, da zu diesem oder einem höheren Preis das betreffende Produkt nicht mehr nachgefragt wird. Analog dazu wird die Strecke $\overline{OB}$ auf der Abszisse Sättigungsmenge genannt. Sie steht für die endliche Abnahmebereitschaft der Nachfrage.

Für einen beliebigen Punkt H auf der Nachfragekurve gilt nun, daß tg α die Steigung der Funktion (dp_i/dx_i) beschreibt und tg β die $(p_i;x_i)$-Koordinaten von H festlegt. Mit Hilfe von Strecken formuliert heißt dies:

$$\text{tg}\,\alpha = (dp_i/dx_i) = \overline{FA}\ /\ \overline{FH} \quad \text{und}$$

$$\text{tg}\,\beta = (p_i/x_i) \quad = \overline{OF}\ /\ \overline{FH}$$

Für die Preiselastizität der Nachfrage läßt sich folglich ebenfalls notieren

$$|\ \eta_{x_i,p_i}\ | = (dx_i/dp_i) \cdot (p_i/x_i) = (\overline{FH}/\overline{FA}) \cdot (\overline{OF}/\overline{FH}) = \overline{OF}/\overline{FA}$$

Der Strahlensatz gestattet überdies die Schlußfolgerung

$$(\overline{OF}/\overline{FA}) = (\overline{HB}/\overline{HA})$$

Der (Absolut-)Wert der Preiselastizität im Punkt H ist also gleich dem Verhältnis der Strecke $\overline{HB}$ zur Strecke $\overline{HA}$. Dies gilt für jeden beliebigen Punkt H auf der linearen Nachfragefunktion AB. Liegt H exakt in der Mitte der Strecke AB, weist $|\ \eta_{x_i,p_i}\ |$ demnach den Wert Eins auf. Je näher H bei A liegt, umso größer ist der

Wert von $|\eta_{x_i,p_i}|$. Nähert sich H dem Punkt B, konvergiert $|\eta_{x_i,p_i}|$ gegen Null.

Diese Schlußfolgerungen erlauben es, Preiselastizitäten auf einfache Weise auch dann zu bestimmen, wenn nichtlineare Nachfragekurven vorliegen. In einem solchen Fall ist lediglich eine Tangente an die Nachfragekurve zu legen und vom Tangentialpunkt ausgehend so zu verfahren, wie oben beschrieben.

Spätestens an dieser Stelle müssen wir uns daran erinnern, daß die Nachfrage nach einem Produkt nicht nur abhängig ist von seinem Preis sondern ebenso von den Preisen der Konsumalternativen, der Höhe des Einkommens (= der Konsumsumme) sowie der Präferenzordnung. Es gilt, wie bereits früher erwähnt, für den 2-Güter-Fall die Beziehung

$$x_i = g_i[p_i; p_j; E; U = f(x_i;x_j)] \qquad i,j = 1,2 \text{ und } i \neq j$$

Wir haben uns bisher vornehmlich mit der Frage beschäftigt, wie x_i reagiert, wenn p_i sich verändert bei Konstanz der übrigen Einflußfaktoren. Wenn wir diese Voraussetzung aufgeben, realistischerweise also unterstellen, daß sich alle Einflußfaktoren verändern (können), dann wird sich dies bemerkbar machen in einer Verschiebung der Gesamtnachfragekurve. Eine Erhöhung (Verringerung) des Einkommens etwa wird im Normalfall die individuellen Nachfragekurven und damit auch deren Aggregat nach rechts (links) verlagern. Ähnliches wird man von Preisveränderungen bei dem Alternativprodukt j erwarten können. Sofern derartig variierte Ausgangstatbestände allerdings nicht zu einer gleichgerichteten Verhaltensänderung bei allen Individuen führen, die individuellen Kurven sich also gegensätzlich verschieben, ist die Gesamtwirkung keineswegs eindeutig vorherzusagen. So mag z. B. eine geänderte personelle Einkommensverteilung dazu führen, daß die aggregierte Nachfragekurve für ein Produkt sich nach rechts oder nach links verlagert, je nachdem, welcher Effekt überwiegt.

Läßt man die Präferenzordnung als mögliche Ursache geänderter Optimierungskalküle weiterhin außer acht, verbleiben als Einflußfaktoren das Einkommen E und der Preis p_j des alternativen Produkts. Es liegt nahe, den Einfluß dieser Faktoren auf die Nachfragemenge x_i nicht nur der Richtung nach anzugeben, sondern auch hinsichtlich ihrer Intensität messen zu wollen. Dazu bieten sich wieder Elastizitätskoeffizienten an.

Wenn die Beziehung zwischen dem Preis p_j und der Nachfrage x_i interessiert, mißt die Kreuz-Preis-Elastizität die maßgebliche Relation. Sie ist definiert als

$$\eta_{x_i,p_j} = (dx_i/x_i) : (dp_j/p_j) \quad \text{bzw.}$$

$$\eta_{x_i,p_j} = (dx_i/dp_j) \cdot (p_j/x_i),$$

informiert mithin über die relative Nachfrageänderung bei dem Produkt i infolge einer relativen Preisänderung beim Produkt j. Aus früheren Überlegungen (vgl.

Abb. 2/14) ist bekannt, daß die Richtung des Einflusses nicht festliegt. Der Elastizitätskoeffizient kann also negative oder aber positive Werte annehmen. Ersteres wird man erwarten dürfen bei Gütern, die komplementär zueinander sind. Steigt etwa der Preis für Tennisschläger, wird dies wahrscheinlich auch die Nachfrage nach Tennisbällen beeinträchtigen.

Anders stellt es sich dar, sofern Güter gegenseitig austauschbar sind im Hinblick auf die Bedürfnisbefriedigung. Es sollte dann nicht überraschen, wenn die Kreuz-Preis-Elastizität einen positiven Wert annimmt. Die Nachfrager werden sich nach einer Preiserhöhung nämlich verstärkt der relativ billiger gewordenen Alternative zuwenden.

Praktische Bedeutung hat vor allem der Fall der Kreuz-Preis-Elastizität mit einem Wert i.H.v. nahe Null. Zwischen den betreffenden Gütern besteht dann kein Zusammenhang; sie sind unabhängig voneinander. Man kann sie auch Nicht-Wettbewerbs-Güter nennen, um damit zum Ausdruck zu bringen, daß sie zu zwei verschiedenen Märkten gehören. Die praktische Bedeutung dieses Falles resultiert aus dem Sachverhalt, daß die Wettbewerbspolitik etwa bei der Mißbrauchsaufsicht wie bei der Fusionskontrolle eine marktbeherrschende Stellung von Unternehmen nachzuweisen hat. Der Nachweis der Marktbeherrschung setzt aber die Marktabgrenzung voraus, also die Klärung der Frage, welche Güter als zu einem Markt gehörig anzusehen sind. Mit der Kreuz-Preis-Elastizität scheint ein Instrument vorzuliegen, das eine Lösung dieses Problems zumindest theoretisch möglich macht.

Stellt man auf die Beziehung zwischen dem Einkommen E und der Nachfrage nach einem Produkt i ab, so wird für den Versuch, Quantitäten zu ermitteln, die Einkommenselastizität der Nachfrage (oder treffender: Elastizität der Nachfrage in bezug auf das Einkommen) relevant. Sie ist definiert als

$$\varepsilon_{x_i,E} = (dx_i/x_i) : (dE/E) \quad \text{bzw.}$$

$$\varepsilon_{x_i,E} = (dx_i/dE) \cdot (E/x_i)$$

und mißt die relative Nachfragemengenänderung als Folge einer relativen Einkommensänderung. Auch dieser Koeffizient kann sowohl negative wie positive Werte annehmen. Wir greifen hier die früher getroffene Unterscheidung zwischen superioren, relativ und absolut inferioren Güter wieder auf. Sofern nämlich $\varepsilon_{x_i,E} < 0$, liegt absolute Inferiorität vor. Für relativ inferiore Güter gilt:

„$0 < \varepsilon_{x_i,E} < 1$“, und für superiore Güter wird „ $\varepsilon_{x_i,E} > 1$“ sein.

Die Elastizitätskoeffizienten der drei Einflußfaktoren p_i, p_j und E (merke: von Veränderungen der Präferenzordnung sehen wir nach wie vor ab) sind nun keineswegs unabhängig voneinander. Es gilt vielmehr, daß man jede Veränderung der Nachfragemenge x_i auf die Veränderungen der Einflußfaktoren wird zurückführen können. Als totales Differential formuliert heißt dies

$$dx_i = (\delta x_i/\delta p_i)dp_i + (\delta x_i/\delta p_j)dp_j + (\delta x_i/\delta E)dE.$$

Dividiert man durch x_i und erweitert die Summanden rechts des Gleichheitszeichens jeweils mit (p_i/p_i), (p_j/p_j) bzw. (E/E), so resultiert

$$\begin{aligned} dx_i/x_i = \; & (\delta x_i/\delta p_i)(p_i/x_i)(dp_i/p_i) + \\ & (\delta x_i/\delta p_j)(p_j/x_i)(dp_j/p_j) + \\ & (\delta x_i/\delta E)(E/x_i)(dE/E). \end{aligned}$$

Die beiden ersten multiplikativen Faktoren der drei Summanden sind die bekannten Elastizitätskoeffizienten, so daß auch gilt

$$\begin{aligned} dx_i/x_i = \; & \eta_{x_i,p_i} \cdot (dp_i/p_i) + \\ & \eta_{x_i,p_j} \cdot (dp_j/p_j) + \\ & \varepsilon_{x_i,E} \cdot (dE/E) \end{aligned}$$

Danach ist jede relative Nachfrageänderung gleich der Summe der relativen Veränderung ihrer Einflußfaktoren, diese jeweils gewichtet mit den entsprechenden Elastizitäten. Darüber hinaus läßt sich zeigen, daß - unter den bisher getroffenen Annahmen - die Summe der Elastizitäten den Wert Null realisiert:

$$(\eta_{x_i,p_i} + \eta_{x_i,p_j} + \varepsilon_{x_i,E}) = 0$$

Zum Beweis dieser „Slutsky-Schultz-Relation" sei der geneigte Leser auf die weiterführende Literatur verwiesen.

Ein zusammenfassendes Rechenbeispiel:

Die Nutzenfunktion eines Haushalts laute

(1*) $U = 2x_1(x_2 + 1)$

Sein Einkommen E und die Preise der Konsumgüter p_1 und p_2 seien gegeben mit $\overline{E} = 200$, $\overline{p}_1 = 2$ und $\overline{p}_2 = 4$, so daß die Budgetrestriktion angegeben werden kann mit

(2*) $200 = 2x_1 + 4x_2.$

Daraus resultiert die Lagrange-Funktion

(3*) $U_L = 2x_1(x_2 + 1) + \lambda(200 - 2x_1 - 4x_2).$

Die Bedingungen 1. Ordnung errechnen sich als

(4*) a) $\delta U_L/\delta x_1 = 2x_2 + 2 - 2\lambda = 0$
b) $\delta U_L/\delta x_2 = 2x_1 - 4\lambda = 0$
c) $\delta U_L/\delta\lambda = 200 - 2x_1 - 4x_2 = 0.$

Löst man a) und b) aus (4*) nach λ auf, erhält man durch Gleichsetzen

$$(2x_2 + 2)/2 = 2x_1/4 \text{ bzw.}$$
$$8x_2 + 8 = 4x_1 \quad \text{oder}$$
$$x_1 = 2x_2 + 2$$

Dieser Wert, in c) aus (4*) eingesetzt, führt zu der optimalen Verbrauchsstruktur

(5*) $x_1^* = 51 \; ; \; x_2^* = 24{,}5$

Zur analytischen Herleitung des Zusammenhangs zwischen dem (variablen) Einkommen und den jeweils optimalen Konsummengen x_1 bzw. x_2 ist die Budgetrestriktion (2*) neu zu fassen und das gegebene Einkommen $\overline{E} = 200$ durch die Variable E zu ersetzen. Dies ändert auch die Bedingung (4*) c) zu

$$E - 2x_1 - 4x_2 = 0.$$

Den Wert des ersten Lösungsschrittes ($x_1 = 2x_2 + 2$) hier eingesetzt, ergibt die Engelkurven

(6*) $x_1 = 0{,}25E + 1$ und $x_2 = 0{,}125E - 0{,}5$

die im vorliegenden Fall eine lineare Abhängigkeit beschreiben.

Die funktionale Beziehung zwischen dem Produktpreis p_1 und der nachgefragten Menge x_1 errechnet sich analog. In der Budgetrestriktion (2*) wird der Preis $\overline{p}_1 = 2$ durch die Variable p_1 ersetzt. Aus den Bedingungen (4*) wird dann

a) $\delta U_L/\delta x_1 = 2x_2 + 2 - p_1\lambda = 0$
b) $\delta U_L/\delta x_2 = 2x_1 - 4\lambda = 0$
c) $\delta U_L/\delta\lambda = 200 - p_1x_1 - 4x_2 = 0.$

Das derart modifizierte Gleichungssystem führt zu den Lösungen

(7*) $x_1 = 102/p_1$ und $x_2 = 24{,}5$

mit denen die Abhängigkeit der Nachfragemenge x_1 bzw. x_2 vom Produktpreis p_1 beschrieben ist.

Wird eine entsprechende Operation für den Produktpreis p_2 unternommen, so verändert dies die Bedingung (4*) zu

a) $\delta U_L/\delta x_1 \quad = 2x_2 + 2 - 2\lambda = 0$
b) $\delta U_L/\delta x_2 \quad = 2x_1 - p_2\lambda = 0$
c) $\delta U_L/\delta \lambda \quad = 200 - 2x_1 - p_2x_2 = 0,$

und die Lösungen des Gleichungssystems lauten

(8*) $x_1 = 50 + 0{,}25p_2$ und $x_2 = (100/p_2) - 0{,}5.$

Für die Herleitung des Zusammenhangs zwischen der Gesamtnachfrage x_1^G und alternativen Produktpreisen p_1 (bei Konstanz von $\overline{p}_2 = 4$ und $\overline{E} = 200$, sowie unveränderter Präferenzordnung) wollen wir der Einfachheit halber von 100 identischen individuellen Nachfragefunktionen ausgehen. Die Funktion der Gesamtnachfrage $x_1^G = f(p_1)$ errechnet sich dann aus (7*), indem mit dem Wert 100 multipliziert wird:

(9*) $x_1^G = 10200/p_1$

Zur Bestimmung der Kreuz-Preis-Relation $x_1^G = f(p_2)$ ist (bei $\overline{p}_1 = 2$, $\overline{E} = 200$ und unveränderter Präferenzordnung) analog zu verfahren mit (8*), so daß hier gilt:

(10*) $x_1^G = 5000 + 25p_2$

Die Abhängigkeit der Gesamtnachfrage x_1^G von alternativen Einkommensniveaus (bei $\overline{p}_1 = 2$, $\overline{p}_2 = 4$ und unveränderter Präferenzordnung) beschreibt schließlich

(11*) $x_1^G = 100 + 25E.$

Das Ergebnis errechnet sich aus (6*) ebenfalls durch Multiplikation mit dem Wert 100.

Ausgehend von den Funktionen (9*), (10*) und (11*) lassen sich nun recht einfach die numerischen Werte der Elastizitätsmaße für das Produkt 1 bestimmen. Die (direkte) Preiselastizität der Nachfrage ist definiert als

$$\eta_{x_1,p_1} = (dx_1/dp_1)(p_1/x_1).$$

Unter Berücksichtigung der ersten Ableitung von (9*) gilt

$$\eta_{x_1,p_1} = -(10200/p_1^2)(p_1/x_1) = -10200/(p_1x_1).$$

Für $p_1 = 2$ folgt aus (9*) $x_1^G = 5100$, so daß

$$\eta_{x_1,p_1} = -10200/(2 \cdot 5100) = -1.$$

Die Kreuzpreiselastizität der Nachfrage ist definiert als

$$\eta_{x_1,p_2} = (dx_1/dp_2)(p_2/x_1).$$

Unter der Berücksichtigung der ersten Ableitung von (10*) gilt

$$\eta_{x_1,p_2} = 25(p_2/x_1).$$

Für $p_2 = 4$ folgt aus (10*) $x_1^G = 5100$, so daß

$$\eta_{x_1,p_2} = 25(4/5100) = 100/5100.$$

Die Einkommenselastizität ist definiert als

$$\varepsilon_{x_1,E} = (dx_1/dE)(E/x_1).$$

Unter Berücksichtigung der ersten Ableitung von (11*) gilt

$$\varepsilon_{x_1,E} = 25(E/x_1).$$

Für $E = 200$ folgt aus (11*) $x_1^G = 5100$, so daß

$$\varepsilon_{x_1,E} = 25(200/5100) = 5000/5100.$$

Faßt man die Werte aller Elastizitätsmaße additiv zusammen, so bestätigt sich die „Slutsky-Schultz-Relation“, denn es gilt

$$[\eta_{x_1,p_1} + \eta_{x_1,p_2} + \varepsilon_{x_1,E}] = [-1 + (100/5100) + (5000/5100)] = 0.$$

3. Unternehmenstheorie

Jene Entscheidungseinheiten, die Güter und Dienste hervorbringen bzw. leisten, um diese am Markt zu verwerten, wollen wir Unternehmen oder Unternehmungen nennen. Ihre Tätigkeit heißt man Produktion. Das Produzieren ist demnach ein Vorgang, der darauf abzielt, Waren und Leistungen nicht um ihrer selbst willen zu erzeugen, sondern um sie letztlich zu verkaufen.

Zur Produktion werden Produktionsfaktoren benötigt. Als solche bezeichnet man alle Mittel, die für die Produktion erforderlich sind. Sie lassen sich auf verschiedene Weise systematisieren. Üblich ist es in der Volkswirtschaftslehre, die Produktionsfaktoren Arbeit, Kapital und Boden voneinander zu unterscheiden. Möglich sind auch andere Systematiken, die darüber hinaus etwa Rohstoffe und Energie für zusätzlich erwähnenswert halten. Derartige Unterscheidungen sind immer eine Frage der Zweckmäßigkeit. Diese läßt sich stets nur im Hinblick auf eine bestimmte Problemlage beantworten.

Wenn wir im folgenden alle im Produktionsprozeß eingesetzten Mittel als Faktorleistungen, Faktoren oder inputs bezeichnen und das Ergebnis der Produktion output oder Ertrag nennen, dann informiert Abb. 3/1 über das uns interessierende Entscheidungsfeld einer Unternehmung (U).

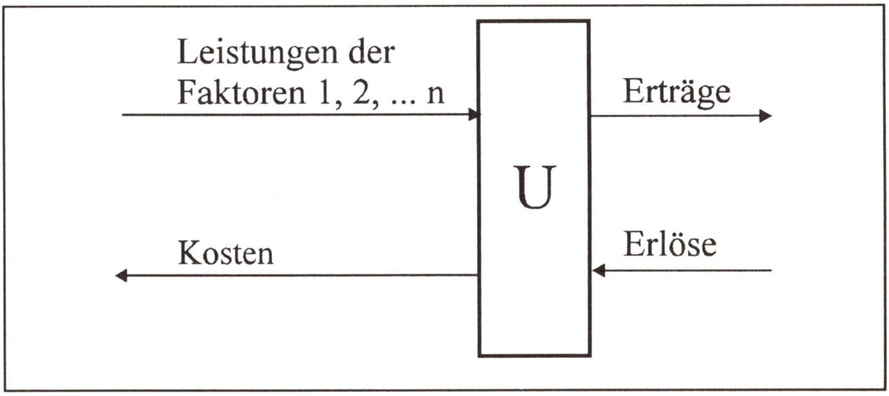

Abb. 3/1

Der Einsatz von Faktoren im Produktionsprozeß nötigt ein Unternehmen im allgemeinen zu finanziellen Aufwendungen. Es sind dies die Entgelte oder monetären Äquivalente für die Inanspruchnahme der inputs. Sie werden Kosten genannt. Andererseits erzielt ein Unternehmen Einnahmen aus dem Verkauf des Produktionsertrages: die Erlöse. Die Differenz zwischen diesen beiden Größen definiert den Gewinn bzw. den Verlust.

Begreift man das Wirtschaftssubjekt „Unternehmen“ als eine repräsentative, rational handelnde Entscheidungseinheit, sind die Fragen nach dem optimalen output-Niveau und der optimalen input-Struktur von Interesse. Sie werden im Rahmen eines einführenden Lehrbuches üblicherweise dahingehend beantwortet, daß die entsprechenden Unternehmensentscheidungen dem Kriterium eines maximalen Periodengewinns genügen.

Eine derartige Vorgehensweise ist nicht unproblematisch. Ihr wird oft Realitätsferne vorgeworfen. Sie ist dennoch gerechtfertigt. Zum einen ist nämlich das dauerhafte Überleben eines Unternehmens nur möglich, wenn Gewinne erzielt werden. Zum anderen sind alternative unternehmerische Zielsetzungen, mit denen man operieren könnte, wie z. B. das Unternehmenswachstum, die Maximierung von Marktanteilen oder Umsätzen etc. allesamt weniger plausibel oder lassen sich unter die Zielsetzung der Gewinnmaximierung subsumieren.

Überdies verlangt eine Beschreibung des unternehmerischen Verhaltens auf der Basis der Gewinnmaximierungs-Hypothese nicht, daß sich die einzelnen Akteure explizit dieser Maxime verpflichtet fühlen. Den wenigsten Unternehmen dürfte bewußt sein, daß sich ihr Verhalten auf diese Weise dennoch überzeugend beschreiben läßt. Insofern ist es auch verfehlt, die maßgebliche Hypothese durch Umfragen etwa empirisch bestätigen zu wollen.

Da es uns darauf ankommt, die wesentliche Struktur unternehmerischen Handelns zu verstehen, wollen wir noch deutlicher abstrahieren. Wir gehen bei den weiteren Überlegungen davon aus, daß unsere Unternehmung

- nur ein Produkt x erzeugt, das in beliebiger Menge verkauft werden kann,
- lediglich zwei Faktoren im Produktionsprozeß einsetzt, die in beliebigen Mengen v_1 und v_2 beschafft werden können,
- den Preis p des Produktes x sowie die Preise q_1 und q_2 der Faktoren 1 und 2 (zunächst) als gegeben hinnimmt,
- keine Lagerhaltung betreibt und auch
- die Produktionskapazität und -technik nicht verändert.

Ausgehend von diesen Voraussetzungen erfordert eine Antwort auf die Fragen nach dem optimalen output-Niveau und der optimalen input-Struktur zunächst die Beschäftigung mit dem technisch-organisatorischen Beziehungsgeflecht zwischen den im Produktionsprozeß eingesetzten Produktionsfaktoren und dem Produktionsertrag.

3.1 Produktionstheoretische Grundlagen

Die technisch-organisatorische Dimension eines Produktionsprozesses läßt sich durch eine Produktionsfunktion abbilden. Sie beschreibt die Möglichkeit, verschiedene (physische) output-Niveaus mit verschiedenen (physischen) input-Mengen zu erzeugen. Unter der Annahme, daß nur effiziente Lösungen relevant sind in dem Sinne, daß jeweils die maximal mögliche Produktionsmenge realisiert wird, liegt formal eine eindeutige funktionale Zuordnung von Faktoreinsatzmengen und Produktionserträgen vor:

$x = f(v_1;v_2)$, mit $x \geq 0$, $v_1 \geq 0$ und $v_2 \geq 0$.

Für die möglichen Relationen der Variablen x, v_1 und v_2 zueinander sind folgende Begrifflichkeiten üblich:

x/v_i nennt man die (Durchschnitts-)Produktivität des Faktors i. Sie informiert über den Ertrag pro aufgewendeter Einheit des Faktors i.

v_i/x wird input-Koeffizient genannt. Er gibt als Kehrwert der Produktivität Auskunft über den Faktorverbrauch pro erzeugter output-Einheit.

v_1/v_2 heißt Faktorintensität und bringt das Einsatzverhältnis der Produktionsfaktoren im Produktionsprozeß zum Ausdruck.

Unterstellt man beliebige Teilbarkeit der Faktoren und des outputs sowie Stetigkeit, dann definiert jede Produktionsfunktion in geometrischer Darstellung ein bestimmtes Ertragsgebirge (Es handelt sich um ein Analogon zum früher behandelten Nutzengebirge). An einem solchen Ertragsgebirge interessieren vor allem drei Aspekte.

a) Wie verändert sich der Ertrag, wenn lediglich ein Faktor variiert wird [partielle Faktorvariation: $x = f(v_1; \overline{v}_2)$] ?

b) Welche Faktorkombinationen realisieren ein gegebenes Produktionsniveau [isoquante Faktorvariation: $\overline{x} = f(v_1;v_2)$] ?

c) Welche Ertragskonsequenzen resultieren aus einer proportionalen Veränderung k der Faktormengen [totale Faktorvariation bzw. Niveauvariation: $k^r \cdot \overline{x} = f(k \cdot \overline{v}_1;k \cdot \overline{v}_2)$] ?

In bezug auf die Fragestellung b) unterscheidet man zwei Klassen von Produktionsfunktionen: substitutionale und limitationale Produktionsfunktionen. Es ist zweckmäßig, die charakteristischen Ertragseigenschaften für jede dieser Klassen gesondert zu diskutieren.

3.1.1 Substitutionale Produktionsfunktionen

Substitutionale Produktionsfunktionen zeichnen sich dadurch aus, daß sie die Produktion einer bestimmten Ertragsmenge mit unterschiedlichen Faktorintensitäten gestatten. Der technisch-organisatorische Zuschnitt des Produktionsprozesses eröffnet dem Unternehmen also gewisse Wahlmöglichkeiten. Eine denkbare Ausprägung solcher Optionen liefert die folgende Tabelle.

⇓v_2 | v_1⇒	**0**	**1**	**2**	**3**	**4**	**5**	**6**	**7**	**8**	**9**
0	0	0	0	0	0	0	0	0	0	0
1	0	5	8	12	17	23	28	32	35	37
2	0	10	13	17	22	28	33	37	40	42
3	0	17	20	24	29	35	40	44	47	49
4	0	26	29	33	38	44	49	53	56	58
5	0	34	37	41	46	52	57	61	64	66
6	0	41	44	48	53	59	64	68	71	73
7	0	47	50	54	59	65	70	74	77	79
8	0	52	55	59	64	70	75	79	82	84
9	0	56	59	63	68	74	79	83	86	88

Tab. 3/1

Eine Ertragsmenge im Umfang von x = 44 etwa kann erzeugt werden durch die input-Kombinationen (v_1 = 2; v_2 = 6), (v_1 = 5; v_2 = 4) oder (v_1 = 7; v_2 = 3). Ähnliches gilt für ein output-Niveau in Höhe von x = 64; in Betracht kommen hier die Faktoreinsatzmengen (v_1 = 4; v_2 = 8), (v_1 = 6; v_2 = 6) oder (v_1 = 8; v_2 = 5). Die verschiedenen Faktoreinsatzmengen zeichnen sich dadurch aus, daß sie jeweils von dem einen Faktor mehr und dem anderen weniger enthalten. Die Substituierbarkeit der Faktoren hat allerdings Grenzen. Ein völliger Verzicht auf einen der beiden inputs ist hier nicht möglich.

Darüber hinaus wird deutlich, daß ein vermehrter Einsatz von inputs stets zu größeren Produktionsmengen führt; denn für alle Differenzenquotienten gilt: $(\Delta x/\Delta v_i) > 0$. Die Zunahme des Ertrages infolge weiterer Faktorverbräuche ist jedoch nicht gleichförmig. Für jede Zeile bzw. Spalte ist vielmehr festzustellen:

v_i	2	3	4	5	6	7	8	9
$\Delta x / \Delta v_1$	3	4	5	6	5	4	3	2
$\Delta x / \Delta v_2$	5	7	9	8	7	6	5	4

Tab. 3/2

Dies dokumentiert, daß mit steigenden Faktoreinsatzmengen die zusätzlichen Erträge jeweils zunächst zunehmen und dann geringer werden. Es handelt sich um die Eigenschaften des (klassischen) Ertragsgesetzes. Stilisiert man das grundlegende Entwicklungsmuster, so führt dies z. B. zu folgendem Ertragsgebirge.

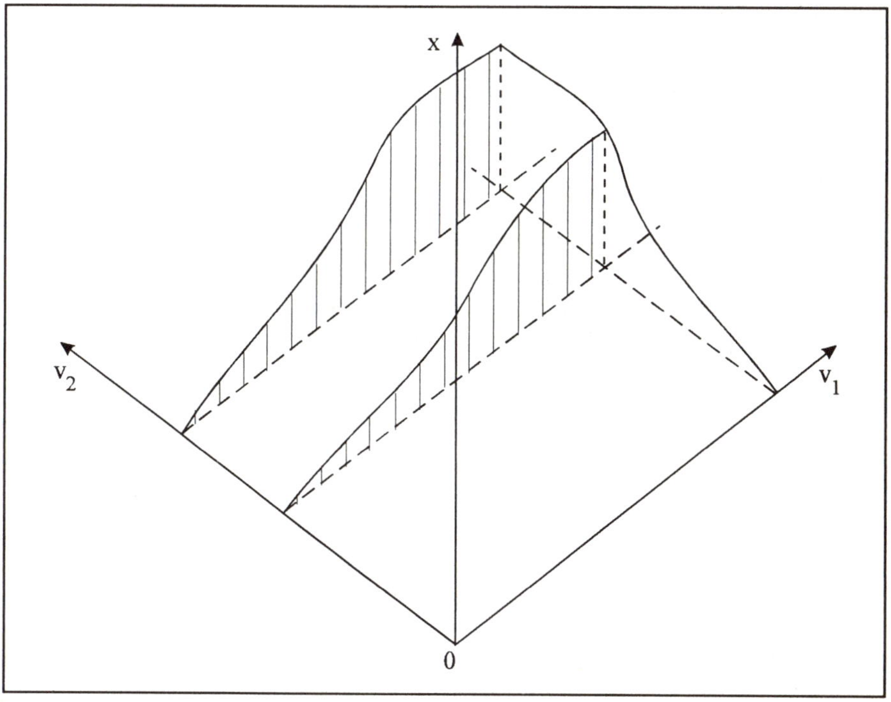

Abb. 3/2

Aus der Differenzenbetrachtung wird nunmehr eine Differentialbetrachtung. Die Eigenschaften des Ertragsgesetzes zeigen sich in der zunächst zunehmenden und dann abnehmenden Steigung (= Grenzproduktivität) der Graphen.

3.1.1.1 Partielle Faktorvariation

Der charakteristische Verlauf findet sich in den Ertragskurven bei partieller Faktorvariation wieder. Ihre Abbildungen sind besonders instruktiv, da sie es gestatten, die typischen Zusammenhänge zwischen der Entwicklung des Gesamtertrages, der Grenzproduktivität und des Durchschnittsertrages (= Durchschnittsproduktivität) sichtbar zu machen.

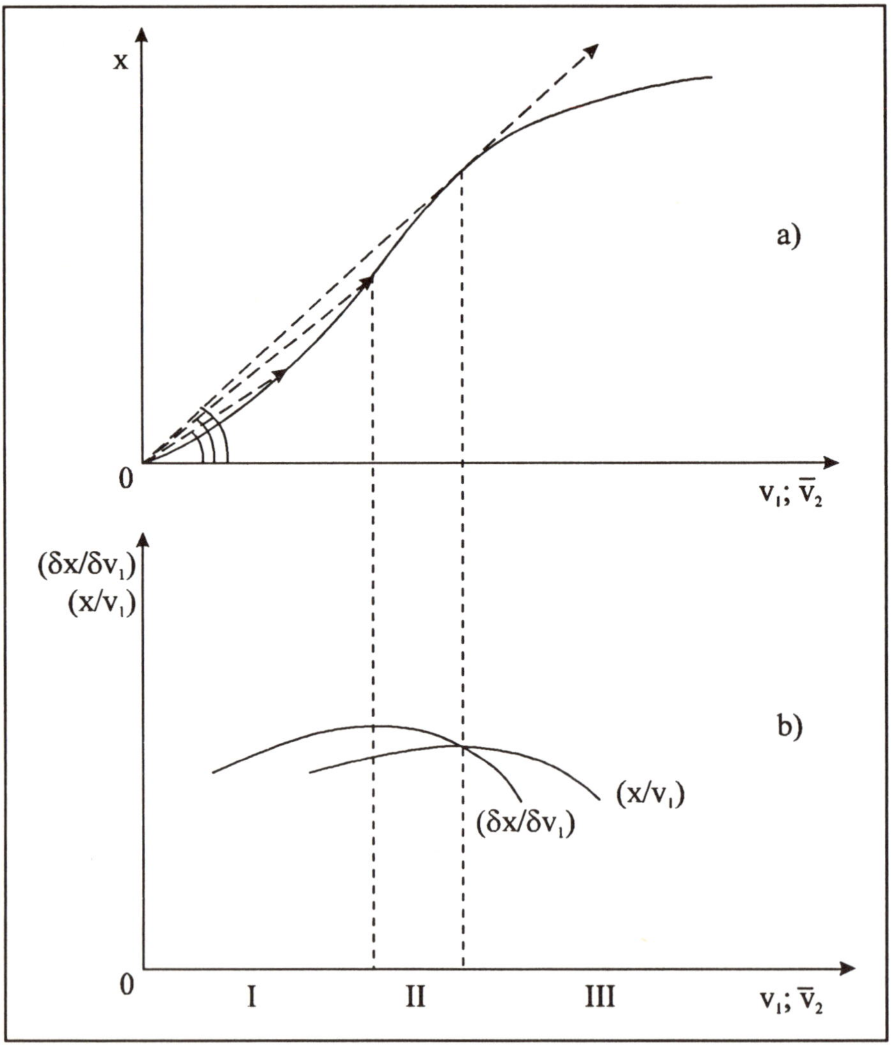

Abb. 3/3

Die Kurve des Gesamtertrages weist zunächst zunehmende Steigung auf, d. h. die (stets positive) Grenzproduktivität nimmt zu. Im Wendepunkt der Gesamtertragskurve erreicht die Grenzproduktivität ihr Maximum, und anschließend nimmt sie ab. Bei steigender Grenzproduktivität muß auch die Durchschnittsproduktivität (x/v_1) zunehmen; denn der Zähler dieser Relation wächst dann stärker als der Nenner. Die Entwicklung des Durchschnittsertrages läßt sich ablesen an dem tg des Winkels, den ein Fahrstrahl bildet, der aus dem Ursprung kommend an der Gesamtertragskurve entlanggleitet.

An jener Stelle des Gesamtertrages, an der der Fahrstrahl zur Tangente wird, erreicht die Durchschnittsproduktivität ihr Maximum und stimmt überdies mit der Grenzproduktivität überein. Anschließend sinkt der Durchschnittsertrag, da die (nach wie vor positive) Grenzproduktivität im Vergleich zu ihm geringere Werte aufweist und zudem ebenfalls abnimmt. Das grundlegende Verlaufsmuster läßt sich also in drei Phasen einteilen, die jeweils ihre spezifischen Charakteristika besitzen.

	I	II	III
Gesamtertrag	steigt ➚	steigt ➚	steigt ➚
∅-Ertrag	steigt ➚	steigt ➚	sinkt ➘
Grenzproduktivität	steigt ➚	sinkt ➘	sinkt ➘

Tab. 3/3

Zur weiteren Kennzeichnung der Beziehung zwischen der partiellen Variation eines Faktors v_i und dem erzielbaren output x bietet sich die Produktionselastizität an. Sie informiert über die relative Änderung des Produktionsertrages infolge einer relativen Änderung der Faktoreinsatzmenge und ist definiert als

$$\pi_{x,v_i} = (\delta x/x)/(\delta v_i/v_i).$$

Stellt man diesen Quotienten um zu

$$\pi_{x,v_i} = (\delta x/\delta v_i)/(x/v_i),$$

so zeigt sich, daß er das Verhältnis der Grenz- zur Durchschnittsproduktivität mißt. Die Produktionselastizität realisiert folglich in den Phasen I und II Werte, die größer sind als Eins, und nimmt in der Phase III Werte an, die kleiner sind als Eins.

Mit dem klassischen Ertragsgesetz liegt nun keineswegs die einzige Möglichkeit vor, die technisch-organisatorische Dimension eines (substitutionalen) Produktionsprozesses abzubilden. Älteren Datums ist die „neoklassische" Produktionsfunktion mit von vornherein abnehmenden Grenzproduktivitäten. Das Urheberrecht liegt in diesem Fall bei dem Franzosen A.R.J. Turgot.

Abnehmende Grenzproduktivitäten galten früher als typisch für die Produktionsbedingungen im Agrarbereich. Für die industrielle Fertigung sah man lange Zeit in zunehmenden Grenzproduktivitäten ein kennzeichnendes Element. Die Vorteile der

Arbeitszerlegung schienen dies für jedermann sichtbar und überzeugend zu belegen. Die Ertragskurven (bei partieller Faktorvariation) für beide Hypothesen zeigen die Figuren 3/4 a) und b).

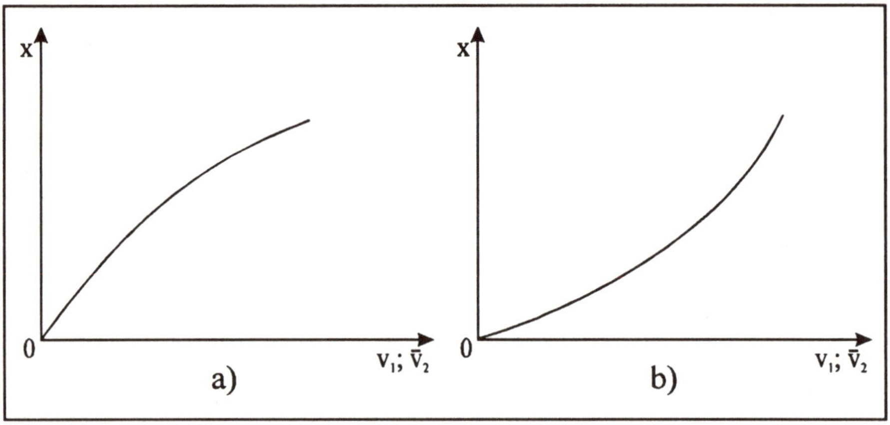

Abb. 3/4

Man erkennt unmittelbar, daß beide Fälle im klassischen ertragsgesetzlichen Verlauf implizit enthalten sind. Bild 3/4 a) ergäbe sich, wenn man den Koordinatenursprung der Abb. 3/3 a) in den Wendepunkt des Graphen verlagern würde. Bild 3/4 b) wiederholt den typischen Verlauf der Figur 3/3 a) für das dortige Intervall vom Koordinatenursprung bis zum Wendepunkt. Insofern haben wir mit dem klassichen Ertragsgesetz den allgemeineren Fall behandelt.

Für viele Fragestellungen der Wirtschaftstheorie findet vor allem die „neoklassische" Produktionsfunktion mit durchgängig abnehmenden Grenzproduktivitäten Verwendung. Dies rührt daher, daß – wie später noch zu zeigen sein wird – der Bereich steigender Grenzproduktivitäten aus ökonomischer Sicht wenig interessant ist.

Ein Rechenbeispiel:

Zu der substitutionalen Produktionsfunktion

(1*) $x = -0{,}0625 v_1^3 \cdot v_2^3 + 5 v_1^2 \cdot v_2^2$

gehört, wenn der Faktor 2 mit $v_2 = 2$ vorgegeben ist, die partielle Produktionsfunktion

(2*) $x = -0{,}5 v_1^3 + 20 v_1^2$.

Die Funktion der partiellen Durchschnittproduktivität errechnet sich als

(3*) $(x/v_1) = -\,0{,}5 v_1^2 + 20 v_1$.

Sie nimmt ihren maximalen Wert an, wenn

$$\delta(x/v_1)/\delta v_1 = -v_1 + 20 = 0, \text{ also bei } v_1 = 20 \text{ mit } (x/v_1) = 200.$$

Die zu (2*) gehörige Funktion der partiellen Grenzproduktivität lautet

(4*) $(\delta x/\delta v_1) = -1{,}5v_1^2 + 40v_1$.

Sie schneidet die Funktion (3*) im Maximum; denn für $v_1 = 20$ gilt: $-1{,}5 \cdot 20^2 + 40 \cdot 20 = 200$. Die Produktionselastizität errechnet sich aus (3*) und (4*) zu

(5*) $\pi_{x,v_1} = (dx/x)/(dv_1/v_1) = (-1{,}5v_1^2 + 40v_1)/(-0{,}5v_1^2 + 20v_1)$.

3.1.1.2 Isoquante Faktorvariation

Schneidet man ein Ertragsgebirge parallel zur Faktorverbrauchsebene, so resultiert daraus der geometrische Ort aller $(v_1;v_2)$-Kombinationen, die zu einem gegebenen output-Niveau führen. Formal geht es um eine Analogie zur Indifferenzkurve. Der fragliche Zusammenhang wird nun Isoquante genannt.

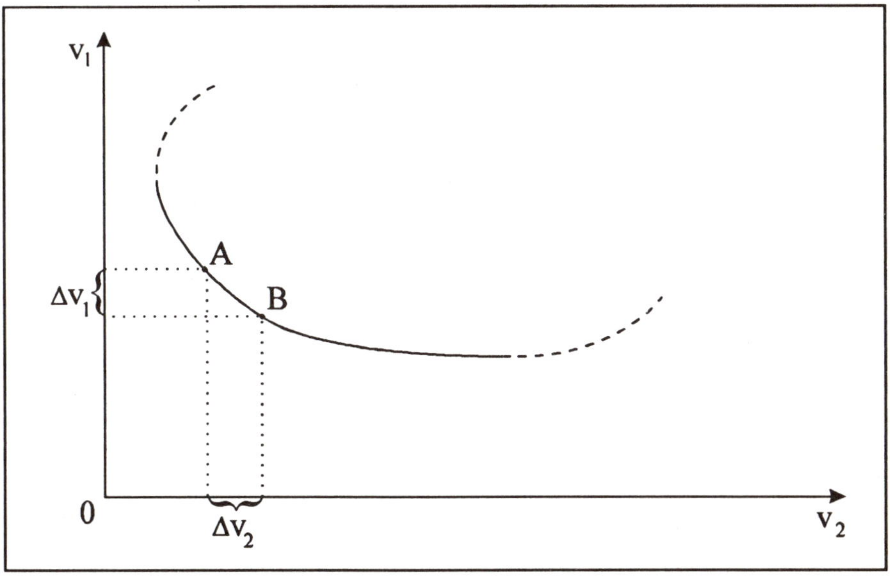

Abb. 3/5

Entlang einer Isoquante bleibt das Produktionsniveau definitionsgemäß unverändert. Mathematisch bedeutet dies, daß das totale Differential den Wert Null realisiert:

$$dx = 0 = (\delta x/\delta v_1)dv_1 + (\delta x/\delta v_2)dv_2$$

Formt man diesen Ausdruck um, so ergibt sich

$$dv_1/dv_2 = -(\delta x/\delta v_2)/(\delta x/\delta v_1).$$

Es wird damit deutlich, daß die Steigung einer Isoquante (dv_1/dv_2) – die „Grenzrate der technischen Substitution des Faktors 1 durch den Faktor 2" – stets dem umgekehrten und negativen Verhältnis der Grenzproduktivitäten entspricht. Dieses Faktum erlaubt es, wichtige Eigenschaften einer Isoquante näher zu untersuchen.

Die „Grenzrate der technischen Substitution" ist offensichtlich immer negativ, wenn positive Grenzproduktivitäten vorliegen. Sofern auch negative Grenzproduktivitäten zugelassen werden, mag mithin eine Isoquante eine auch positive Steigung besitzen (unterbrochene Linienführung in der Figur 3/5). Ein solcher Fall ist ökonomisch aber ineffizient; bedeutet er doch, daß sich mit einer Reduzierung des Faktoreinsatzes eine Erhöhung des Produktionsertrages erreichen ließe. Anders gewendet: Im Produktionsprozeß werden in einem solchen Fall „zu viele" inputs eingesetzt. Der output ist geringer als er sein könnte.

Halten wir daher zunächst fest, daß aus ökonomischen Erwägungen nur Isoquanten bzw. Teile davon relevant sind, die das Ergebnis positiver Grenzproduktivitäten abbilden und deshalb stets negative Steigung besitzen. Dies sagt natürlich noch nichts darüber aus, wie die negative Steigung einer Isoquante konkret verläuft. Sie mag linear, konvex bzw. konkav zum Koordinatenursprung sein. Eine Orientierung an dem Sachverhalt, daß die Steigung einer Isoquante immer dem umgekehrten und negativen Verhältnis der Grenzproduktivitäten entspricht, liefert auch hier wesentliche Hinweise.

Wenn die Produktionsfunktion „neoklassische" Eigenschaften besitzt, die partiellen Grenzproduktivitäten also von vornherein abnehmen, resultiert daraus im allgemeinen ein konvexer Verlauf für die Isoquanten. Ein Übergang von Punkt A zu Punkt B in der Abb. 3/5 verringert nämlich die Faktoreinsatzmenge v_1 und erhöht den Faktorverbrauch v_2. Dies führt dazu, daß der Wert des Zählers in der Grenzproduktivitätsrelation sinkt und der Wert des Nenners steigt: die „Grenzrate der technischen Substitution" nimmt ab. Es wird dies oft auch das „Gesetz" der abnehmenden Grenzrate der Substitution genannt. Offenbar ist es umso aufwendiger, einen Faktor zu ersetzen, je weitgehender man schon auf ihn verzichtet hat.

Aus dieser Überlegung läßt sich der Umkehrschluß ziehen, daß bei zunehmenden Grenzproduktivitäten der Faktoren ein konkaver Verlauf der Isoquanten möglich ist. Nun hatten wir allerdings früher bereits erwähnt, daß der Bereich steigender Grenzproduktivitäten aus ökonomischer Sicht wenig Bedeutung besitzt. Wenn dies zutrifft, dann sind demnach vornehmlich konvexe Isoquanten von Interesse.

Anmerkung: (Sie ist für das weitere Verständnis verzichtbar.)

Der Konvexitätsgrad (die Krümmung) einer Isoquante läßt sich numerisch beziffern. Man verwendet dazu ein weiteres Elastizitätsmaß: die Substitutionselastizität. Sie mißt die Elastizität der Substitution des Faktors 1 durch den Faktor 2, indem sie die relative Änderung der Faktorintensität in Beziehung setzt zu der relativen Änderung (des Absolutwertes) der Grenzrate der Substitution.

$$\sigma_{1,2} = [d(v_1/v_2)/(v_1/v_2)] : [d\,|(dv_1/dv_2)|/|(dv_1/dv_2)|]$$

Für das Werteintervall der Substitutionselastizität gilt: $0 \leq \sigma_{1,2} \leq \infty$. Ihre ökonomische Bedeutung erschließt sich durch die Orientierung an der folgenden Figur.

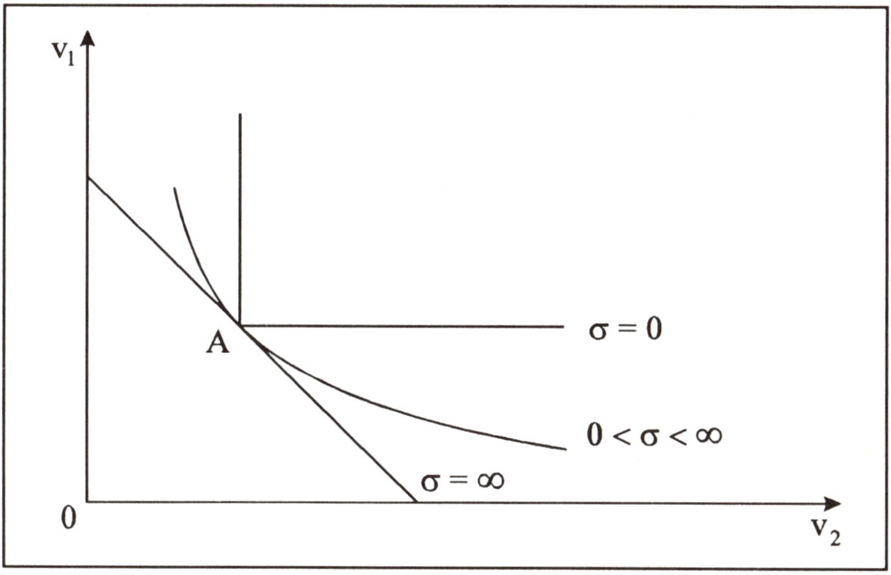

Abb. 3/6

Im Fall $\sigma = \infty$ ändert sich die Grenzrate der Substitution nicht, da die Isoquante eine konstante Steigung aufweist. Offenbar liegt eine perfekte Substitution vor. Das Verhältnis der Grenzproduktivitäten zueinander ist konstant. Im anderen Extrem ($\sigma = 0$) ist eine Substitution unmöglich. Auf keinen Faktor kann verzichtet werden. Es existiert nur eine technisch effiziente Faktorkombination. D. h., daß der Mehreinsatz lediglich eines Faktors zu keinem Ertragszuwachs führt und somit Verschwendung bedeutet. Zwischen diesen beiden Extremen liegt der „Normalfall". Je stärker eine Isoquante gekrümmt ist, je größer also der Wert der Substitutionselastizität, umso schwieriger ist folglich die technische Ersetzbarkeit der Produktionsfaktoren.

Ein Rechenbeispiel:

Ausgehend von der substitutionalen Produktionsfunktion

(1*) $x = 20v_1^{0,5} \cdot v_2^{0,5}$

resultieren die Funktionen der partiellen Grenzproduktivitäten

(2*) a) $\delta x/\delta v_1 = (10/v_1^{0,5}) \cdot v_2^{0,5}$ und

b) $\delta x/\delta v_2 = (10 \cdot v_1^{0,5})/v_2^{0,5}$

Die Isoqante für eine beliebige Produktionsmenge $\overline{x}$ errechnet sich als

(3*) $\overline{x} = 20 \cdot v_1^{0,5} \cdot v_2^{0,5}$ oder $v_1^{0,5} = \overline{x}/(20 \cdot v_2^{0,5})$ bzw.

$v_1 = \overline{x}^2/(400 \cdot v_2)$

Ihre Steigung definiert die „Grenzrate der technischen Substitution", die stets dem negativen, umgekehrten Verhältnis der partiellen Grenzproduktivitäten entspricht, hier also

(4*) $dv_1/dv_2 = -[(10 \cdot v_1^{0,5})/v_2^{0,5}] : [(10/v_1^{0,5}) \cdot v_2^{0,5}] = -(v_1/v_2)$.

3.1.1.3 Totale Faktorvariation

Wenden wir uns nun dem dritten Aspekt einer Produktionsfunktion zu, der Interesse beansprucht: Wie verändert sich das Produktionsergebnis, wenn die Produktionsfaktoren proportional variiert werden, ihr Einsatzverhältnis dabei also unverändert bleibt?

Das Verständnis für diese Fragestellung fällt leichter, wenn man sich das gegebene Ertragsniveau $\overline{x}$ eines Einheitsprozesses vorstellt, der den Faktorverbrauch $\overline{v}_1$ und $\overline{v}_2$ erfordert. Die Verbrauchskombination (v_1;v_2) ist in diesem Zusammenhang als ein elementares Faktorbündel anzusehen. Jede Variation dieses Faktorbündels läßt sich formal durch die Multiplikation mit einer Zahl $k > 1$ abbilden. k informiert über die Anzahl der im Produktionsprozeß eingesetzten elementaren Faktorenbündel und legt somit das Niveau des Produktionsprozesses fest. Es gilt demnach

$$x = k^r \cdot \overline{x} = f(k \cdot \overline{v}_1; k \cdot \overline{v}_2).$$

Die Frage nach der Veränderung des Produktionsertrages x infolge einer Veränderung des Prozeßniveaus k findet ihre Antwort in der Größenordnung des Exponenten r, der Homogenitätsgrad genannt wird. Der output variiert, wenn

r > 1, ➔ überproportional
r = 1, ➔ proportional
r < 1, ➔ unterproportional

mit einer gleichförmigen Veränderung der Einsatzfaktoren. Im ersten Fall spricht man auch von zunehmenden Skalenerträgen („increasing returns to scale") oder dem Vorliegen von Betriebsgrößenvorteilen, da sich die produktionstechnische Effizienz mit der Betriebsgröße erhöht. Entsprechend muß dann im zweiten Fall von konstanten Skalenerträgen („constant returns to scale") und im dritten von abnehmenden Skalenerträgen („decreasing returns to scale") bzw. von Betriebsgrößennachteilen die Rede sein. Der fragliche Sachverhalt wird anschaulich in den folgenden Isoquantendiagrammen.

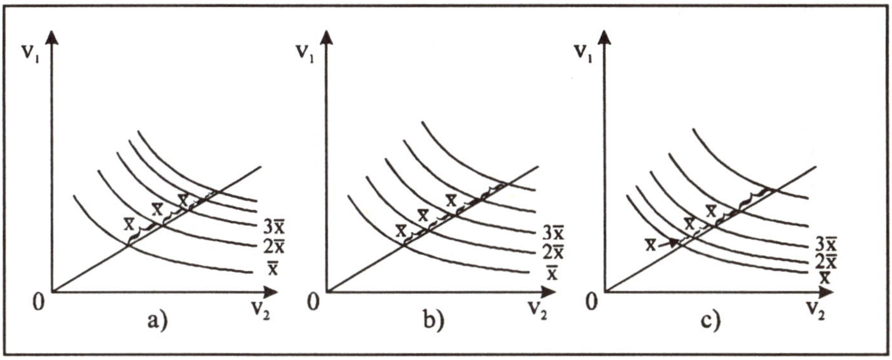

Abb. 3/7

Entlang einer beliebigen Gerade durch den Koordinatenursprung bleiben die Faktorintensitäten unverändert. Punkte auf einer solchen Gerade bilden also die totale Faktorvariation ab. Die Lage der Isoquanten in der Faktorverbrauchsebene informiert nun über die output-Reaktionen infolge von Veränderungen des Prozeßniveaus. Sofern zunehmende Skalenerträge vorliegen, nimmt der Abstand der Isoquanten entlang einer Gerade ständig ab (Abb. 3/7 a)); dabei sind hier die Differenzen zwischen den verschiedenen Produktionsniveaus (= Isoquanten) mit $\bar{x}$ jeweils unverändert angenommen. Man erkennt leicht, daß eine konstante Zunahme der Produktionsmengen permanent abnehmende Erhöhungen der inputs erfordert.

Im Fall konstanter Skalenerträge bleibt der Abstand entsprechend normierter Isoquanten entlang einer Geraden unverändert (Abb. 3/7 b)). Sowohl output wie inputs variieren dann proportional. Demgegenüber nehmen die Abstände der Isoquanten entlang einer Gerade ständig zu, wenn abnehmende Skalenerträge vorliegen (Abb. 3/7 c)).

Es liegt nahe, dieses zentrale Thema der totalen Faktorvariation auch mit einem Elastizitätsmaß auszudrücken. Von Interesse ist dann die sog. Skalenelastizität. Sie informiert über die relative Ertragsvariation als Resultat einer relativen Veränderung des Prozeßniveaus und ist deshalb definiert als

$$\pi_{x,k} = (dx/x)/(dk/k) = (dx/dk)(k/x).$$

Wenn wir uns daran erinnern, daß wir die Fragestellung der totalen Faktorvariation an der Niveauproduktionsfunktion

$$x = k^r \cdot \overline{x} = f(k \cdot \overline{v}_1; k \cdot \overline{v}_2)$$

festgemacht haben, dann läßt sich folgendes zeigen: Die Ableitung nach k führt hier zu

$$dx/dk = r \cdot k^{r-1} \cdot \overline{x}$$

Multiplikation mit k und Division durch x ergeben definitionsgemäß die Skalenelastizität, so daß gilt

$$\begin{aligned} \pi_{x,k} &= r \cdot k^{r-1} \cdot \overline{x} \cdot (k/x) \\ &= r \cdot (k^r \cdot \overline{x})/x \\ &= r \cdot x/x \\ &= r \end{aligned}$$

Die Skalenelastizität ist mithin gleich dem Homogenitätsgrad. Sofern sie (er) konstant ist, hat man es im übrigen mit einer besonderen Klasse von Produktionsfunktionen zu tun: den sog. homogenen Produktionsfunktionen. Deren spezifische Eigenschaften mögen im Rahmen dieses einführenden Lehrbuches nicht weiter interessieren. Erwähnt sei nur, daß unser eingangs diskutiertes Zahlenbeispiel in Form der tabellarisch vorgegebenen Werte offensichtlich eine inhomogene Produktionsfunktion involviert. Der geneigte Leser möge sich durch eine Überprüfung selbst davon überzeugen.

Es bleibt abschließend die Frage zu klären, welcher Zusammenhang zwischen der Skalenelastizität und der (den) Produktionselastizität(en) bei partieller Faktorvariation besteht. Intuitiv muß ein Zusammenhang erwartet werden; denn Ertragsveränderungen als Konsequenz von totalen Faktorvariationen lassen sich gedanklich immer in eine Abfolge von einzelnen partiellen Faktorvariationen zerlegen. Damit rückt die Frage in den Mittelpunkt, welche Anteile einer Gesamtertragsveränderung den einzelnen partiellen Faktorvariationen zugerechnet werden können?

Zur Beantwortung dieser Frage orientieren wir uns wieder an dem bereits bekannten totalen Differential:

$$dx = (\delta x/\delta v_1)dv_1 + (\delta x/\delta v_2)dv_2$$

Wenn wir darüber hinaus berücksichtigen, daß sich die totale Faktorvariation durch die Bedingung

$$(dk/k) = (dv_1/v_1) = (dv_2/v_2)$$

kennzeichnen läßt, die umgeformt werden kann zu

$$dv_1 = (dk/k)v_1 \quad \text{bzw.} \quad dv_2 = (dk/k)v_2,$$

dann gilt für das totale Differential durch Einsetzen auch

$$dx = (\delta x/\delta v_1)(dk/k)v_1 + (\delta x/\delta v_2)(dk/k)v_2.$$

Multipliziert man diese Gleichung mit dem Wert (k/dk)/x, dann folgt

$$(dx/dk)(k/x) = (\delta x/\delta v_1)(v_1/x) + (\delta x/\delta v_2)(v_2/x) \quad \text{oder}$$

$$\pi_{x,k} = \pi_{x,v_1} + \pi_{x,v_2}$$

Die einzelnen Produktionselastizitäten addieren sich also zur Skalenelastizität. Dieser Sachverhalt ist in der Literatur auch als „Wicksell-Johnson-Theorem" zu finden.

Ein Rechenbeispiel:

Gegeben sei erneut die Produktionsfunktion

(1*) $x = 20 \times v_1^{0,5} \cdot v_2^{0,5}$.

Ausgehend von dem Einheitsprozeßniveau

$$\overline{x} = 20 \cdot \overline{v}_1^{0,5} \cdot \overline{v}_2^{0,5}$$

bestimmt sich der Homogenitätsgrad „r" durch

$$x = 20 \cdot (k \cdot \overline{v}_1)^{0,5} (k \cdot \overline{v}_2)^{0,5}$$

$$= 20 \cdot k^{0,5} \cdot \overline{v}_1^{0,5} \cdot k^{0,5} \cdot \overline{v}_2^{0,5}$$

$$= k^1 \cdot 20 \cdot \overline{v}_1^{0,5} \cdot \overline{v}_2^{0,5}$$

$$= k^1 \cdot \overline{x}.$$

Im vorliegenden Fall beziffert sich der Homogenitätsgrad r in Höhe von r = 1. Es liegt mithin eine linear-homogene Produktionsfunktion vor. Die Skalenelastizität beträgt ebenfalls $\pi_{x,k} = 1$. Sie entpricht überdies der Summe der partiellen Produktionselastizitäten, denn

$$\pi_{x,v_1} = [(10/v_1^{0,5})\, v_2^{0,5}] : [(20/\, v_1^{0,5})\, v_2^{0,5}] = 0{,}5 \quad \text{und}$$

$$\pi_{x,v_2} = [(10v_1^{0,5})/\, v_2^{0,5}] : [(20v_1^{0,5})/\, v_2^{0,5}] = 0{,}5, \text{ so daß}$$

(2*) $\pi_{x,k} = \pi_{x,v_1} + \pi_{x,v_2} = 0{,}5 + 0{,}5 = 1.$

3.1.2 Limitationale Produktionsfunktionen

Manche Produktionsprozesse erfordern eine Reihe von inputs, die in einer festen Relation zueinander Verwendung finden müssen. Das Faktoreinsatzverhältnis ist dann - z. B. aus technischen Gründen - zwingend vorgegeben. Produktionsprozesse solcher Art lassen sich mit limitationalen Produktionsfunktionen beschreiben. Das Verhältnis der inputs zueinander muß bei variierenden Erträgen zwar nicht notwendigerweise unverändert bleiben. Es ist aber üblich, sich auf diesen Fall zu konzentrieren. Wir wollen dieser Tradition folgen und uns nur mit derartigen linear-limitationalen Produktionsfunktionen, sog. Leontief-Produktionsfunktionen, beschäftigen.

Das limitationale Element des Produktionsprozesses kommt darin zum Ausdruck, daß für jedes Ertragsniveau und jeden Faktor i ein eindeutiger input-Koeffizient $a_i = (v_i/x)$ definiert ist. Die Linearität zeigt sich in der Konstanz dieser Koeffizienten. Daraus folgt, daß auch das Einsatzverhältnis der Faktoren zueinander fix bleibt. Zwar ist es grundsätzlich möglich, einzelne inputs vermehrt im Produktionsprozeß einzusetzen. Dies hat jedoch solange keine Ertragskonsequenzen, wie die übrigen Faktoren unverändert bleiben, also Engpaßfaktoren existieren, und ist daher technisch ineffizient. Sinnvoll bleibt allein die totale Faktorvariation.

Formal läßt sich eine solche Produktionsfunktion kennzeichnen als

$$x = \min(v_1/a_1; v_2/a_2).$$

Darin zeigt sich, daß der Ertrag x durch die kleinste Relation in der Klammer festgelegt wird. Graphisch resultiert daraus ein Ertragsgebirge der folgenden Art:

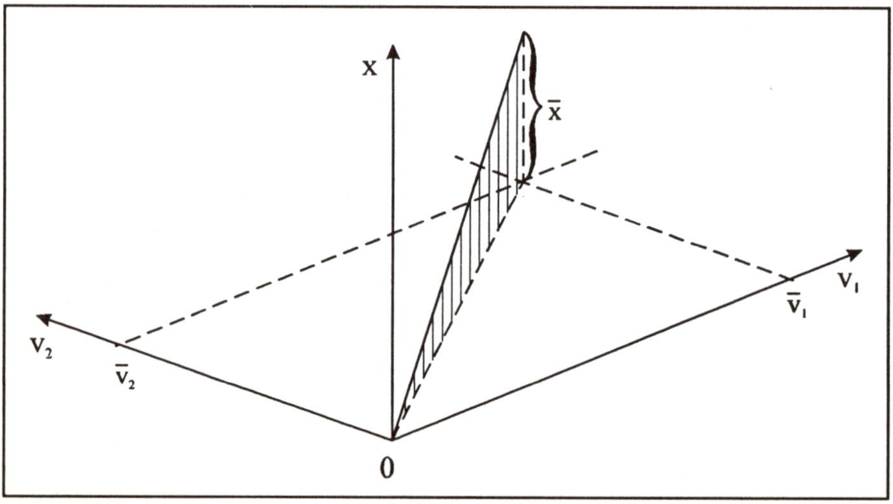

Abb. 3/8

Der Gesamtertrag folgt einem linearen, durch den Koordinatenursprung verlaufenden Pfad. Die Analyse der Ertragseigenschaften bei partieller Faktorvariation ist nun wenig sinnvoll, da aus einer solchen Strategie, wie bereits erwähnt, keine Ertragsveränderungen resultieren.

Daraus folgt ebenfalls, daß sich auch im Hinblick auf die zweite Fragestellung - Welche Faktorkombinationen realisieren ein gegebenes Produktionsniveau? - eine Besonderheit zeigt. Die einzelnen Isoquanten schrumpfen nämlich jeweils zu einem Punkt zusammen.

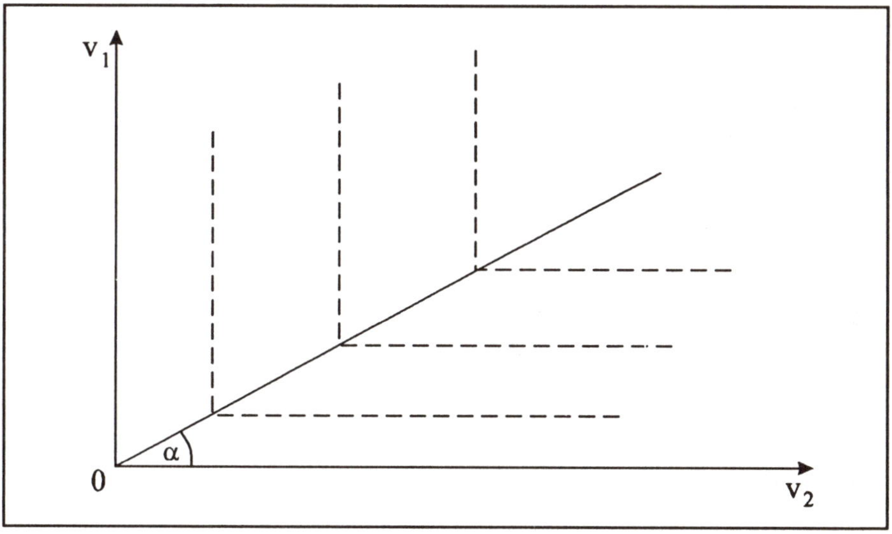

Abb. 3/9

Die unterbrochenen Linienführungen symbolisieren die ineffizienten Faktoreinsätze. Die effizienten Punkte liegen allesamt auf jenem Prozeßstrahl, den das „Ertragsgebirge" festlegt, wenn man es in die Faktorverbrauchsebene projiziert. Die Steigung dieses Prozeßstrahls (tg α) wird durch das Verhältnis der input-Koeffizienten determiniert. Da für jeden Faktor $v_i = a_i \cdot x =$ const. gilt, folgt: $(v_1/v_2) = (a_1/a_2)$ oder $v_1 = (a_1/a_2)v_2$, mithin tg $\alpha = dv_1/dv_2 = a_1/a_2$.

Aus den bisherigen Ausführungen sollte nun keineswegs der Schluß gezogen werden, daß einem Unternehmen bei linearer Produktionstechnologie jegliche Wahlmöglichkeit genommen wäre. Vielfach stehen nämlich in der Realität mehrere linear-limitationale Prozesse zur Verfügung. Es stellt sich dann die Frage, welche Variante(n) überlegen ist (sind)? Sind etwa fünf Alternativen vorhanden, dann ergibt sich z. B. folgendes Bild:

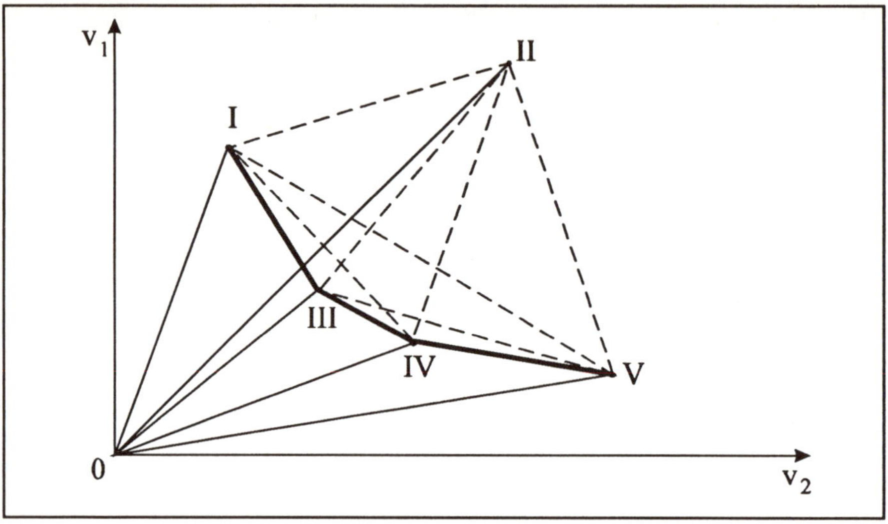

Abb. 3/10

Die Prozeßstrahlen I-V definieren jeweils einen eigenen linear-limitationalen Produktionsprozeß zur Erzeugung von x. Die Endpunkte mögen jene Faktorkombinationen festlegen, die zu einem einheitlichen output-Niveau $\bar{x}$ führen. Die Verbindungslinien all dieser Punkte miteinander lassen sich als Isoquante für das Etragsniveau $\bar{x}$ interpretieren. Dabei sind offensichtlich jene Kombinationen ineffizient, die zu vergleichsweise höheren Faktorverbräuchen führen. Sie sind in der Figur 3/10 wiederum durch Strecken mit einer unterbrochenen Linienführung kenntlich gemacht. Der Linienzug I-III-IV-V legt Alternativen fest, die als technisch effizient und gleichwertig anzusehen sind und insoweit die Wahlmöglichkeiten bei linear-limitationalen Prozessen dokumentieren. Erhöht man überdies die Zahl der Prozeßalternativen merklich, so resultiert daraus, wie man leicht einsieht, eine Isoquante, deren Form in jene der Figur 3/5 übergeht.

3.2 Die optimale input-Struktur

Die Frage nach der optimalen input-Strutur als unternehmerisches Wahlproblem stellt sich streng genommen nur dort, wo Wahlmöglichkeiten existieren, also im Zusammenhang mit substitutionalen Produktionsprozessen. Da limitationale Verfahren eine bestimmte input-Struktur technisch erfordern, ist man hier einer diesbezüglichen Entscheidung von vornherein enthoben. Dies gilt natürlich nicht, wenn man eine Entscheidung zwischen Verfahrensalternativen vor sich hat. Da sich das Problem dann aber ähnlich stellt wie bei substitutionalen Prozessen, wollen wir vornehmlich nur diese Variante thematisieren.

Zur Kennzeichnung der Ausgangslage verwenden wir wieder die Methode des isolierenden Vorgehens. Wir unterstellen, daß über die Höhe des output-Niveaus bereits entschieden worden sei, und beachten ansonsten die früher vereinbarten, abstrahierenden Annahmen. Da mit der Höhe des output-Niveaus und dem annahmegemäß gegebenem Produktpreis p die Erlöse des Unternehmens festliegen, verlangt das Optimierungskakül nunmehr eine Minimierung der Kosten, um einen maximalen Periodengewinn zu erreichen. Es gilt also, jene Faktorkombination zu finden, die ein Kostenminimum garantiert: die Minimalkostenkombination.

Die Lösung des Problems stellt sich in formaler Hinsicht als eine Analogie zu dem optimalen Konsumentscheid in der Haushaltstheorie heraus. Hier wie dort gilt bzw. galt es, bei sequentieller Betrachtung für jede zu verausgabende Geldeinheit die Frage zu klären, in welcher Verwendungsalternative die größtmöglichen gewollten Effekte zu erzielen sind. Waren es früher die Grenznutzen, auf die es ankam bei der Einkommensverwendung, so sind es nun die Grenzproduktivitäten, die im Mittelpunkt des Interesses stehen.

Ein rational handelndes Unternehmen wird die erste Geld(=Kosten-) einheit verwenden für den Einsatz eines Produktionsfaktors, der unter allen ansonsten verfügbaren Alternativen die höchste Grenzproduktivität gewährleistet. Für die Verausgabung der zweiten Geldeinheit ist dieselbe Überlegung maßgebend; auch hier wird die Entscheidung zugunsten jenes Faktors fallen müssen, der die vergleichsweise größten Zusatzerträge ermöglicht. In dieser Weise ist fortzufahren, bis das gewünschte output-Niveau erreicht ist.

Im Prinzip geht es immer um eine Abwägung, die einen Vergleich von Grenzerträgen vornimmt, die durch zusätzliche inputs infolge zusätzlicher Ausgaben realisiert werden können. Die maßgebliche Orientierung liefert mithin die Grenzproduktivität der Geld- oder Kosteneinheit. Im Optimum muß dieses Orientierungsdatum für alle Faktoralternativen denselben Wert aufweisen. Anders gewendet: Die Minimalkostenkombination ist erst dann garantiert, wenn beim angestrebten Gesamtertrag die letzte zu produktiven Zwecken verausgabte Kosteneinheit bei allen input-Alternativen dieselbe Grenzproduktivität aufweist. In der Literatur wird dies unter Hinweis auf H. v. Stackelberg als das „Gesetz des Ausgleichs der gewogenen Grenzerträge“ bezeichnet.

Sollte dieses Erfordernis einmal nicht gewährleistet sein, so ermöglicht, wie man sich leicht klar machen kann, eine Umdisposition des Faktoreinsatzes eine Einsparung von Kosten. Die letzte Kosteneinheit wäre jenem Faktor vorzuenthalten, der sich durch einen relativ geringen Grenzertrag auszeichnet. Die dadurch frei werdenden Geldmittel würden, ohne daß sie voll verausgabt werden müßten, den Einsatz eines Faktors mit vergleichsweise hoher Grenzproduktivität erlauben. Auf diese Weise gelingt es, bei unverändertem Gesamtertrag die Kostensumme zu senken.

Die Frage nach den Determinanten der optimalen input-Struktur ist folglich dahingehend zu beantworten, daß sowohl die Faktorpreise wie auch die

Grenzproduktivitäten von Bedeutung sind. Sofern man letztere als Ausprägung einer unveränderten Produktionstechnik ansieht und ihren Verlauf deshalb als gegeben hinnimmt, ist die Lösung allein von den Faktorpreisen, genauer: von der Faktorpreisrelation, abhängig; denn die Höhe der einzelnen Faktorpreise legt die jeweilige Kosteneinheit fest. Sollte sich also die Faktorpreisrelation ändern, wäre die input-Struktur entsprechend anzupassen. Diese Einsichten lassen sich selbstverständlich auch anhand einer Graphik oder auf analytischem Wege herleiten. Beginnen wir zunächst mit der mathematischen Version.

Aus mathematischer Perspektive handelt es sich bei dem anstehenden Problem erneut um die Extremierung einer Funktion unter Beachtung einer Nebenbedingung. Die Zielgröße ist nun die Kostenfunktion, die es zu minimieren gilt. Bei nur zwei Produktionsfaktoren lautet die Kostengleichung, wenn die Faktorpreise mit $\overline{q}_1$ und $\overline{q}_2$ gegeben sind,

(1) $K = \overline{q}_1 \cdot v_1 + \overline{q}_2 \cdot v_2.$

Die maßgebliche Nebenbedingung liegt mit dem zu erreichenden output-Niveau vor in Form von

(2) $\overline{x} = f(v_1;v_2).$

Von der Produktionsfunktion wollen wir der Einfachheit halber fordern, daß sie die Eigenschaften

a) $\delta x/\delta v_i > 0$ und

b) $\delta^2 x/\delta v_i^2 < 0$ sowie

c) $\delta^2 x/(\delta v_1 \cdot \delta v_2) = 0$ für $i = 1,2$

besitzt. Mit a) und b) ist eine „neoklassische" Produktionsfunktion beschrieben. In Zusammenhang mit c) („Die partiellen Grenzproduktivitäten sind von einander unabhängig") ist sichergestellt, daß die Isoquanten konvex zum Ursprung verlaufen. Formulieren wir (1) unter Berücksichtigung von (2) neu zur Lagrange-Funktion, dann resultiert

(3) $K_L = \overline{q}_1 \cdot v_1 + \overline{q}_2 \cdot v_2 + \lambda[\overline{x} - f(v_1;v_2)].$

Auf diese Weise ist wieder eine Funktion mit drei unabhängigen Variablen (v_1, v_2 und λ) entstanden. Differenziert man die Funktion nach den Argumenten, so führt dies zu dem Gleichungssystem

(4) $\delta K_L/\delta v_1 = \overline{q}_1 - \lambda(\delta x/\delta v_1) = 0$

$\delta K_L/\delta v_2 = \overline{q}_2 - \lambda(\delta x/\delta v_2) = 0$

$$\delta K_L/\delta\lambda = \overline{x} - f(v_1;v_2) = 0,$$

dessen Lösung die gesuchte Minimalkostenkombination beschreibt (Die Bedingungen 2. Ordnung lassen wir im folgenden wieder außer acht.). Die Lösung kann in dreifacher Weise formuliert werden. In einer ersten Variante gilt, wenn man aus (4) Gleichung Eins durch Gleichung Zwei dividiert,

(5) $\overline{q}_1/\overline{q}_2 = (\delta x/\delta v_1)/(\delta x/\delta v_2),$

d. h., im Kostenminimum entspricht das Verhältnis der Faktorpreise dem Verhältnis der Grenzproduktivitäten. Es ist dies unsere zuvor gewonnene Erkenntnis, daß bei gegebener Produktionstechnik die optimale input-Struktur letztlich durch das Faktorpreisverhältnis determiniert ist.

Aus einer einfachen Umformulierung von (5) folgt

(6) $(\delta x/\delta v_1)/\overline{q}_1 = (\delta x/\delta v_2)/\overline{q}_2.$

Hier begegnet uns als Analogie das 2. Gossensche Gesetz aus der Haushaltstheorie wieder: In der Minimalkostenkombination entsprechen sich die mit den Faktorpreisen gewogenen Grenzproduktivitäten. Die Grenzerträge pro Kosteneinheit sind also gleich, es gilt H. v. Stackelbergs „Gesetz vom Ausgleich der gewogenen Grenzerträge".

Schließlich kann auch (6) noch einmal neu gefaßt werden in Form von

(7) $(\delta v_1/\delta x) \cdot \overline{q}_1 = (\delta v_2/\delta x) \cdot \overline{q}_2.$

Danach gilt, daß das Produkt aus Faktorpreis und dem Kehrwert der Grenzproduktivität für alle Faktoren denselben Wert realisiert. Der Kehrwert der Grenzproduktivität informiert über den zusätzlichen Faktorverbrauch infolge einer zusätzlichen output-Variation. Multipliziert man diese Größe mit dem Faktorpreis, so resultiert ein Wert, der die zusätzlichen Kosten der Faktoren infolge von Ertragsänderungen beschreibt. Der Satz vom Ausgleich der Grenzproduktivitäten je Kosteneinheit formuliert demnach keinen anderen Sachverhalt, als daß sich im Kostenminimum auch die Grenzkosten der Faktoren entsprechen.

Wenden wir uns nun dem graphischen Exposé zu. Bei konstanten Faktorpreisen $\overline{q}_1$ und $\overline{q}_2$ und gegebener Kostensumme definiert die Kostengleichung $\overline{K} = v_1 \cdot \overline{q}_1 + v_2 \cdot \overline{q}_2$ in der Faktorverbrauchsebene eine Gerade mit den Koordinatenabschnitten $\overline{K}/\overline{q}_1$ und $\overline{K}/\overline{q}_2$.

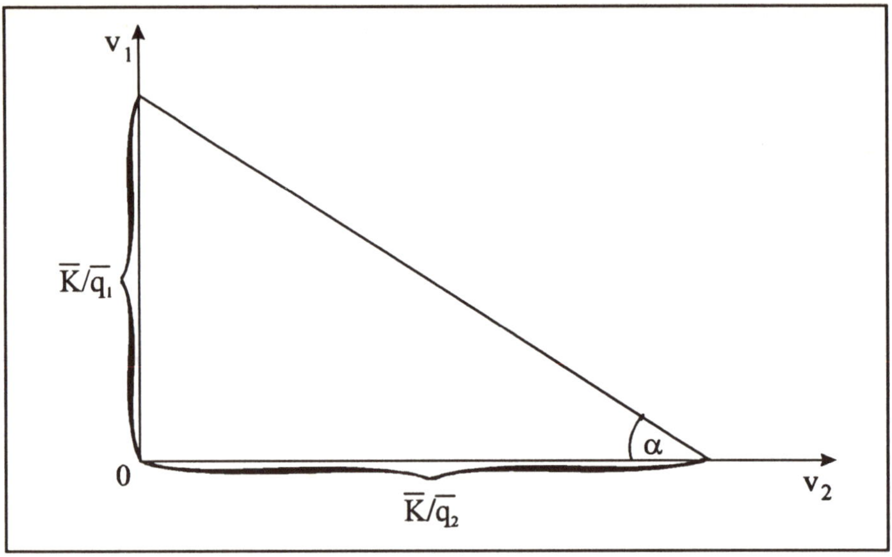

Abb. 3/11

Die Steigung dieser Gerade wird durch das Verhältnis der Faktorpreise festgelegt; denn aus der Kostengleichung folgt: $v_1 \cdot \overline{q}_1 = \overline{K} - v_2 \cdot \overline{q}_2$ oder $v_1 = \overline{K}/\overline{q}_1 - (\overline{q}_2/\overline{q}_1) \cdot v_2$ mit $\text{tg}\ \alpha = dv_1/dv_2 = -(\overline{q}_2/\overline{q}_1)$. Entlang dieser Gerade, also bei verschiedenen Faktorintensitäten, bleibt die Kostensumme unverändert. Man spricht deshalb auch von einer Isokostenlinie. Variable Kostenniveaus, etwa $\overline{K}_1 < \overline{K}_2 < \overline{K}_3 < ... < \overline{K}_n$, führen zu einer Parallelverschiebung im geometrischen Raum in der Weise, daß die jeweiligen Isokostenlinien weiter weg vom Koordinatenursprung angesiedelt sind. Konfrontieren wir eine solche Schar von Isokostenlinien mit jener Isoquante, die das von uns vorgegebene output-Niveau $\overline{x}$ repräsentiert, dann ergibt sich z. B. folgende Figur:

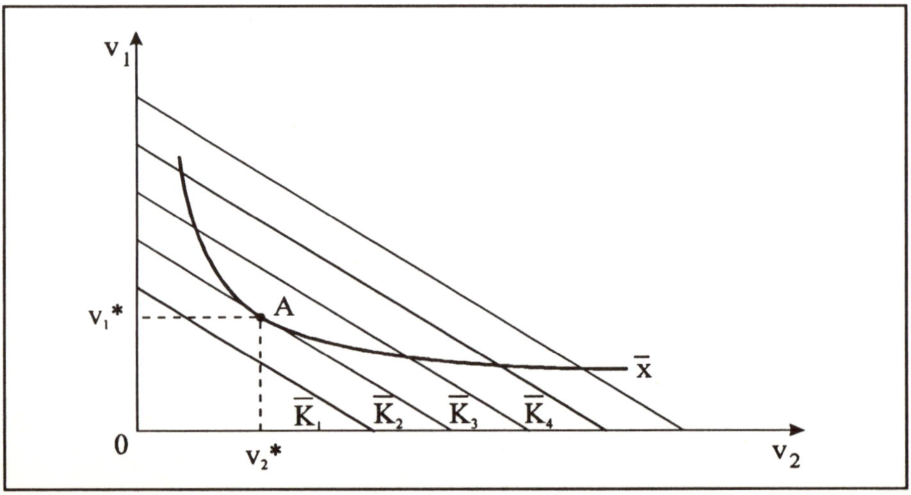

Abb. 3/12

Wandert man auf der Isoquante von links oben nach rechts unten, ersetzt man also bei unverändertem Produktionsumfang den Produktionsfaktor 1 durch den Produktionsfaktor 2, so gelingt es zunächst, Kosten einzusparen. Die Isoquante schneidet permanent Isokostenlinien, die ein geringeres Kostenvolumen kennzeichnen, bis der Punkt A erreicht ist. An dieser Stelle wird eine Isokostenlinie zur Tangente an der vorgegebenen Isoquante. Eine weitere Substitution des Faktors 1 durch den Faktor 2 würde jetzt zu Kostensteigerungen führen. Offensichtlich liegt in A das Kostenminimum; die Produktionsfaktoren sind in der Relation und mit dem Niveau v_1^*/v_2^* im Produktionsprozeß einzusetzen.

Daß diese graphische Lösung mit unseren bisherigen Erkenntnissen korrespondiert, wird durch die folgenden Überlegungen deutlich. Die Steigung einer Isoquante - die „Grenzrate der technischen Substitution des Faktors 1 durch den Faktor 2" - entspricht, wie früher hervorgehoben wurde, stets dem umgekehrten und negativen Verhältnis der Grenzproduktivitäten. Es gilt also

$$dv_1/dv_2 = -(\delta x/\delta v_2) : (\delta x/\delta v_1).$$

Im Kostenminimum ist diese Steigung gleich jener der Isokostenlinie, die im Punkt A zur Tangente wird. Über die Isokostenlinien hatten wir aber ausgesagt, daß deren Steigung durch das Verhältnis der als konstant angenommenen Faktorpreise $\overline{p}_1$ und $\overline{p}_2$ festgelegt wird. Hier gilt folglich immer

$$dv_1/dv_2 = -(\overline{q}_2/\overline{q}_1).$$

Wenn also im Kostenminimum die Steigungen beider Graphen übereinstimmen, gilt auch

$$\overline{q}_1/\overline{q}_2 = (\delta x/\delta v_1):(\delta x/\delta v_2),$$

womit wir wieder bei der Feststellung angelangt wären, daß die Minimalkostenkombination zu einem vorgegebenem output-Niveau dann erreicht ist, wenn das Verhältnis der Faktorpreise dem Verhältnis der Grenzproduktivitäten entspricht, also auch H. v. Stackelbergs „Gesetz vom Ausgleich der gewogenen Grenzerträge" Gültigkeit besitzt.

Abschließend soll kurz demonstriert werden, daß unser methodisches Vorgehen auch geeignet ist, auf die Wahl zwischen Verfahrensalternativen bei linear-limitationalen Prozessen angewendet zu werden. Wir orientieren uns dazu an der Isoquante der technisch effizienten Prozesse aus Figur 3/10, die wir in der folgenden Abbildung mit einer Schar von Isokostenlinien konfrontieren.

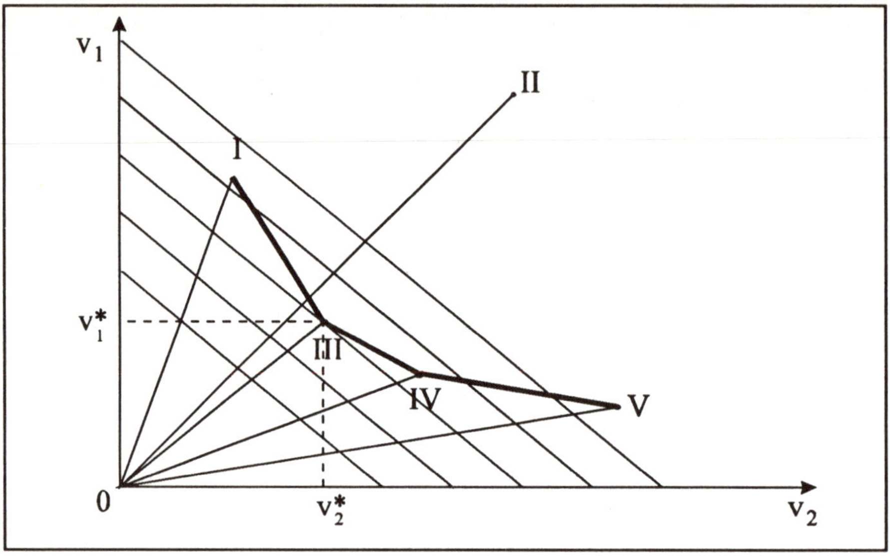

Abb. 3/13

Gemäß der oben ausgebreiteten Überlegung kommt nur der Endpunkt des Prozesses III als Lösung in Frage. Er führt zu den Faktoreinsätzen v_1* und v_2* und garantiert unter den gegebenen Umständen die Minimalkostenkombination. Alle sonstigen Alternativen sind suboptimal, da sie den vergleichbaren Gesamtertrag nur zu höheren Gesamtkosten ermöglichen. Sollte jedoch ein Faktorpreisverhältnis vorliegen, das zu Isokostenlinien führt, deren Steiung z. B. jener der linearen Strecke zwischen den Endpunkten der Prozesse III und IV entspräche, bestünde Indifferenz im Hinblick auf die Prozeßwahl. Sowohl Prozeß III wie auch Prozeß IV würden ein Kostenminimum gewährleisten.

Ein Rechenbeispiel:

Es gilt die Minimalkostenkombination zu bestimmen für eine Produktionsmenge $\overline{x} = 60$, die gemäß der Produktionsfunktion

(1*) $x = 20 \cdot v_1^{0,5} \cdot v_2^{0,5}$

erstellt wird. Die Faktorpreise sind gegeben mit $\overline{q}_1 = 4$ und $\overline{q}_2 = 1$, d. h., die Kostengleichung lautet

(2*) $K = 4 \cdot v_1 + v_2.$

Aus (1*) und (2*) resultiert die zu minimierende Lagrange-Funktion

(3*) $K_L = 4 \cdot v_1 + v_2 + \lambda\,(20 \cdot v_1^{0,5} \cdot v_2^{0,5} - 60)$

Die Bedingungen erster Ordnung lauten

(4*) a) $\delta K_L/\delta v_1 = 4 + \lambda \cdot 10 \cdot v_1^{-0,5} \cdot v_2^{0,5} = 0$

b) $\delta K_L/\delta v_2 = 1 + \lambda \cdot 10 \cdot v_1^{0,5} \cdot v_2^{-0,5} = 0$

c) $\delta K_L/\delta \lambda = 20 \cdot v_1^{0,5} \cdot v_2^{0,5} - 60 = 0.$

Aus (4*) a) und b) errechnet sich

$4/1 = (10 \cdot v_1^{-0,5} \cdot v_2^{0,5}) / (10 \cdot v_1^{0,5} \cdot v_2^{-0,5})$ oder

$4 = v_2/v_1$ bzw.

$v_1 = 0,25 \cdot v_2$

Eingesetzt in (4*) c) folgt

$20 \cdot (0,25 \cdot v_2)^{0,5} \cdot v_2^{0,5} = 60$ oder

$10 \cdot v_2 = 60$ bzw.

$v_2 = 6$

Wegen $v_1 = 0,25 \cdot v_2$ ergibt sich daraus $v_1 = 1,5$. Die kostenminimale Faktorkombination lautet demnach ($v_1^* = 1,5$; $v_2^* = 6$). Sie erzeugt das output-Niveau $\overline{x} = 20 \cdot 1,5^{0,5} \cdot 6^{0,5} = 60$.

3.3 Das optimale output-Niveau

Die Frage nach der optimalen Dimensionierung des outputs wollen wir analysieren unter der Voraussetzung, daß über die optimale input-Struktur bereits entschieden wurde, die Minimalkostenkombination also erreicht ist. Die naheliegende Schlußfolgerung, Probleme des Faktoreinsatzes seien damit nicht mehr von Interesse, erweist sich jedoch als voreilig. Mit dem output- und Absatzniveau variieren nämlich im allgemeinen nicht nur die Höhe der Erlöse sondern auch das Kostenvolumen; denn letzteres ist abhängig von den notwendigen Faktormengen und diese sicherlich von dem gewünschten Ertrag. Will man folglich jenes output-Niveau bestimmen, das einen maximalen Periodengewinn garantiert, ist zunächst die Beschäftigung mit dem Zusammenhang zwischen einer Variation des Produktionsumfangs und den damit korrespondierenden Kosten notwendig.

3.3.1 Kostenfunktion und Kostenverläufe

Die funktionale Verknüpfung zwischen dem Niveau der Kosten und jenem der Produktion wird Kostenfunktion genannt. Formal geht es um einen Zusammenhang, der als K = g(x) notiert werden kann. Er fügt sich in das bisher behandelte Themengeflecht wie folgt ein:

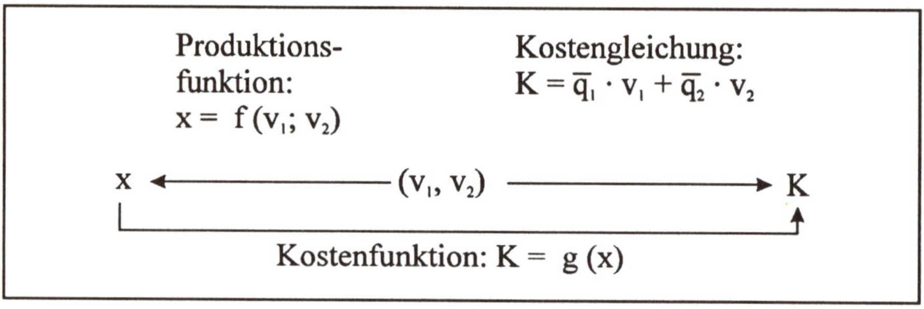

Abb. 3/14

Die Abbildung macht deutlich, daß ein konkreter Kostenverlauf in Abhängigkeit von output-Variationen maßgeblich durch die Struktur der Produktionsfunktion festgelegt ist. Wir haben also erneut Veranlassung, uns mit der technisch-organisatorischen Dimension des Produktionsprozesses zu beschäftigen, nun allerdings aus einer neuen Perspektive. Beginnen wir mit der Fragestellung der totalen Faktorvariation.

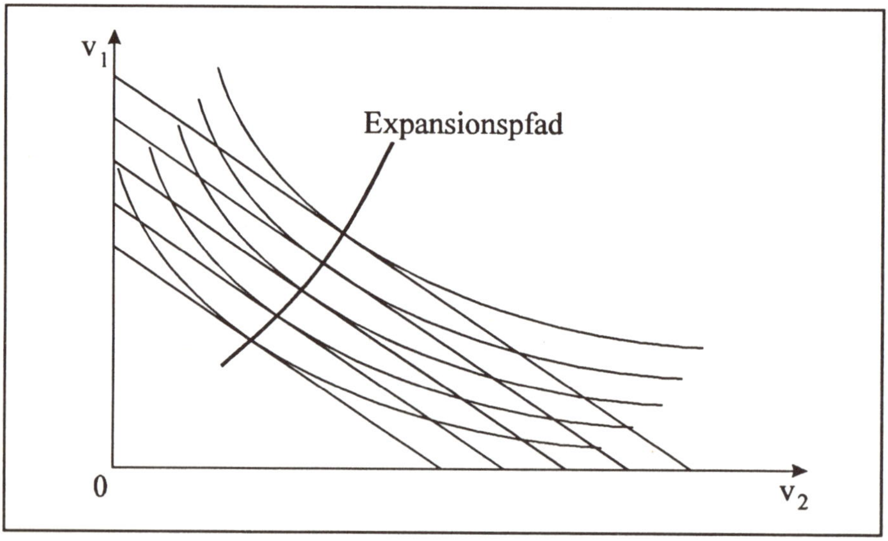

Abb. 3/15

Veränderte output-Vorgaben, Isoquanten für alternative Produktionsmengen also, führen zu neuen Minimalkostenkombinationen. Für diese gelten jeweils jene spezifischen Eigenschaften, die wir in 3.2 kennzeichneten. Verbindet man alle solcherart gefundenen Tangentialpunkte zu einer Kurve, so resultieren daraus sämtliche Minimalkostenkombinationen, die zu alternativen Produktionsniveaus gehören. Man nennt diese Kurve auch Expansionspfad oder Kammlinie.

Die Form des Expansionspfades liegt nicht fest, sondern ist abhängig von der jeweiligen Produktionsfunktion. So mag etwa mit steigenden Produktionsmengen der Faktor 1 im Vergleich zum Faktor 2 über- oder unterproportional zum kostenminimalen Einsatz gelangen. Dies zeigt sich in der entsprechenden Krümmung der Kammlinie. Für jenen Fall z. B., daß eine homogene Produktionsfunktion vorliegt, resultiert ein Expansionspfad mit linearem Verlauf. Die Faktorintensitäten in den Minimalkostenkombinationen ändern sich dann nicht. All dies soll aber für uns von untergeordneter Bedeutung bleiben. Richten wir unser Augenmerk stattdessen vor allem auf die Frage, wie es um den Homogenitätsgrad r steht und welche Konsequenzen daraus für den Kostenverlauf erwachsen.

An früherer Stelle hatten wir dargelegt, daß bei $r > 1$ der output progressiv auf Veränderungen des Einsatzniveaus reagiert (vgl. auch Abb. 3/7 a)). Es leuchtet unmittelbar ein, daß dies zu einer degressiven Entwicklung der Kosten in bezug auf Veränderungen des Produktionsniveaus führen muß. Anders gewendet: Da eine konstante Zunahme der Produktionsmengen permanent abnehmende Erhöhungen der inputs erfordert, nimmt bei gegebenen Faktorpreisen das Kostenvolumen ebenfalls in einem geringeren Ausmaß zu. Figur 3/16 a) verdeutlicht diesen Sachverhalt.

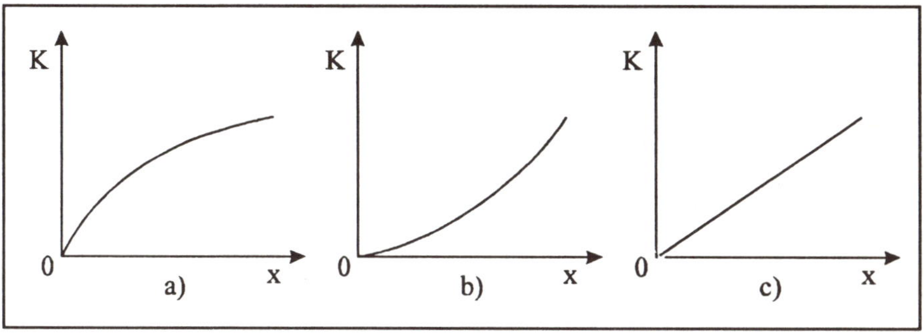

Abb. 3/16

Gilt für den Homogenitätsgrad $r < 1$, resultiert aus einer Erhöhung des Faktoreinsatzniveaus eine unterproportionale Zunahme der Produktionsmenge. Die maßgebliche Schlußfolgerung hinsichtlich der Kostenentwicklung lautet analog: es muß ein progressiver Kostenverlauf erwartet werden (Abb. 3/16 b)). Liegt der Fall einer linear-homogenen Produktionsfunktion vor ($r = 1$), unter den auch ein linear-limitationaler Prozeß subsumiert werden kann, so führt dies zu einem ebenfalls linearen Kostenverlauf, wie er etwa in 3/16 c) dargestellt ist.

In vielen praktisch relevanten Fällen sind nun keineswegs alle Faktoren jederzeit variabel. Zumindest auf kurze Sicht ist es vielmehr plausibel, einige Faktoren, wie z. B. Gebäude oder auch den Maschinenpark, als fix anzusehen. Die totale Faktorvariation liefert in solchen Fällen nicht unbedingt eine problemadäquate Fragestellung. Angemessener scheint die partielle Faktorvariation zu sein, die für die weiteren Überlegungen deshalb auch im Mittelpunkt unseres Interesses stehen soll, um weitere Kostenbegriffe in die Diskussion einzuführen.

Ausgehend von der Kostengleichung

$$K = \overline{q}_1 \cdot v_1 + \overline{q}_2 \cdot v_2$$

wollen wir unterstellen, daß der Faktor 2 mit einer bestimmten Menge $\overline{v}_2$ gegeben und kurzfristig nicht variierbar sei. Das Produkt $\overline{q}_2 \cdot \overline{v}_2$ heißt man Fixkosten (K_f), da sie unabhängig von der Höhe der Ausbringungsmenge anfallen. Die Kostengleichung kann nun notiert werden als

$$K = K_f + \overline{q}_1 \cdot v_1,$$

womit deutlich wird, daß die Ertragsabhängigkeit des Kostenvolumens allein über den Produktionsfaktor 1 wirksam wird. Diesen zweiten Kostenbestandteil nennt man variable Kosten. Die Schreibweise läßt überdies erkennen, daß letztlich der Zusammenhang zwischen Ertragsänderungen aufgrund einer partiellen Faktorvariation die Kostenfunktion strukturiert und den Kostenverlauf festlegt. Wir sind also gehalten, bestimmte Ertragseigenschaften vorzugeben, und erledigen dies mit dem Hinweis auf den „allgemeinen“ Fall des klassischen Ertragsgesetzes. Ansonsten wollen wir uns mit einer graphischen Herleitung begnügen und orientieren uns dazu an der folgenden ungewöhnlichen aber sehr instruktiven Abbildung.

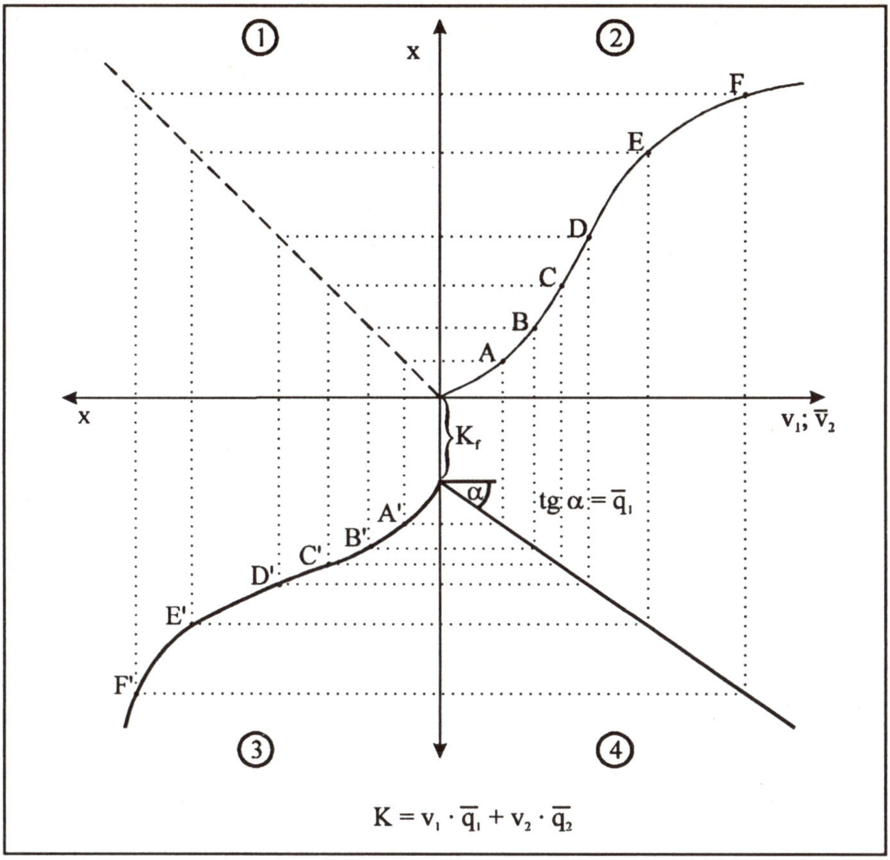

Abb. 3/17

Auf den Achsen des Koordinatensystems mögen überall positive Werte abgetragen sein. Im Quadranten ② ist der bekannte ertragsgesetzliche Zusammenhang zu erkennen; hier wurde die maßgebliche Produktionsfunktion bei partieller Faktorvariation plaziert. Im Quadranten ④ ist unsere Kostengleichung zu finden. Sie beginnt bei einem positiven Koordinatenabschnitt in Höhe der Strecke K_f, mit der die Fixkosten berücksichtigt werden. Im übrigen verläuft der Graph der Kostengleichung linear. In der Steigung der Geraden (tg α) macht sich der Faktorpreis $\overline{q}_1$ bemerkbar. Im Quadranten ① sind auf den Achsen jeweils die Produktionsmengen x abgetragen, und darüber hinaus ist eine winkelhalbierende Hilfslinie eingezeichnet. Ausgehend von den Figuren in diesen drei Quadranten ①, ② und ④ läßt sich nun im Quadranten ③ jener Kostenverlauf konstruieren, der aus der produktionstheoretischen Hypothese des Ertragsgesetzes folgt.

Beginnen wir exemplarisch mit dem Punkt A im Quadranten ②. Die zugehörigen Koordinaten informieren über das Niveau der entsprechenden Ertrags- und input-Werte. Lotet man den input-Wert über die Gerade der Kostengleichung im Quadranten ④ auf die senkrechte Koordinatenachse, so liegt damit der zugehörige

Wert des Kostenniveaus fest. Verfährt man ebenso mit dem Wert der Ertragsvariablen aus ②, indem dieser über die Hilfslinie in ① auf der waagerechten Koordinatenachse abgetragen wird, dann resultiert im Quadranten ③ der Punkt A', der output- und Kostenwert miteinander verknüpft. Grundsätzlich ist eine solche Vorgehensweise von einem beliebigen Punkt B, C, D, E oder F in ② ausgehend möglich. Sie läßt die korrespondierenden Punkte B', C', D', E' und F' auf der Kostenkurve in ③ entstehen. Bildet man letztere in einem „normalen" Koordinatensystem gesondert ab, ergibt sich die folgende Figur:

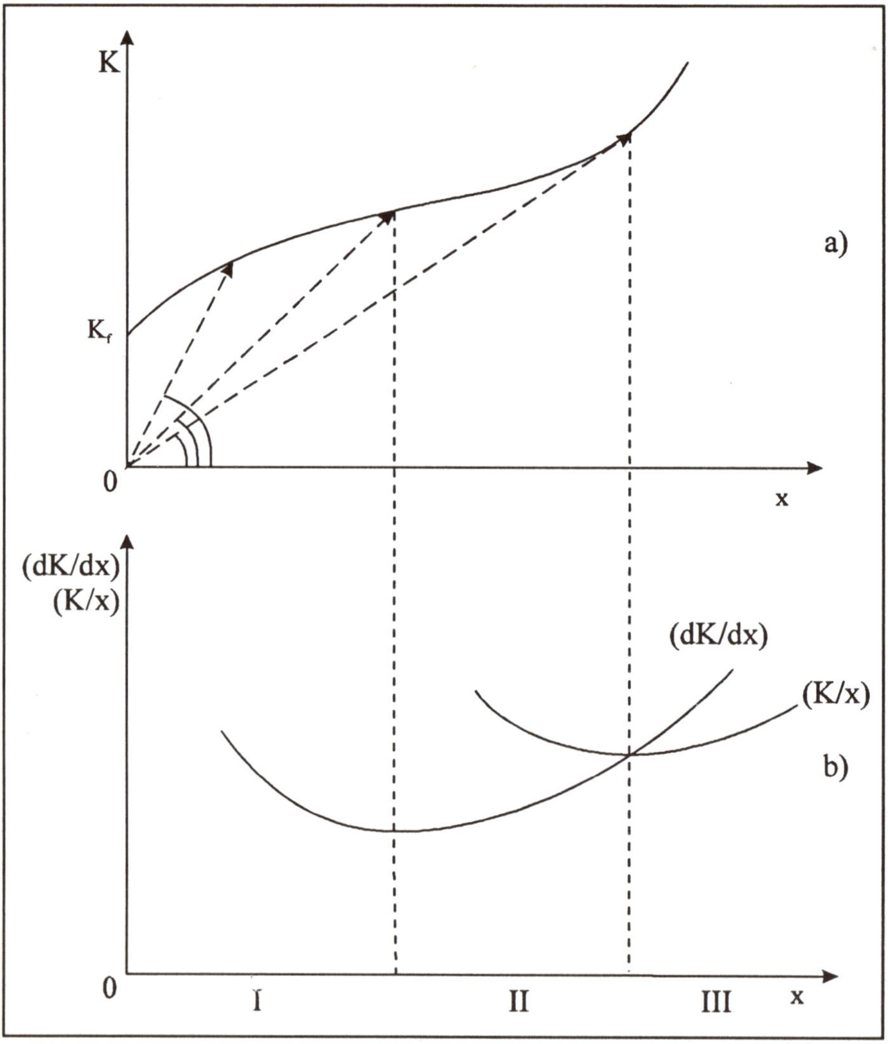

Abb. 3/18

Der Graph beginnt im Ordinatenabschnitt K_f und verläuft ansonsten nahezu spiegelbildlich zur Kurve des klassischen Ertragsgesetzes. Hier wie dort lassen sich demnach typische Phasen ausmachen und die zugehörigen Grenz- und Durchschnittswerte charakterisieren.

Die Grenzkosten (dK/dx) informieren über die zusätzlichen Kosten einer weiteren Produkteinheit. Sie bringen sich in der Steigung des Graphen der Gesamtkosten zur Geltung. Diese Steigung nimmt zunächst ab und nach dem Wendepunkt zu. Die Entwicklung der Grenzkosten folgt also einer nach oben geöffneten Parabel, die an der Stelle des Wendepunktes der Gesamtkostenfigur ihr Minimum aufweist.

Bei zunächst sinkenden Grenzkosten müssen auch die Durchschnitts- oder Stückkosten (K/x) mit zunehmender Ausbringungsmenge abnehmen, weil der Zähler dieses Quotienten stärker reagiert als sein Nenner. Die Entwicklung der Durchschnittskosten läßt sich verfolgen an dem tg jenes Winkels, den ein Fahrstrahl bildet, der aus dem Ursprung kommend an der Gesamtkostenkurve entlanggleitet. Wird der Fahrstrahl zur Tangente, erreichen die Stückkosten ihren minimalen Wert und sind den Grenzkosten gleich. Hier liegt, wie später noch deutlich werden wird, die sog. Gewinnschwelle, die man auch als ein volkswirtschaftliches Betriebsoptimum deuten kann. Nach dem Minimum steigen die Durchschnittskosten mit zunehmendem Produktionsniveau wieder an, so daß auch in diesem Zusammenhang eine parabolische Figur entsteht. Insgesamt lassen sich damit die drei folgenden Phasen unterscheiden:

	I	II	III
Gesamtkosten	steigen ➚	steigen ➚	steigen ➚
Grenzkosten	sinken ➘	steigen ➚	steigen ➚
∅-Kosten	sinken ➘	sinken ➘	steigen ➚

Tab. 3/3

Es ist unschwer zu erkennen, daß diese Kostenphasen mit den früheren Produktionsphasen korrespondieren. Hier wie dort liegt es nahe, die maßgeblichen Verläufe nicht nur zu beschreiben. Es kann auch versucht werden, die Kostenentwicklung mit Hilfe entsprechender Koeffizienten numerisch zu kennzeichnen. Dazu bietet sich ein weiteres Elastizitätsmaß an: die Kostenelastizität. Sie setzt die relative Änderung der Gesamtkosten in Beziehung zur relativen Änderung des output-Niveaus und ist definiert als

$$\upsilon_{K,x} = (dK/K) / (dx/x).$$

Einfaches Umstellen zu

$$\upsilon_{K,x} = (dK/dx) / (K/x)$$

macht deutlich, daß es um das Verhältnis der Grenzkosten zu den Durchschnittskosten geht. Der Koeffizient $\upsilon_{K,x}$ weist deshalb in den Phasen I und II Werte aus, die kleiner sind als Eins. In der Phase III gilt: $\upsilon_{K,x} > 1$.

Ein Rechenbeispiel:

Ausgehend von der Produktionsfunktion

(1*) $x = 20 \cdot v_1^{0,5} \cdot v_2^{0,5}$

sei angenommen, daß der Faktor 2 mit $\overline{v}_2 = 25$ fix vorgegeben ist. Aus (1*) wird dann

(2*) $x = 100 \cdot v_1^{0,5}$ oder, aufgelöst nach v_1,

(2a*) $v_1 = 0,0001 \cdot x^2$.

Es ist dies eine Funktion, die den Faktorverbrauch v_1 (bei $\overline{v}_2 = 25$) in Abhängigkeit von alternativen Produktionsniveaus x beschreibt. Sind auch die Faktorpreise mit $\overline{q}_1 = 4$ und $\overline{q}_2 = 1$ gegeben, dann lautet die Kostengleichung

(3*) $K = 4 \cdot v_1 + 25$

Hierin (2a*) eingesetzt, wird daraus die Kostenfunktion

(4*) $K = 25 + 0,0004 \cdot x^2$.

Zu ihr gehören die Funktion der Grenzkosten

(5*) $dK/dx = 0,0008 \cdot x$

sowie die Funktion der Durchschnittskosten

(6*) $K/x = 25/x + 0,0004 \cdot x$.

Das Betriebsoptimum liegt an der Stelle $d(K/x)/dx = (-25/x^2) + 0,0004 = 0$, also bei $x = 250$. Hier sind überdies die Grenzkosten den Stückkosten gleich; denn, $x = 250$ in (5*) und (6*) eingesetzt, ergibt: $(dK/dx)_{250} = 0,2$ und $(K/x)_{250} = 0,2$.

Die Kostenelastizität bezieht das Niveau der Grenzkosten auf jenes der Durchschnittskosten und beträgt z. B. bei dem output-Niveau $x = 500$

$$\upsilon_{K,x} = 0,0008 \cdot 500 \,/\, [(25/500) + 0,0004 \cdot 500] = 1,6.$$

Wenn also die Produktion, von $x = 500$ ausgehend, um 1 % gesteigert wird, zieht dies eine Kostensteigerung um 1,6 % nach sich.

3.3.2 Die gewinnmaximierende Produktions- und Absatzmenge bei konstanten und variablen Produktpreisen

Wir sind jetzt ausreichend vorbereitet, um die Frage zu klären, welches Produktionsniveau unsere Unternehmung denn nun wählen wird, wenn sie den maximalen Gewinn anstrebt? Wir wollen dieser Frage zunächst nachgehen unter Beachtung der Annahme, daß der Produktpreis p (wie bisher) bekannt und als gegeben anzusehen ist. Anschließend werden wir diese Voraussetzung fallenlassen und die Preisabhängigkeit des optimalen Produktionsentscheids untersuchen.

Bei konstantem Produktpreis $\overline{p}$ entwickeln sich die Erlöse $E = \overline{p} \cdot x$ eines Unternehmens in graphischer Hinsicht gemäß einer Gerade mit der Steigung $tg\ \alpha = \overline{p}$. Konfrontiert man eine derartige Erlösentwicklung mit einem Kostenverlauf, der das Ertragsgesetz nachzeichnet, so ergibt sich das Bild der Figur 3/19.

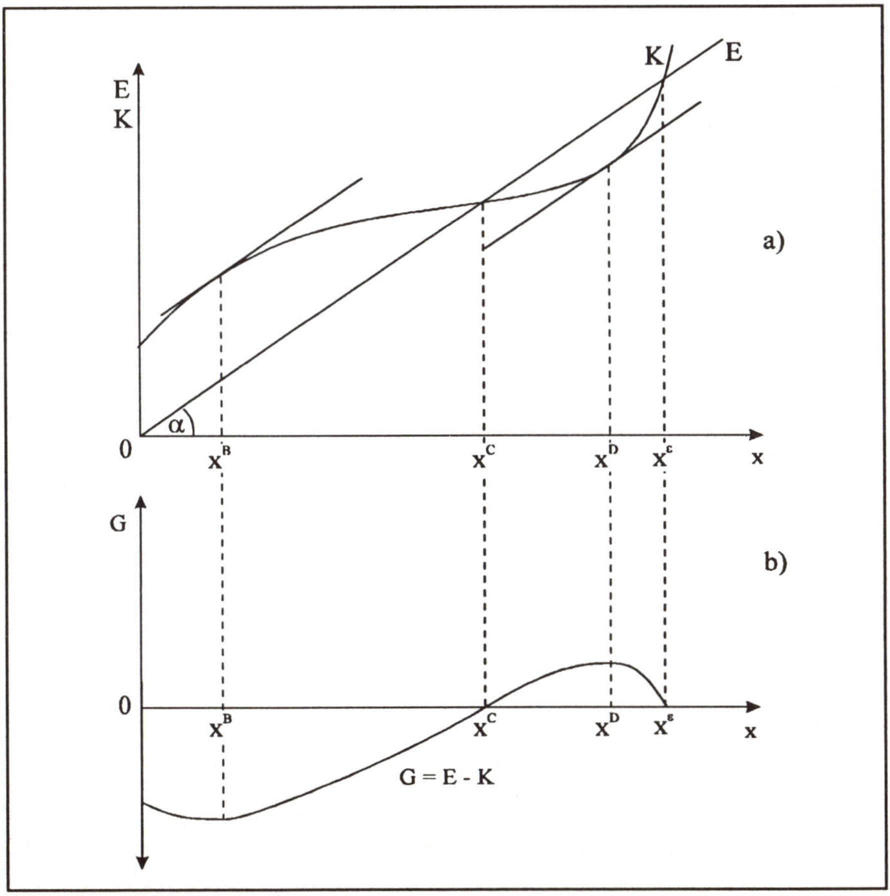

Abb. 3/19

Der Gewinn G, definiert als Differenz zwischen den Erlösen E und den Kosten K, zeigt sich in Abhängigkeit von der Produktionsmenge x zunächst als Verlust (Intervall 0 bis x^C), nimmt dann ein positives Vorzeichen an (Intervall x^C bis x^E) und entwickelt sich schließlich wieder negativ (Intervall x^E bis ∞). Er wird am größten dort, wo eine Parallele zur Erlöskurve die Kostenkurve tangiert (x^D), Erlös- und Kostenkurve also dieselbe Steigung besitzen. Dies gilt - genau genommen - zwar auch an der Stelle x^B, jedoch liegt hier offensichtlich ein Verlustmaximum vor. Der Zusammenhang läßt sich selbstverständlich auch von vornherein als vertikale Differenz zwischen der Erlös- und der Kostenkurve darstellen (Abb. 3/19 b)).

Die Lösung anhand der graphischen Darlegung findet ihre Entsprechung in der mathematischen Version des Problems. Danach ist die Funktion des Gewinns

(1) $G(x) = E(x) - K(x)$

auf das Vorhandensein eines Maximums hin zu untersuchen. Der Gewinn als Residuum ist abhängig von der Produktionsmenge x, weil eine solche Abhängigkeit sowohl für die Erlös- wie auch für die Kostenentwicklung besteht.

Gemäß den herkömmlichen Regeln der Mathematik ist die gewinnmaximierende Produktions- und Absatzmenge dann erreicht, wenn der Grenzgewinn den Wert Null annimmt. Die notwendige Bedingung für ein Gewinnmaximum lautet also

(2) $dG/dx = dE/dx - dK/dx = 0$

oder umgeformt

$$dE/dx = dK/dx.$$

Die Grenzerlöse müssen den Grenzkosten entsprechen. Man bezeichnet dies nach H. v. Stackelberg als das „Gesetz des erwerbswirtschaftlichen Angebots". Dieses „Gesetz" ist unmittelbar einsichtig. Wären nämlich die Grenzerlöse größer als die Grenzkosten, so würde eine zusätzliche Einheit output geringere zusätzliche Kosten verursachen als zusätzliche Erlöse ermöglichen: der zusätzliche Gewinn wäre positiv. Läge die gegenteilige Situation vor, ließe sich durch eine Produktions- und Verkaufseinschränkung ebenfalls der Gewinn erhöhen, da die eingesparten Kosten den Erlösentgang mehr als kompensieren würden.

Ein neuerlicher Blick auf die Figur 3/19 bestätigt, daß die notwendige Bedingung für ein Maximum sowohl durch die Menge x^B wie auch durch x^D erfüllt ist; denn in beiden Fällen entsprechen sich die Steigungen von Erlös- und Kostenkurve. Um nicht Gefahr zu laufen, die Menge x^B fälschlicherweise als ein gewinnmaximierendes output-Niveau zu identifizieren, ist zusätzlich noch die hinreichende Bedingung für einen Maximalwert zu prüfen. Sie fordert bekanntlich, daß - im Hinblick auf das hier anstehende Problem - die zweite Ableitung der

Gewinnfunktion nach der unabhängigen Variablen x negativ wird. Es muß daher gelten

(3) $d^2G/dx^2 = d^2E/dx^2 - d^2K/dx^2 < 0$

oder umgeformt

$$d^2E/dx^2 < d^2K/dx^2,$$

womit gesagt ist, daß die Steigung der Grenzerlöskurve geringer sein muß als jene der Grenzkostenkurve. Dies aber ist nur an der Stelle x^D der Fall.

Wenn wir uns daran erinnern, daß der Erlös unserer Unternehmung unter den von uns getroffenen Annahmen der Funktion $E = \overline{p} \times x$ folgt, lassen sich die maßgeblichen Bedingungen (2) und (3) recht anschaulich vereinfachen. (2) wird zu

(2a) $\overline{p} = dK/dx$

und aus der hinreichenden Bedingung (3) wird

(3a) $0 < d^2K/dx^2$.

In (2a) wird deutlich, daß die Grenzerlöse dem als gegeben angenommenen Produktpreis $\overline{p}$ entsprechen - eine zwingende Konsequenz der von uns gesetzten Voraussetzungen. Eine Maximierung des Periodengewinns verlangt demnach eine Ausbringungsmenge, die Grenzkosten in Höhe des Absatzpreises verursacht. (3a) deckt auf, daß die Grenzkosten positive Steigung haben müssen. Dies ist in der Figur 3/19 nur bei der Menge x^D der Fall.

An dieser Stelle rechtfertigt sich unser früheres Diktum, daß steigende Grenzproduktivitäten aus ökonomischer Sicht wenig Bedeutung besitzen. Steigende Grenzproduktivitäten führen nämlich zu sinkenden Grenzkosten. Diese aber sind, wie zuvor gezeigt, für den Gewinnmaximierungskalkül irrelevant. Sofern sinkende oder konstante Grenzkosten vorliegen sollten, wird ein Unternehmen immer, wenn überhaupt Gewinne erzielbar sind, den maximal möglichen output produzieren, also an der Kapazitätsgrenze operieren.

Für eine Zusammenfassung der bisherigen Ergebnisse eignet sich besonders die folgende Graphik:

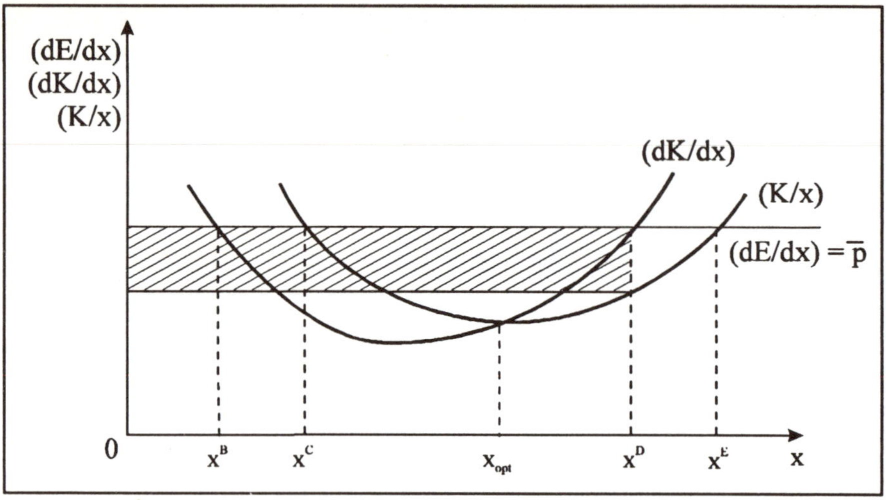

Abb. 3/20

Die Grenzerlöse (dE/dx), die dem gegebenen Produktpreis $\overline{p}$ entsprechen, erscheinen als Parallele zur Abszisse. Eingetragen sind überdies die aus dem „ertragsgesetzlichen“ Kostenverlauf resultierenden parabolischen Durchschnitts- und Grenzkostenkurven (K/x) und (dK/dx). Die entscheidenden Ausbringungsmengen x^B, x^C, x^D und x^E der Figur 3/19 finden sich auch hier wieder. An der Stelle x^B kann nur ein Verlustmaximum vorliegen, da - wie ersichtlich ist - die Grenzkostenkurve eine negative Steigung aufweist. Die Produktions- und Absatzmengen x^C und x^E legen jenes Intervall fest, in dem Gewinne erzielt werden. An den Stellen x^C und x^E selbst wird die Kostendeckung erreicht, denn die Höhe des Verkaufspreises entspricht den jeweiligen Stückkosten. Das gewinnmaximierende output-Niveau liegt bei x^D. Hier sind die Grenzkosten den Grenzerlösen gleich, und erstere weisen zudem eine positive Steigung auf.

Der zugehörige Gewinn ist in dem Bild als schraffierte Fläche kenntlich gemacht. Deren vertikale Strecke legt als Differenz zwischen dem Niveau des Absatzpreises $\overline{p}$ und jenem der Durchschnittskosten (K/x^D) den Stückgewinn (G/x^D) fest. Die horizontale Strecke 0 bis x^D informiert über das Produktions- und Absatzvolumen. Die Multiplikation beider Größen weist folglich die Höhe des (hier: maximalen) Gewinns aus.

Auf der Abszisse der Figur 3/20 wurde zusätzlich der Wert x_{opt} kenntlich gemacht. Bei diesem Produktionsniveau fallen die geringsten Durchschnittskosten an, da die Produktivität ihren Maximalwert erreicht. Sofern unser Unternehmen sich bereit fände, die Menge x_{opt} zu produzieren, wäre der Ressourcenverbrauch je output-Einheit geringer als bei allen sonstigen Produktionsniveaus. Bei x_{opt} liegt daher ein aus gesamtwirtschaftlicher Sicht vorteilhafter Wert: eine optimale, da ressourcenschonende Betriebsgröße. Einzelwirtschaftlich betrachtet stellt sich die Angelegenheit selbstverständlich anders dar. Das output-Niveau x_{opt} ist aus unternehmerischer Sicht keineswegs optimal, da nicht gewinnmaximierend. Dies gilt erst recht, wenn ein Absatzpreis $\overline{p}$ vorgegeben wäre, der bei diesem volkswirtschaftlich optimalen Niveau x_{opt} noch nicht einmal die Kostendeckung ermöglichte. Doch damit sind wir bereits bei dem nächsten Schritt unserer Analyse, nämlich bei der Frage: Wie reagiert ein Unternehmen mit seinen Produktionsentscheidungen, wenn der Absatzpreis p variiert?

Orientieren wir uns bei der Untersuchung dieser Frage an einem der Figur 3/20 ähnlichen Bild.

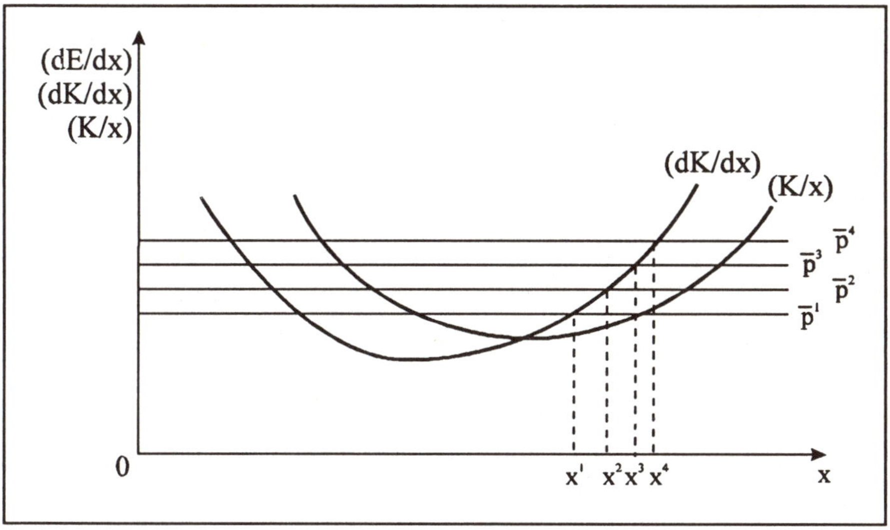

Abb. 3/21

Es sind nun alternative Produktpreise $\overline{p}_i$ angenommen, die unserem Unternehmen jeweils wieder vorgegeben werden. Für diese Produktpreise gelte $\overline{p}_1 < \overline{p}_2 < \overline{p}_3 <$... usw. Da sich an den sonstigen Entscheidungsumständen nichts ändert, hat unser Unternehmen offenbar keine Veranlassung, seine Entscheidungsregel zu modifizieren. Mit anderen Worten, es wird weiterhin nach der Maxime des „Gesetzes vom erwerbswirtschaftlichen Angebot" verfahren, mithin jenes output-Niveau realisieren, das Grenzkosten in Höhe des jeweiligen Absatzpreises $\overline{p}_i$ verursacht. Auf diese Weise führen steigende Produktpreise zu zunehmenden Produktionsmengen $x_1 < x_2 < x_3 <$ ... usw. Ebenso gilt umgekehrt, daß sinkende Absatzpreise Produktionseinschränkungen zur Folge haben. Die Grenzkostenkurve mit ihrem ansteigenden Ast liefert offensichtlich für unser Unternehmen die entscheidende Orientierung. Die Kurve läßt sich interpretieren als eine unternehmensindividuelle Angebotsfunktion, die alternative Produktpreise p mit den zugehörigen gewinnmaximierenden Produktions- und Absatzmengen x verknüpft.

Diese Schlußfolgerung gilt allerdings nur unter Vorbehalt. Preise, die geringer sind als das Niveau der minimalen Durchschnittskosten, führen nämlich zu Verlusten. Sollte eine solche Situation sich als dauerhaft erweisen, wird der Bestand des

Unternehmens früher oder später gefährdet sein. Kurzfristig kann zwar auch eine verlustbringende Produktion gerechtfertigt werden - wenn etwa noch positive Deckungsbeiträge erzielbar sind. Dies ist dann gewährleistet, wenn der Produktpreis mehr als die variablen Kosten abdeckt und er auf diese Weise wenigstens einen Teil der ohnehin anfallenden Fixkosten zu finanzieren gestattet. Langfristig wird sich jedoch mindestens die Deckung sämtlicher Kosten als notwendig erweisen, so daß dauerhaft das Betriebsoptimum (= die Gewinnschwelle) jenes Preisniveau markiert, von dem ab Angebotsentscheidungen getroffen werden. Halten wir also abschließend fest: Die individuelle Angebotskurve eines Unternehmens ist identisch mit dem ansteigenden Ast der Grenzkostenkurve oberhalb und einschließlich des Minimums der Durchschnittskosten.

Ein Rechenbeispiel:

Ein Unternehmen i produziere mit der Kostenfunktion

(1*) $K_i = 25 + 0{,}0004x_i^2.$

Der Absatzpreis p sei mit $\overline{p} = 0{,}5$ gegeben. Der Gewinn gehorcht dann der Funktion

(2*) $$G_i = \overline{p} \cdot x_i - K_i$$

$$= 0{,}5 \cdot x_i - 25 - 0{,}0004 \cdot x_i^2.$$

Er wir maximal, wenn

$$dG/dx_i = 0{,}5 - 0{,}0008 \cdot x_i = 0, \text{ da}$$

$$d^2G/dx_i^2 = -\,0{,}0008 < 0,$$

also bei der Produktions- und Absatzmenge $x_i = 625$. Das Unternehmen i wird auch bei alternativen, aber jeweils gegebenen Absatzpreisen p nach der Maxime $\overline{p} = dK_i/dx_i$ verfahren, so daß die ansteigende Grenzkostenkurve oberhalb und einschließlich des Betriebsoptimums als individuelle Angebotsfunktion $x_i = f(p)$ angesehen werden kann. Es gilt also

(3*) $$p = dK_i/dx_i = 0{,}0008 \cdot x_i \quad \text{bzw.}$$

$$x_i = 1250 \cdot p \quad \text{für } p \geq 0{,}2.$$

3.4 Die Aggregation der individuellen Angebotsfunktionen zum Gesamtangebot und dessen Eigenschaften

Ebenso wie bei der Haushaltstheorie liegt der tiefere Sinn der Analyse unternehmerischer Produktionsentscheidungen darin, eine Aussage über typisches und im Durchschnitt zu erwartendes Verhalten abzuleiten. Die maßgeblichen Einflußgrößen des Gesamtangebots im Hinblick auf ein Produkt x gilt es letztlich offenzulegen. Zu diesem Zweck sind die individuellen Angebotsfunktionen zu einem Gesamtangebot aller in einem Markt agierenden Unternehmen zusammenzufassen.

Da wir bisher ein „repräsentatives" Unternehmen vor Augen hatten, können wir nun verallgemeinern. Es ist plausibel anzunehmen, daß verschiedene Unternehmen unterschiedlich leistungsfähig sind. Dies kommt zum Ausdruck in jeweils unterschiedlichen Produktions- und damit Kostenfunktionen. Ansonsten variiert das Entscheidungsfeld der Unternehmen nicht. Wir können also bei allen Unternehmen ein „Normal"-Verhalten in bezug auf Veränderungen des Produktpreises gemäß der Figur 3/21 unterstellen. Die Unterschiedlichkeit der Produktionsbedingungen wird sich lediglich in Lage und Form der individuellen Angebotsfunktionen bemerkbar machen. Drei derartige, der Einfachheit halber auch hier wieder linear angenommene, individuelle Angebotsfunktionen sind in der folgenden Graphik abgebildet.

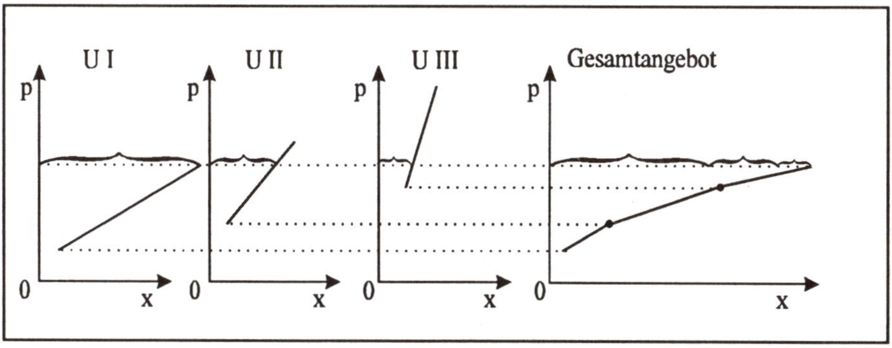

Abb. 3/22

Die individuellen Produktionsmengen bei alternativen Preisen sind horizontal zu addieren, um eine Information über die Reaktion des Gesamtangebots auf Preisveränderungen zu erhalten. Die Kurve des Gesamtangebots weist das charakteristische Grundmuster auf: hohen Preisen sind große Angebotsmengen zugeordnet, niedrige Preise führen zu geringen Angebotsmengen. Die resultierende Kurve verläuft allerdings flacher als jede der einzelnen individuellen Kurven. Die Annahme einer großen Zahl von Unternehmen erlaubt es, das Gesamtangebot wiederum als Ausprägung einer stetigen und überall differenzierbaren Funktion aufzufassen.

Es darf nun nicht vergessen werden, daß die Herleitung der Angebotsfunktion auf der Grundlage von c.p.-Überlegungen erfolgte. Wie sollte es auch anders sein? Dies bedeutet aber, daß auch die Konsequenzen von Änderungen der „sonstigen Umstände“ bedacht sein wollen. Relevant sind in diesem Kontext vornehmlich die Voraussetzungen gegebener Faktorpreise sowie unveränderter Produktionstechnik und auch die Unterstellung einer gegebenen Anzahl von Unternehmen. Sollten diese Einflußgrößen variieren, wird sich das bemerkbar machen in Lage und Form der Angebotskurve.

Abschließend sei kurz darauf hingewiesen, daß man den Zusammenhang zwischen Produktpreisen und Angebotsmengen natürlich auch mit einem Elastizitätsmaß einfangen kann. Von Bedeutung ist die Elastizität des Angebots in bezug auf den Preis, kurz: die Preiselastizität des Angebots. Sie informiert über die relative Veränderung der Angebotsmenge als Folge einer relativen Preisänderung. Die Definition lautet

$$\upsilon_{x,p} = (dx/x)/(dp/p)$$

oder umgeformt

$$\upsilon_{x,p} = (dx/dp)(p/x)$$

und macht deutlich, daß nur positive Werte für diesen Koeffizienten in Frage kommen werden. Eine weitere sprachliche Differenzierung lehnt sich an jene bei der Nachfrageelastizität an. Danach wird eine Angebotsreaktion elastisch genannt, wenn $\upsilon_{x,p} > 1$; unelastisch heißt man sie dann, wenn $\upsilon_{x,p} < 1$. Im übrigen gilt auch hier, daß sich der Wert auf einfache Weise über das Verhältnis von Strecken beziffern läßt.

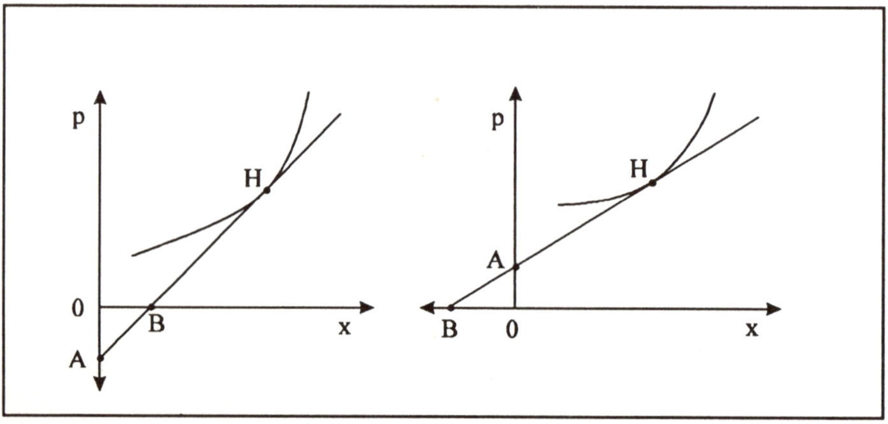

Abb. 3/23

Legt man an einen beliebigen Punkt H der Angebotskurve eine Tangente, dann informiert das Verhältnis der Strecken $\overline{HB}/\overline{HA}$ über die Größenordnung der Elastizität an dieser Stelle. Zur Begründung sei der geneigte Leser auf die früheren Ausführungen zu diesem Thema unter 2.4 verwiesen.

Ein Rechenbeispiel:

Gegeben seien 200 Unternehmen, von denen der Einfachheit halber angenommen sei, daß sie jeweils gemäß der individuellen Angebotsfunktion

(1*) $x_i = 1250 \cdot p$ für $p \geq 0{,}2$ mit $i = 1, 2, ..., 200$

ihre Produktions- und Absatzentscheidungen treffen. Die Gesamtangebotsfunktion für das Produkt x errechnet sich dann als

(2*) $x^G = \sum x_i = 25 \cdot 10^4 \times p$ für $p \geq 0{,}2$.

Für einen beliebigen Punkt auf dieser Gesamtangebotsfunktion läßt sich die Angebotselastizität ermitteln. Für p = 2,5 etwa sind $x = 625 \cdot 10^3$ angebotene Produkteinheiten zu erwarten. Da

$$dx/dp = 25 \cdot 10^4 \text{, folgt}$$

$$\begin{aligned} \upsilon_{x,p} &= (dx/x)/(dp/p) \\ &= (dx/dp)(p/x) \\ &= 25 \cdot 10^4 \cdot (2{,}5/625 \cdot 10^3) \\ &= 1 \end{aligned}$$

Sollte also der Absatzpreis, von p = 2,5 ausgehend, um 1 % ansteigen, wird die Angebotsmenge insgesamt ebenfalls um 1 % zunehmen.

4. Märkte: Entwicklung, Struktur, Verhalten und Ergebnis

Als Markt bezeichnet man gewöhnlich den ökonomischen Ort des Zusammentreffens von Angebot und Nachfrage. Eine derartige begriffliche Festlegung verlangt geradezu nach ergänzenden Bemerkungen. Unausgesprochen wird nämlich meistens vorausgesetzt, daß ein wohldefiniertes Produkt oder eine entsprechende Produktgruppe (bzw. ein Leistungsbündel) existiert, auf das (die) sich die Kauf- und Verkaufsabsichten richten. Die Definition des Marktes nimmt damit Bezug auf Produkteigenschaften, die aus der Sicht der Nachfrager eine Gleichartigkeit oder -wertigkeit der Güter bzw. Leistungen begründen. Sie befriedigen ein genau bestimmtes oder aber ein ähnliches Bedürfnis. Ein Markt ist folglich von einem anderen zu unterscheiden über die Tauschobjekte, die gehandelt werden (wollen). In diesem Sinne ist mit Markt immer ein „Elementarmarkt" (H. v. Stackelberg) gemeint oder ein „Marktkomplex" als Summe mehrerer zusammengehöriger Elementarmärkte, die zu anderen Elementarmärkten oder Marktkomplexen keine oder nur lose Beziehungen aufweisen. Für praktische Belange bietet sich die früher behandelte Kreuzpreiselastizität als Maß an, um den „relevanten" Markt näher zu bestimmen, wenngleich die damit verbundenen Schwierigkeiten kaum zu übersehen sind.

Eine weitere Bemerkung ist angebracht, wenn umgangssprachlich naheliegende Mißverständnisse vermieden werden sollen. Markt ist niemals ein „Zustand", manchmal eine „Veranstaltung" und als solche in Verbindung zu bringen mit einem zentralen konkreten Ort, aber immer ein „Geschehen". Markt findet statt. Insofern wäre es treffender, im Rahmen ökonomischer Analysen stets von „marktlichem Geschehen" zu reden, das sich allgemein als ein Kommunikationsprozeß, als ein Austauschen von Informationen begreifen läßt. Derartige Wendungen haben sich jedoch in der Lehrbuchliteratur zur Mikroökonomik bis heute nicht durchgesetzt. Gleichwohl ist unbestritten, daß marktliches Handeln „in der Zeit" erfolgt, also Prozeßcharakter besitzt und sich insofern „entwicklungsbedingt" präsentiert. Die Entwicklung vieler Märkte folgt nämlich häufig einem typischen Muster, bei dem sich vier Phasen unterscheiden lassen: die Experimentierphase, die Expansionsphase, die Ausreifungsphase und die Stagnations- bzw. Rückbildungsphase.

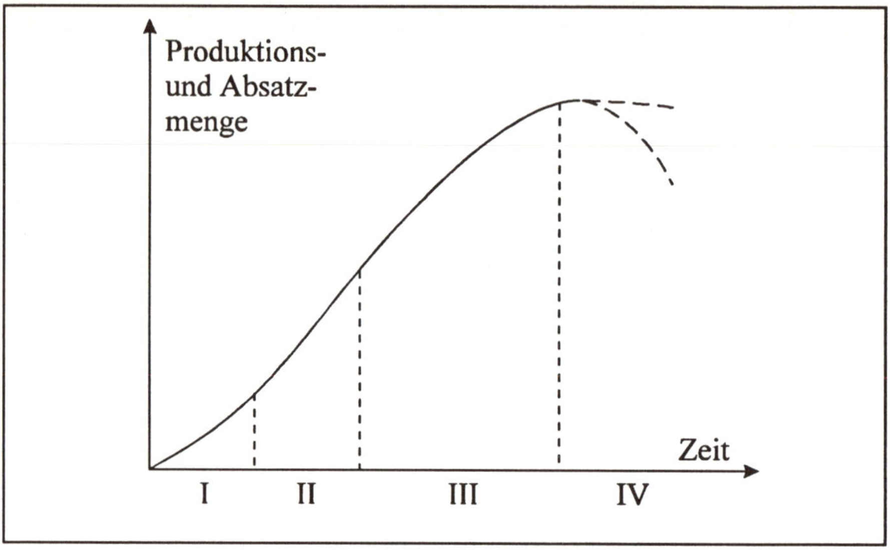

Abb. 4/1

Ein Markt will zunächst einmal kreiert sein. Es gilt, ein Problem als solches zu begreifen und auf Abhilfe zu sinnen. Die Problemlösung besteht oft in der Erfindung und Entwicklung eines neuen Produktes oder Produktionsverfahrens, das die Anwendungsreife erlangt. Da die Akteure „Neuland" betreten, liegen noch keine hinreichenden Erfahrungen vor, die für eine massenhafte Produktion und entsprechenden Verkauf nutzbar gemacht werden könnten. Die marktlichen Aktivitäten stellen sich vielmehr dar als eine Abfolge von Versuch und Irrtum, und die Gefahr eines Mißerfolges ist besonders groß.

Die Expansionsphase schließt sich an, wenn die Experimentierphase erfolgreich durchlaufen wurde. Nun ist Akzeptanz im Markt gefunden, anfänglicher Marktwiderstand überwunden und der Durchbruch gelungen. Die Produktions- und Absatzzahlen schnellen sprunghaft in die Höhe: der Markt boomt.

Es liegt auf der Hand, daß eine solche Entwicklung nicht unbegrenzt weiterlaufen kann. Im Vorfeld der sich abzeichnenden Marktsättigung nehmen die Zuwachsraten bei Produktion und Absatz allmählich ab. Die ursprünglich innovative Problemlösung erreicht während dieser Phase ihren vollen Reifegrad. Das Produkt ist technisch „fertig".

Mit der Stagnationsphase, die bei Auftreten von Substitutionskonkurrenz auch in eine Phase der Rückbildung und Schrumpfung einmünden kann, ist die Marktentwicklung abgeschlossen. Das Marktpotential ist nunmehr vollkommen ausgeschöpft. Produktions- und Absatzziffern spiegeln vornehmlich die Deckung des Ersatzbedarfs wider. Das, was ursprünglich äußerst risikoreich begann, ist jetzt Wiederholung und Routine geworden.

Jede der so beschriebenen Phasen läßt sich näher kennzeichnen mit Hilfe von Merkmalen der Marktstruktur, des Marktverhaltens und der Marktergebnisse. Mit der Marktstruktur versucht man die Ausgangsbedingungen marktlichen Handelns festzumachen. Dazu zählen etwa die Regelung des Markteintritts, die Anzahl der Akteure und deren Marktanteil, die qualitative Beschaffenheit des Marktes in Form seiner räumlichen und zeitlichen Dimension sowie bestehende Präferenzen der Teilnehmer untereinander. Darüber hinaus interessiert auch, wie es mit der Vergleichbarkeit der Produkte und der Markttransparenz bestellt ist.

Marktverhaltenskriterien versuchen, das Verhalten der Marktteilnehmer gegenüber den anderen Akteuren zu beschreiben und zu systematisieren. So interessiert etwa die Frage, welche unternehmenspolitischen Instrumente bevorzugt zum Einsatz gelangen; ob z. B. die Werbetätigkeit gegenüber der Preispolitik dominiert, oder ob die investiven Aktivitäten auffällig im Vordergrund stehen. Natürlich ist auch von Interesse, ob die unternehmerischen Entscheidungen wettbewerblichen Charakter besitzen oder eher auf ein gemeinsames Handeln ausgerichtet sind.

Bei der Frage nach den Marktergebnissen geht es vor allem um die Höhe von Renditen und Preisen, um das Absatzvolumen, realisierte Produktivitätsfortschritte, Kosteneinsparungen u. ä. mehr. Unter Verwendung dieser Merkmale stellt sich das Charakteristische der einzelnen Marktphasen wie folgt dar.

In der Experimentierphase hat man es naturgemäß zunächst nur mit einem unternehmerischen Akteur zu tun. Es liegt die Marktform des Monopols vor. Dieser Monopolist ist von schöpferischem Geist beseelt, initiativ und risikofreundig. Er investiert in Forschung und Entwicklung und unternimmt erhebliche werbliche Anstrengungen, um den Markt zu öffnen. Infolge mangelnder Produktionserfahrungen sind die Produktionskosten allerdings relativ hoch, und der entsprechende Produktpreis erlaubt nur ein vergleichsweise bescheidenes Absatzvolumen.

Die erfolgreich absolvierte Experimentierphase läßt dann aufgrund der gewonnenen Produktionserfahrungen die Kosten sinken. Qualitätsverbesserungen und Produktivitätsfortschritte beträchtlichen Ausmaßes sind zu beobachten. Neue Verwendungsmöglichkeiten für das kreierte Produkt rücken ins Blickfeld. Spontane Nachahmer finden den Weg in den Markt mit ähnlichen Erzeugnissen. Hohe Gewinne sind zu erzielen, die Produktvielfalt nimmt zu und ebenso die Zahl der anbietenden Produzenten. Die Marktform des Monopols geht über in jene des Oligopols. Dies läßt Konkurrenzbewußtsein entstehen, das sich auch in Preisunterbietungen bemerkbar macht und auf diese Weise neue Absatzschichten erschließt.

In der Ausreifungsphase mag die Zahl der Anbieter schließlich sehr groß geworden sein. Es läge dann die Marktform des Polypols vor. Aber selbst wenn dies nicht der Fall sein sollte, ist davon auszugehen, daß das Verhalten der Marktteilnehmer zunehmend konservative Züge trägt. Konsolidierung macht sich breit. Der Qualitätswettbewerb weicht oft einer eher vordergründigen Differenzierung der

Produkte bzw. Produktionsverfahren. Weitere Käuferschichten werden überwiegend mit werblichen Anstrengungen zu erreichen versucht. Der preispolitische Spielraum der Anbieter wird enger – auch als Folge der nur noch mäßigen Produktivitätsfortschritte. Dies hat selbstverständlich Konsequenzen im Hinblick auf die Rendite. Sie erreicht Normalwerte und zwingt manchen Anbieter zum Marktaustritt.

In der Stagnationsphase ist das maximal mögliche Marktvolumen erreicht. Der "schöpferische Zerstörer" (J. A. Schumpeter), jener Unternehmer also, der die Entwicklung des Marktes in Gang setzte, hat ebenso wie seine spontanen Nachahmer schon wieder andere (Markt-)Möglichkeiten im Auge. Es dominiert in der Stagnationsphase folglich ein konsolidierendes Marktverhalten, mit dem das Bewahren des Erreichten angestrebt wird. Der wettbewerbliche Impetus erlahmt. Die Produktivitätsfortschritte und Kostensenkungen bleiben hinter dem gesamtwirtschaftlichen Durchschnitt zurück. Die Markttransparenz aller noch Beteiligten ist beachtlich – ein Resultat der ausgiebigen Erfahrung, die die Akteure miteinander und im Markt gewonnen haben. Dies schlägt sich nieder in nur noch schwach ausgeprägtem Preiswettbewerb. Häufig liegt im Gegenteil die gemeinsame, gleichgerichtete Aktion nahe.

Hält man sich ein derartig typisierendes Entwicklungsmuster vor Augen, so wird klar, daß zwischen den drei Marktmerkmalen „Struktur", „Verhalten" und „Ergebnis" ein dynamisches, sich also ständig änderndes, interdependentes Beziehungsgeflecht besteht. Dies bringt anschaulich die folgende Abbildung zum Ausdruck.

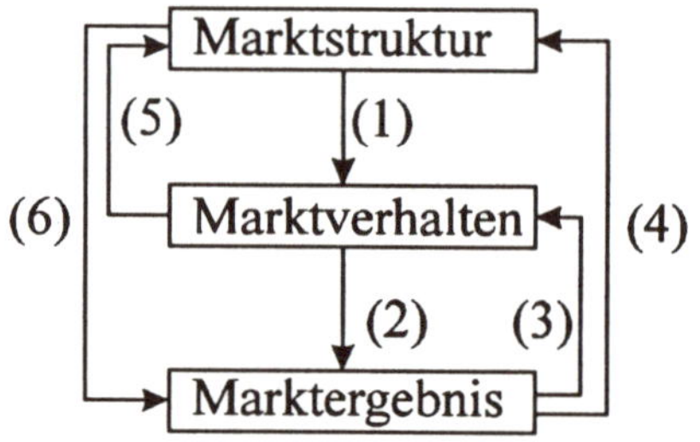

Abb. 4/2

Ein Monopolist etwa mag kurzfristig keine Veranlassung haben, bei seinen unternehmerischen Entscheidungen auf Konkurrenten Rücksicht zu nehmen. Er wird ein entsprechendes Verhalten praktizieren (1) und hohe Gewinne erzielen (2). Langfristig lockt dies jedoch weitere Anbieter in den Markt, und die Marktstruktur verändert sich (4). Eine zunehmende Zahl von Anbietern wird nun aber auch das dominierende Marktverhalten beeinflussen (1), das über eine jetzt vielleicht pointiert wettbewerbliche Ausrichtung seinerseits für die Marktstruktur Konsequenzen zeitigt. Leistungsschwache Unternehmen scheiden aus (5). Die

Marktanteile der einzelnen Akteure werden sich verändern (6). Jene Marktteilnehmer, deren Erwartungen in Erfüllung gingen, dürften diese Erfahrung zugrunde legen für weitere zukünftige Entscheidungen (3).

Es ist Aufgabe der Markttheorie, das skizzierte Beziehungsgeflecht zu durchleuchten und aufzuhellen, um es für wettbewerbstheoretische und -politische Fragestellungen nutzbar zu machen. Sofern man nur an der Marktpreisbildung Interesse zeigt, betritt man das Terrain der Preistheorie. Sie will Auskunft geben über die maßgeblichen Bestimmungsfaktoren, die auf die Höhe und Entwicklung von Marktpreisen einwirken. Der Marktpreis eines Gutes ist dabei seiner Natur nach ein Austauschverhältnis. Dieses wird in modernen Geldwirtschaften üblicherweise in der Dimension „Geld / Gütereinheit" notiert. Wenn insoweit Geldpreise im Vordergrund stehen, sollte man jedoch nicht darüber hinwegsehen, daß es immer um Relationen geht, die auf andere Güter Bezug nehmen. Denn Geld fungiert zunächst einmal lediglich als Medium, mit dessen Hilfe die Tauschakte leicht bewertet und rationalisiert werden können. Im Zentrum der Preistheorie steht deshalb genaugenommen die Frage nach den relativen Preisen.

Die Beschäftigung mit ausschließlich preistheoretischen Problemen rechtfertigt sich im Rahmen eines einführenden Lehrbuches allein deshalb, weil diese Teildisziplin der Markttheorie die längste Tradition besitzt, in ihrer Ausarbeitung an formaler Deutlichkeit nicht zu überbieten und für das Verständnis der Funktionsweise marktlichen Geschehens unverzichtbar ist. Dabei wird üblicherweise, um die grundlegenden Zusammenhänge des Problems hervorzuheben, von der Interdependenz der verschiedenen Marktmerkmale abgesehen und statt dessen von einer Dependenz ausgegangen. Dies mag im übrigen auch gerechtfertigt sein, wenn es vornehmlich um kurzfristige Betrachtungen geht. Es sind dann bestimmte, als wesentlich erachtete Marktstrukturdaten vorgegeben, mit denen plausiblerweise nur einige Verhaltensalternativen korrenspondieren können. Das theoretisch herzuleitende Marktergebnis erweist sich insofern als maßgeblich abhängig von der vorgegebenen Marktstruktur.

Bei dieser interessieren vor allem die quantitative Besetzung der Marktseiten sowie die qualitative Beschaffenheit des Marktes. Hinsichtlich der Zahl der Akteure wollen wir nur auf der Anbieterseite differenzieren, während die Gesamtnachfrage immer als eine Zusammenfassung von Entscheidungen sehr vieler Teilnehmer angesehen werden soll. Ein solches Vorgehen führt dazu, die drei Marktformen

Monopol * Oligopol * Polypol

voneinander zu unterscheiden, da entweder nur ein Anbieter, wenige oder aber viele vorausgesetzt werden. In Verbindung mit der Annahme, der Einfluß aller beteiligten Unternehmen eines Marktes sei gleich groß, liefern die drei Marktformen überdies Informationen über die entsprechenden Größenverhältnisse. Der monopolistische Akteur muß dann groß und die Polypolisten werden jeweils klein sein. Die Unternehmen auf einem oligopolistisch strukturierten Markt weisen hingegen alle eine mittlere Größenordnung auf.

Differenziert man Märkte nach ihren qualitativen Struktureigenschaften, so ist die Unterscheidung zwischen vollkommenen und unvollkommenen Märkten von besonderer Bedeutung. Als „vollkommen" wird ein Markt bezeichnet, der keine Präferenzen kennt und in dem alle Beteiligten eine komplette Marktübersicht besitzen. Man hat es wieder mit einer Idealisierung zu tun. Ein Blick in die Realität zeigt nämlich, daß Präferenzen eine Ubiquität darstellen. So sind etwa

a) sachliche Unterschiede

bei Produkten und Leistungen die Regel. Marktorientiertes Handeln von Unternehmen zeichnet sich häufig gerade dadurch aus, tatsächliche oder vermeintliche Qualitätsunterschiede zu betonen, um auf diese Weise bei den Abnehmern eine Produktbindung zu erzeugen. Auch gilt im allgemeinen, daß die

b) räumliche Ausdehnung

eines Marktes nicht unerheblich ist für die Höhe der gezahlten Marktentgelte. Marktnähe wird als vorteilhaft empfunden und erweist sich deshalb nicht selten als ausschlaggebend für zustandegekommene Tauschakte. Davon abstrahieren heißt, einen „Punktmarkt" voraussetzen. Auch

c) persönliche Bindungen

im Marktgeschehen kennt die Realität zuhauf, etwa als traditionelle Geschäftsbeziehungen, die gepflegt werden, oder in Form von bestimmten Zuneigungen oder Abneigungen, die gegenüber Marktteilnehmern bestehen mögen. Ganz abgesehen von der

d) zeitlichen Dimension

marktlichen Handelns, die ebenfalls ein zweifellos überzeugendes Argument im Zusammenhang mit Kauf- bzw. Verkaufentscheidungen darstellt. Lieferfristen und Zahlungsziele gelten weithin als wettbewerbliche Aktionsparameter.

Gleichwohl ist die Fiktion eines homogenen Marktes ohne Präferenzen für einige Fragestellungen durchaus problemadäquat. Überdies gelingt es damit, auf einfache Weise das Zustandekommen von Marktpreisen anschaulich herzuleiten. Eine bedeutsame Konsequenz von fehlenden Präferenzen, in Verbindung mit der Annahme gegebener Markttransparenz, ist z. B., daß nur ein einheitlicher Preis existieren kann. Dies folgt aus der Rationalitätsprämisse. Würden nämlich unterschiedliche Preise verlangt (bzw. geboten), entschiede sich ein Nachfrager (bzw. Anbieter) in Kenntnis der Sachlage stets für die günstigste Alternative. Diese Schlußfolgerung ist keineswegs neu, sondern schon seit dem letzten Jahrhundert als „Gesetz der Preisunterschiedslosigkeit" (W. St. Jevons) bekannt.

Unsere bisherigen Ausführungen zu den qualitativen Eigenschaften eines Marktes leiten zu weiteren Kennzeichnungen über. So wird man einen Markt „unvollkommen" nennen müssen, wenn entweder eines (bzw. mehrere) der Homogenitätskriterien verletzt ist (sind) und/oder Marktintransparenz vorliegt. Eine derartige Struktur hat natürlich auch Konsequenzen für die Marktpreise. Auf inhomogenen

Märkten können dauerhaft, auf homogenen Märkten, die unübersichtlich sind, zumindest vorübergehend unterschiedliche Preise Bestand haben.

Kombiniert man die derart kenntlich gemachten Ausprägungen der einzelnen Strukturmerkmale, so führt dies zu insgesamt sechs verschiedenen Marktkonstellationen, die jeweils gesondert zu modellieren sind, wenn hinreichende Einsichten in die grundlegenden Zusammenhänge der Marktpreisbildung gewonnen werden sollen.

Zahl (und Größe) der Anbieter ⇒ ⇓ Markteigenschaft	einer (groß)	wenige (mittel)	viele (klein)
vollkommen	I	II	III
unvollkommen	IV	V	VI

Abb. 4/3

Kombination I, der Alleinanbieter auf einem vollkommenen Markt, erfordert die Beschäftigung mit der traditionellen Monopollösung. Im Rahmen der Fassung IV ist aufzuzeigen, wie ein Monopolist die Möglichkeit für unterschiedliche Preisforderungen im Markt nutzen kann und wird.

Die Konstellation III beschreibt das wettbewerbliche Standardmodell aller Lehrbücher zur Ökonomik. Seine zentrale Bedeutung für nahezu jede wirtschaftstheoretische und -politische Diskussion resultiert aus dem Sachverhalt, daß es oft die entscheidende Referenzgröße liefert. In der Version VI mutiert die vollständige zur unvollständigen oder auch monopolistischen Konkurrenz.

Zwischen diesen beiden Extrempaaren liegen die Fälle II und V. Sie thematisieren das Preisbildungsgeschehen auf oligopolistisch strukturierten Märkten. Wie noch zu zeigen sein wird, gelingt die Lösung hier oft weniger eindeutig und überzeugend als in den übrigen Fällen.

Beginnen wir zunächst mit den Konfigurationen, die einen vollkommenen Markt auszeichnen. Das erleichtert das Verständnis, da sie immer zu einem einheitlichen Marktpreis führen und dennoch maßgebliche Einsichten vermitteln.

5. Preisbildung auf vollkommenen Märkten

5.1 Die vollständige Konkurrenz

Rufen wir uns vorab die Struktur des Marktes in Erinnerung. Er ist homogen und transparent. Es gilt daher Jevons' „law“. Im übrigen agieren auf beiden Marktseiten sehr viele Wirtschaftssubjekte, die alle über den gleichen und damit sehr geringen Markteinfluß verfügen. Daraus folgt, daß die isolierten Aktivitäten eines jeden Einzelnen das Geschehen auf dem Gesamtmarkt nicht merklich verändern. Der Marktprozeß ist zwar die Resultante der Entscheidungen aller Beteiligten, ohne allerdings von den einzelnen Wirtschaftssubjekten als eine unmittelbare Konsequenz des eigenen, individuellen Verhaltens interpretiert zu werden. Der „Markt“ zwingt die Beteiligten vielmehr zur Anpassung. Da sich – wenn überhaupt – ein einheitlicher Marktpreis bildet, wird dieser von jedem Teilnehmer akzeptiert werden müssen. Wenn ein Anbieter etwa einen höheren Preis verlangen würde als seine Mitwettbewerber, wäre nichts zu verkaufen (Markttransparenz!), und ein geringerer Preis widerspräche der Absicht, einen maximalen Gewinn zu erzielen. Die einzige Entscheidungsvariable, die verbleibt, ist deshalb die unternehmensindividuelle Ausbringungs- und Absatzmenge (= Mengenanpasserverhalten). Die Akteure reagieren quasi nur. Es liegt also eine Entscheidungssituation vor, wie wir sie früher gewöhnlich voraussetzten, so daß wir im nachhinein das Verhalten der in Kap. 2 und 3 analysierten typischen Konsumenten und Produzenten als ein Verhalten unter den Bedingungen der vollständigen Konkurrenz ansehen können.

5.1.1 Das kurzfristige Marktgleichgewicht und seine Eigenschaften

Da Märkte als ökonomische Orte des Zusammentreffens von Kauf- und Verkaufsabsichten definiert wurden, haben wir nun dem früher hergeleiteten Gesamtangebot bei alternativen Produktpreisen die entsprechende Gesamtnachfrage gegenüberzustellen. Der Einfachheit halber operieren wir dabei anhand von Geraden.

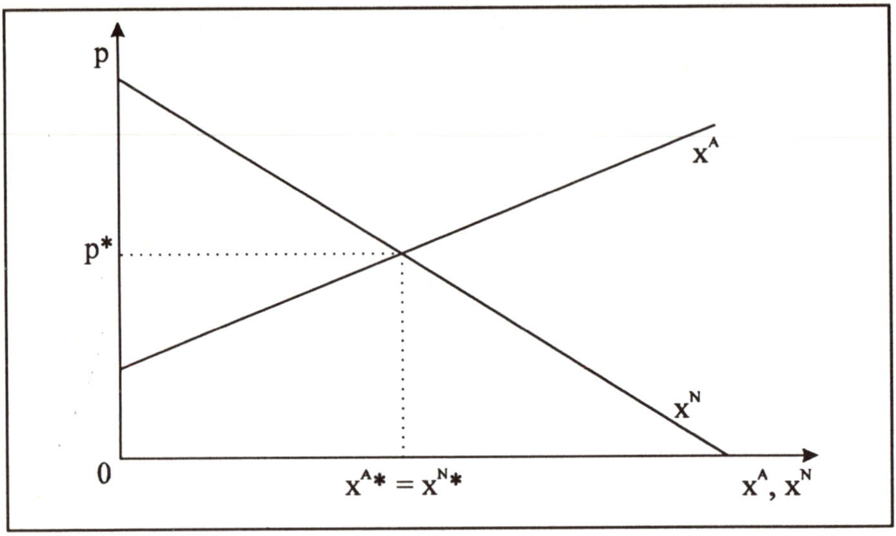

Abb. 5/1

Von besonderem Interesse ist die Situation, in der die Kauf- mit den Verkaufsabsichten übereinstimmen. Offenbar ist dies nur dann der Fall, wenn der Preis p* vorliegt. Er garantiert die Vereinbarkeit der Mengenentscheidungen aller Anbieter mit jenen der Nachfrager: das Marktgleichgewicht ist realisiert. In graphischer Hinsicht wird es mit dem Schnittpunkt augenfällig, den die Angebots- mit der Nachfragekurve bildet. Mathematisch gesehen liegt ein Gleichungssystem vor, das aus der Angebotsfunktion

(1) $x^A = x^A(p)$,

der Nachfragefunktion

(2) $x^N = x^N(p)$

und der Gleichgewichtsbedingung

(3) $x^A(p) = x^N(p)$

besteht; ein Gleichungssystem also mit drei Gleichungen und den drei Unbekannten x^A, x^N und p. Seine Lösung beschreibt das Marktgleichgewicht: jenen Preis p^*, der die Übereinstimmung der angebotenen Menge x^{A*} mit der nachgefragten Menge x^{N*} sicherstellt.

Ein solches Marktgleichgewicht läßt sich interpretieren als eine Situation, in der die Marktteilnehmer positive bzw. negative Sanktionen erfahren (haben).

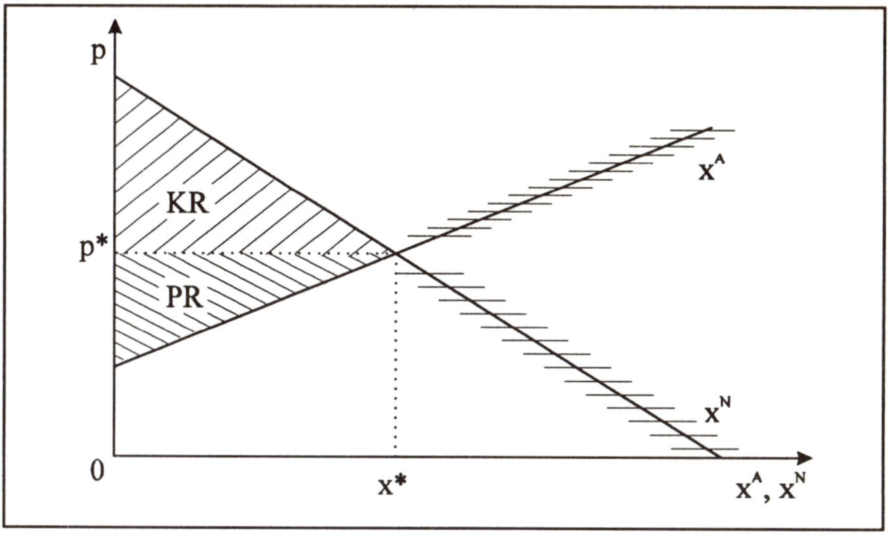

Abb. 5/2

Jene Unternehmen nämlich, die nur zu einem höheren als dem gleichgewichtigen Marktpreis p^* bereit und fähig sind (gewesen wären), das fragliche Produkt zumindest kostendeckend herzustellen, bleiben vom Marktgeschehen ausgeschlossen. Ebenso verhält es sich mit einem Teil der Käufer. Sofern sie nicht willens oder in der Lage sind, den gleichgewichtigen Marktpreis zu zahlen, bleiben ihre Bedürfnisse unbefriedigt.

Andererseits sind auch positive Sanktionen auszumachen. Die Nachfragekurve etwa dokumentiert Zahlungsbereitschaft, und diese ist bei etlichen Käufern besonders groß. Im Marktgleichgewicht vereinbaren aber alle Vertragsparteien denselben Preis. Es werden auf diese Weise jene Abnehmer „belohnt", die auch mehr gezahlt hätten. Sie erhalten quasi eine Rente, denn ihr Konsumbudget bleibt in Höhe dieser „Ersparnis" unangetastet. Die Fläche KR zwischen der Nachfragekurve und der Preisgerade wird deshalb Konsumenten- oder Käuferrente genannt. Sie kann als ein Maß für die Wohlfahrt der Nachfrager angesehen werden. Sollte sich nämlich die Fläche KR verändern, so deutet dies auf eine entsprechende Veränderung des Realeinkommens hin.

Eine derartige Sicht der Dinge geht auf den bedeutenden englischen Nationalökonomen A. Marshall zurück. Es soll aber nicht unerwähnt bleiben, daß seine Ableitung der Konsumentenrente nicht unumstritten ist. Sie kann allerdings als eine gute Näherungslösung gelten, wenn man sie vergleicht mit alternativen, „exakten" Meßkonzepten. Mit letzteren wollen wir uns im Rahmen dieses Lehrbuches nicht beschäftigen.

Auch die Produzenten erfahren „Belohnungen". Zunächst einmal ist festzuhalten, daß ihnen die Marktumsätze zufließen. Die Figur 5/2 informiert darüber in Höhe der Fläche, die durch die Strecken $0p^*$ und $0x^*$ markiert ist. Ein Teil der Umsätze dient der Abgeltung der Kosten. Wenn wir uns daran erinnern, daß die Angebotskurve durch die Aggregation der unternehmensindividuellen Grenzkostenkurven zustande kam, dann können wir nun daraus folgern, daß die Fläche unterhalb der Angebotskurve für die Höhe der variablen Kosten steht. Bei der Fläche, die von der Angebotskurve und der Preisgerade eingeschlossen wird, handelt es sich demnach um den Bruttogewinn der Produzenten, aus dem noch die Fixkosten zu finanzieren sind. Dieser Bruttogewinn fällt offensichtlich besonders hoch aus bei jenen Akteuren, deren geringe Grenzkosten auf eine ausgeprägte Leistungsüberlegenheit hindeuten. Die maßgebliche Fläche PR wird daher Produzenten- oder auch Verkäuferrente genannt.

Beide „Belohnungen“ zusammen, die Konsumenten- und die Produzentenrente, lassen sich als ein gesellschaftliches Nutzenäquivalent interpretieren, das aufgrund der wirtschaftlichen Aktivität als „Überschuß“ anfällt.

Wenn insoweit bereits wesentliche Eigenschaften eines Marktgleichgewichtes kenntlich gemacht wurden, gilt es nun darauf hinzuweisen, daß sich in dem thematisierten Zusammenhang immer drei Fragen fundamentaler Art stellen:

a) Existiert ein Gleichgewicht?

b) Wie steht es mit seiner Eindeutigkeit?

c) Ist das Gleichgewicht stabil?

Es ist zwar durchaus üblich, jede dieser Fragen normalerweise für unproblematisch zu halten und deshalb nicht weiter zu diskutieren. Außergewöhnliche Konstellationen sind jedoch grundsätzlich möglich und überdies intellektuell immer reizvoll. Wir gestatten uns deshalb jeweils einen kurzen Problemaufriß.

zu a): „Existiert ein Gleichgewicht?“

Gemeinhin wird man mit der Existenz eines Marktes immer auch die Existenz eines Gleichgewichtes – oder zumindest die Möglichkeit eines solchen – verbinden. Dies ist jedoch nicht zwingend. Die Figur 5/3 z. B. dokumentiert, daß trotz bestehender Angebots- und Nachfragekurven ein Marktgleichgewicht nicht zustandekommen wird.

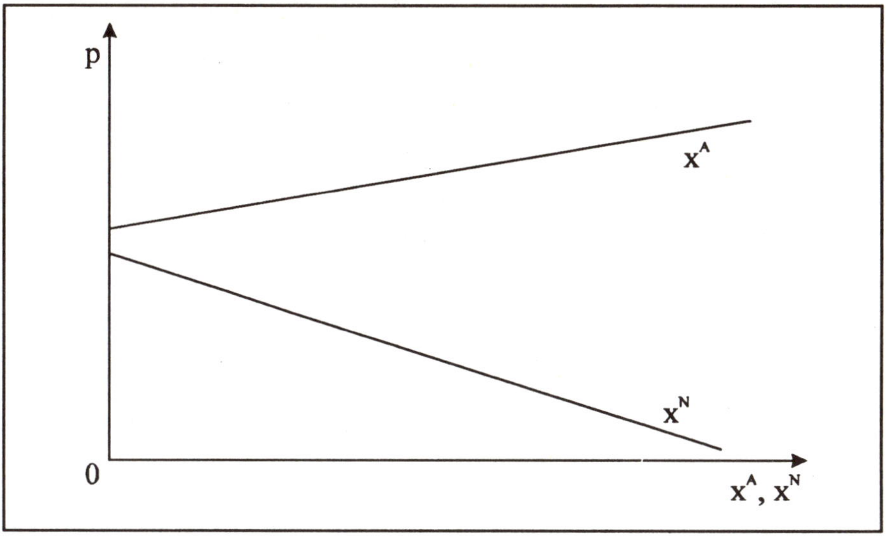

Abb. 5/3

Es handelt sich dabei nicht nur um eine akademische Finesse. So mag etwa die Konstellation der Abb. 5/3 den bundesrepublikanischen Markt für Südfrüchte im Autarkiezustand beschreiben. Die variablen Produktionskosten dürften vermutlich eine Größenordnung erreichen, die sich für die Nachfrage als prohibitiv darstellt. Grundsätzlich wird man unter einem solchen Fall alle Produktionsmöglichkeiten einer Volkswirtschaft subsumieren können, für die gravierende Standortnachteile im Vergleich zur Auslandskonkurrenz festgestellt werden können.

zu b): „Wie steht es mit seiner Eindeutigkeit?"

Die Existenz eines Marktgleichgewichtes bedeutet im übrigen noch nicht Eindeutigkeit. Im Hinblick auf den Verlauf der Nachfragekurve z. B. hatten wir früher erwähnt, daß auch Anomalien denkbar sind. Dies mag dann etwa zu einer Konfiguration wie folgt führen:

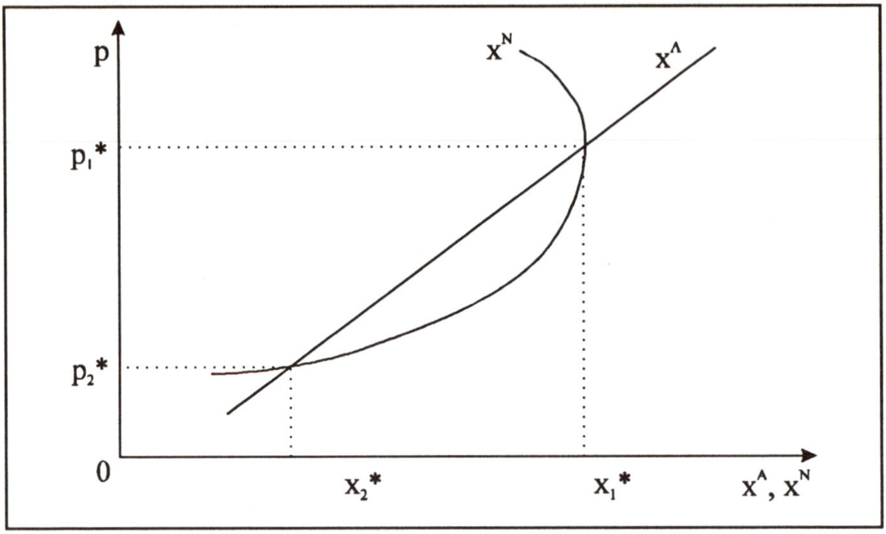

Abb. 5/4

Die Nachfragekurve zeigt sich in ihrem unteren Ast anomal. Eine mögliche Erklärung kann in dem Giffen-Paradox zu suchen sein. Für das Marktgleichgewicht bedeutet dies jedenfalls, daß zwei alternative Preise jeweils die Konsistenz der Mengenentscheidungen von Anbietern und Nachfragern gewährleisten.

zu c): „Ist das Gleichgewicht stabil?"

Auch die dritte Frage ist keineswegs esoterischer Natur. Sie rückt ein Problem von eminenter Bedeutung in den Vordergrund. Ist damit zu rechnen, daß ein mögliches Marktgleichgewicht auch tatsächlich realisiert wird? Ein Blick auf das übliche graphische Exposé legt ja zumindest die Vermutung nahe, daß Ungleichgewichtssituationen wahrscheinlicher sein dürften als die Gleichgewichtslage. Wird letztere doch durch nur einen Preis garantiert, erstere aber von allen sonstigen Preisen.

Die zentrale Frage ist genau genommen nur zu beantworten, wenn das Verhalten der Anbieter und Nachfrager in Ungleichgewichtssituationen bekannt ist und im Modell selbst Berücksichtigung findet. Dies gelingt aber nur im Rahmen einer dynamischen Betrachtung und soll exemplarisch an späterer Stelle erfolgen. Begnügen wir uns deshalb hier mit einer relativ alten Verhaltenshypothese, die den Weg zum Gleichgewicht quasi kommentierend aufzeigt, ohne ihn im Modell explizit zu berücksichtigen. Sie stammt von L. Walras. Danach werden die Anbieter bei nicht absetzbaren Mengen mit Preissenkungen und die Nachfrager auf Knappheiten mit höheren Preiszugeständnissen reagieren. Orientieren wir uns zum Nachvollzug des Arguments an der Graphik 5/5.

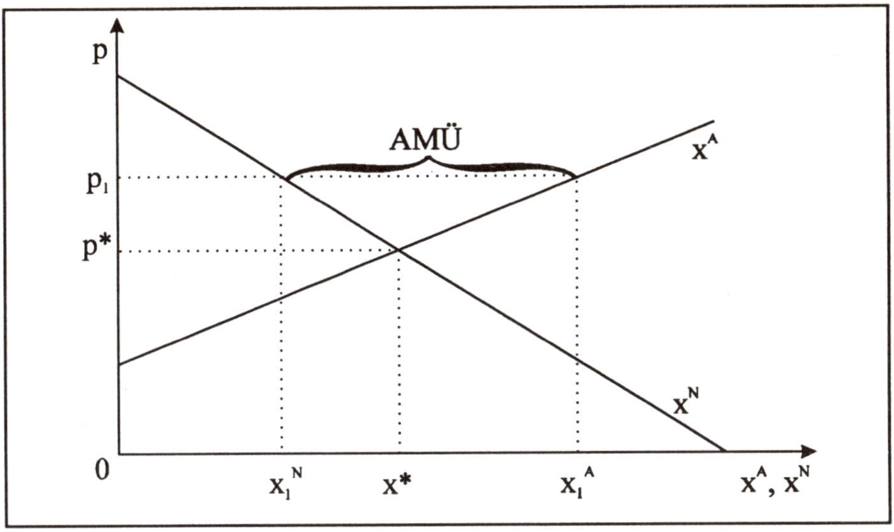

Abb. 5/5

Sollte sich in unserem Markt - aus welchen Gründen auch immer - zunächst der Preis p_1 herausbilden, so werden die Nachfrager die Menge x_1^N abzunehmen wünschen und die Anbieter die Menge x_1^A produzieren. Zum herrschenden Preis ist dann ein Angebotsmengenüberschuß (AMÜ) in Höhe der Differenz $(x_1^A - x_1^N)$ vorhanden, der sich als unverkäuflich erweist. Gemäß der Verhaltenshypothese von L. Walras werden nun die Anbieter ihre Preisforderungen reduzieren. Dies scheint a priori plausibel für jene Produzenten, die auch bereits bei niedrigeren Preisen produziert und angeboten hätten. Preissenkungen veranlassen nun die Nachfrager zu höheren Abnahmen und die Unternehmen zu geringeren Angebotsmengen: der AMÜ verringert sich. Eine solche Konsequenz resultiert für alle erdenklichen Preise p_i, die über dem Gleichgewichtspreis p^* liegen. Der Preiswettbewerb der Produzenten wird dafür sorgen, daß sich das Marktgleichgewicht einstellt.

Völlig analog, nur mit einem umgekehrten Argumentationsmuster, hat man sich das Marktgeschehen vorzustellen, wenn ein Ausgangspreis p_i vorliegen sollte, der geringer ist als der gleichgewichtige Marktpreis p^*. Nun sind es die Abnehmer, die über höhere Preisgebote die Entwicklung bestimmen. Marktpreise, die unterhalb des Gleichgewichtspreises liegen, erzeugen nämlich Nachfragemengenüberschüsse (NMÜ). Knappheit kennzeichnet die jeweilige Marktsituation. Jene Nachfrager, die kaufbereit sind auch bei einem höheren Preis, nun aber leer auszugehen drohen, werden den vorgefundenen Marktpreis überbieten. Auf diese Weise wird ein Prozeß initiiert, der über steigende Preise die Marktenge reduziert und im Gleichgewicht schließlich gänzlich überwindet; denn mit anziehendem Preis nimmt die angebotene Menge zu und die Kaufbereitschaft ab. Waren es also zuvor die Anbieter, die mittels Konkurrenz eine Entwicklung hin zu einer gleichgwichtigen Marktsituation bewirkten, so erweist sich nun der Preiswettbewerb der Nachfrager als entscheidendes Element.

Grundsätzlich wird man insoweit immer erwarten dürfen, daß ein Marktgleichgewicht nicht nur existiert, sondern auch erreicht wird. Man spricht von einem stabilen Gleichgewicht. Die Stabilitätseigenschaft besagt in diesem Zusammenhang, daß eine Bedingungskonstellation vorliegt, die stets eine Gleichgewichtssituation generiert. Ungleichgewichte lösen sich kraft der unterstellten Verhaltensweisen der Akteure quasi „selbsttätig" auf. Adam Smith's „invisible hand" liegt als Deutungsmuster nahe.

Diese Vorstellung gilt jedenfalls für den „Normalfall". Instabile Gleichgewichte sind nämlich nicht unmöglich. Um dies nachzuvollziehen, reicht eine kurze Orientierung an der Figur 5/4 aus. Wenn wir z. B. für die gleichgewichtige Preis-Mengen-Kombination $(p_2^*;x_2^*)$ die Verhaltenshypothesen von L. Walras verwenden, dann wird deutlich, daß es sich hier offenbar um ein instabiles Gleichgewicht handelt. Sollte ein Marktpreis vorliegen, der nicht das Gleichgewicht gewährleistet, wäre wegen des unterstellten Anbieter- und Nachfragerverhaltens zu erwarten, daß eine Entwicklung folgt, die nicht zu diesem Fixpunkt zurückführt. Die zweite gleichgewichtige Preis-Mengen-Kombination $(p_1^*;x_1^*)$ wäre hingegen wieder als stabil zu bezeichnen.

Es soll auch in diesem Zusammenhang nicht unerwähnt bleiben, daß eine andere Argumentation im Hinblick auf das Verhalten der Marktteilnehmer möglich ist. A. Marshall z. B. operierte mit einer alternativen Vorstellung, in der letztlich nur die Unternehmen agieren. Diese erhöhen ihre Produktions- und Verkaufsmengen, wenn sie Preisgebote der Nachfrager (p^N) beobachten, die über den Preisforderungen der Anbieter (p^A) liegen. Entsprechend wird die Produktions- und Verkaufsmenge reduziert, wenn $p^N < p^A$ gilt. Der argumentative Ausgangspunkt läge in der Figur 5/5 jeweils bei einer vorgegebenen Menge. Preisvergleiche begründen den Anpassungsprozeß. Es liegt auf der Hand, daß im „Normalfall" auch die Vorgehensweise von A. Marshall zu einem stabilen Marktgleichgewicht führt. Ansonsten aber gilt, daß nicht jedes Walras-stabile Gleichgewicht auch Marshall-stabil sein muß et vice versa.

Abschließend ist darauf hinzuweisen, daß ein Anpassungsprozeß, der zu einer Gleichgewichtssituation führt, naturgemäß nur dann erwartet werden kann, wenn dem keine unüberwindlichen „marktexogenen" Hürden entgegenstehen. Dies ist ebenfalls nicht selbstverständlich. Viele Märkte erfreuen sich nämlich der besonderen Aufmerksamkeit und Fürsorge des Staates. Und dieser hält nicht jedes Marktergebnis für gesellschaftlich akzeptabel. Sofern sein Herz vor allem für die sozialen Belange der Produzenten schlägt, sieht er oftmals Mindestpreise vor, denen er Gesetzeskraft verleiht. Mindestpreise, die im Wege vertraglicher Vereinbarungen nicht unterschritten werden dürfen, liegen im graphischen Marktmodell immer über den markträumenden Gleichgewichtspreisen – ansonsten entbehren sie jeder ökonomischen Logik. Der Staat hält solche Preisvorschriften häufig für erforderlich, um den Produzenten ein auskömmliches Einkommen zu garantieren. Auf diese Weise wird der wettbewerbsbestimmte Marktprozeß jedoch ausgehebelt. Die Konsequenzen sind offenkundig. Wenn wir z. B. in der Graphik 5/5 den Preis p_1 als einen solchen staatlicherseits garantierten Mindestpreis interpretieren, wird die Situation des AMÜ zementiert. Sie ist dauerhaft nur aufrechtzuerhalten, wenn die Überschußproduktion aus dem Markt genommen, also eingelagert, vernichtet oder zweckentfremdet wird. Die Situation vieler Agrarmärkte innerhalb der Europäischen Union gibt davon beredtes Zeugnis – womit gleichzeitig demonstriert ist, daß auch extrem „irreale" Modellstrukturen wichtige Einsichten in reale Problemlagen gestatten.

5.1.2 Veränderungen von Angebot und Nachfrage

Bisher haben wir die Diskussion anhand von gegebenen Angebots- und Nachfragekurven geführt. Für die Mengenentscheidungen einer gegebenen Anzahl von Käufern und Verkäufern waren damit alle sonstigen Einflußgrößen jenseits des betreffenden Marktpreises von unerheblicher Bedeutung oder aber unverändert. All dies ist zweifellos ein gedankliches Experiment, das wesentliche Struktureigenschaften der Realität ausklammert.

Bereits früher ist jedoch darauf aufmerksam gemacht worden, daß der Einfluß der bisher vernachlässigten Faktoren in der Lage der Angebots- und der Nachfragekurve zum Ausdruck kommt. Sollten sich also die Güterpreise auf anderen Märkten, die Konsumenteneinkommen und/oder die Präferenzen verändern, wird dies zu einer Verschiebung der Nachfragekurve im geometrischen Raum führen. Ebenso wird sich die Angebotskurve verlagern, wenn die Preise der Produktionsfaktoren variieren und/oder die Produktionstechnik sich ändern sollte, etwa infolge einer Prozeßinnovation.

Es besteht jetzt die Notwendigkeit, die Konsequenzen für die geänderte Marktsituation aufzuzeigen und damit die Frage nach dem Marktgleichgewicht erneut aufzuwerfen. Methodisch gesehen verläßt man nun den Boden der rein statischen Analyse und bedient sich, da zwei oder mehr statische Gleichgewichte miteinander verglichen werden, eines komparativ-statischen Modells. Führen wir uns die Resultate zunächst anhand einer Angebotsausweitung vor Augen.

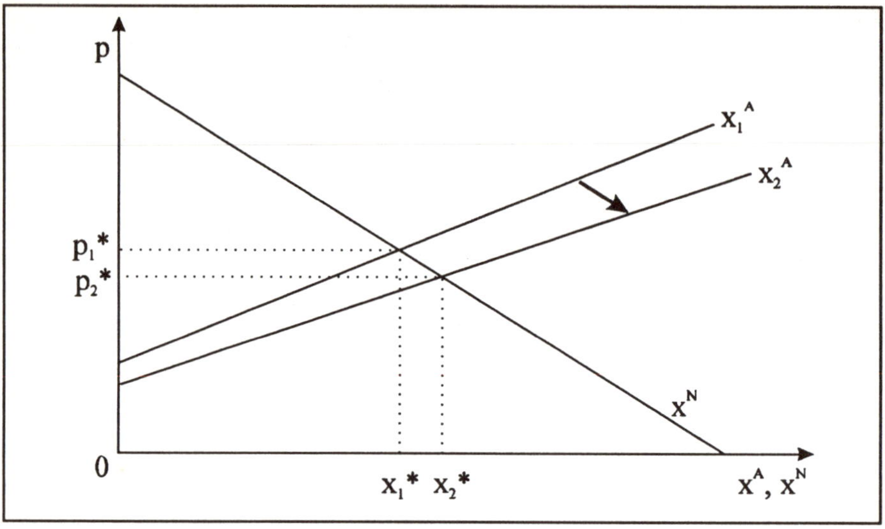

Abb. 5/6

Die Angebotskurve möge sich nach rechts (unten) verschieben. Bei unveränderter Nachfragekurve resultiert nun ein neues Marktgleichgewicht, das mit der Preis-Mengen-Kombination ($p_2^*;x_2^*$) festliegt. Ein Vergleich mit der Ausgangssituation zeigt: Der gleichgewichtige Marktpreis ist gesunken und die zugehörige Menge gestiegen. Beides wird sich umso deutlicher bemerkbar machen, je geringer die Preiselastizität des Angebotes ist. Aber auch auf die Preiselastizität der Nachfrage kommt es an. Reagiert sie eher unelastisch, wird die Preissenkung deutlicher ausfallen als die Mengenzunahme. Überdies wird deutlich, daß auch die Wohlfahrt der Nachfrager zugenommen hat, da die Konsumentenrente einen höheren Wert ausweist – ein bei niedrigeren Preisen und größeren Mengen wenig überraschendes Ergebnis. Über die Veränderung der Produzentenrente ist vom Augenschein her a priori keine eindeutige Aussage möglich.

Es fällt nun nicht sonderlich schwer, auch den Fall einer Angebotsverknappung durchzuspielen. Zu diesem Zweck ist die gleichgewichtige Preis-Mengen-Kombination ($p_2^*;x_2^*$) lediglich als Ausgangslage anzusehen und mit der alternativen Gleichgewichtssituation ($p_1^*;x_1^*$) zu konfrontieren.

Analysiert man die Konsequenzen einer Veränderung der Nachfragekurve, gelangt man zu formal ähnlichen, inhaltlich allerdings in charakteristischer Weise anders gelagerten Schlußfolgerungen.

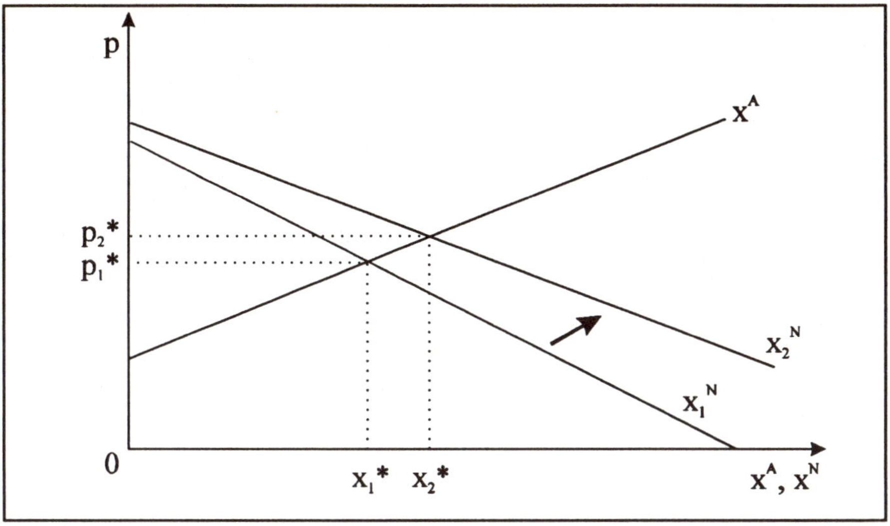

Abb. 5/7

Ein shift der Nachfragekurve nach rechts (oben), eine Zunahme der Kaufabsichten also, läßt bei unveränderten Angebotsbedingungen den gleichgewichtigen Marktpreis steigen und führt zu einer ebenfalls gewachsenen Menge. Auch in diesem Fall liefern die maßgeblichen Elastizitätskoeffizienten weitere nützliche Hinweise. Die aufgezeigte Veränderung des Marktergebnisses wird nämlich umso deutlicher ausfallen, je unelastischer die Nachfragereaktion sich darstellt in bezug auf Preisveränderungen. Und die Preiserhöhung wird im Vergleich zur Mengenzunahme dominieren, wenn die Preiselastizität des Angebots gering ist. Die Figur 5/7 läßt darüber hinaus erkennen, daß diese Entwicklung die Verkäufer besserstellt, denn die Produzentenrente nimmt eindeutig zu. Nunmehr ist über die Veränderung der Konsumentenrente vom Augenschein her nichts Definitives auszusagen. Auch für den Fall der Nachfragevariation gilt aber, daß die Marktergebnisse von rückläufigen Kaufabsichten im Wege eines Umkehrschlusses herzuleiten sind.

Komplizierter gestaltet sich die Angelegenheit, wenn die Bestimmungsfaktoren beider Marktseiten variabel gehalten werden. Kommt es nämlich zu einer Ausweitung sowohl der Nachfrage wie auch des Angebotes, ist damit unstrittig lediglich ein größerer Mengeneffekt verbunden. Der Marktpreis hingegen kann steigen, fallen oder aber unverändert bleiben, je nachdem, welche Marktseite das Ergebnis letztlich dominiert.

In vergleichbarer Weise unbestimmt sind die Konsequenzen einer Nachfrageausdehnung, wenn sie mit einer Angebotsverknappung einhergeht. Der Marktpreis wird steigen, ohne daß nun über die Mengenentwicklung zweifelsfrei eine Aussage möglich wäre. Die übrigen Kombinationen von Angebots-/Nachfrageveränderungen und ihre Konsequenzen im Hinblick auf die Marktergebnisse sind analog herzuleiten. Dies sei jedoch dem geneigten Leser überlassen.

In all diesen Fällen wird im Wege der komparativ-statischen Analyse üblicherweise unterstellt, daß ein neu determiniertes Marktgleichgewicht auch tatsächlich erreichbar ist und erreicht wird. Diese Feststellung rückt nochmals die Frage nach der Stabilität eines Marktgleichgewichtes in den Vordergund. Man kann sie beantworten unter Hinweis auf die früher dargelegte Argumentation von L. Walras oder A. Marshall. Eine solche Antwort ist plausibel, naheliegend und dennoch unbefriedigend, da sie eine wesentliche Dimension des Preisbildungsgeschehens, die Entwicklung im Zeitablauf, nicht modellendogen erfaßt. Abhilfe verspricht eine Dynamisierung der Handlungsmuster.

5.1.3 Die dynamische Version: das cobweb-Modell

Wir verändern nunmehr unser statisches Modell, das bekanntlich mit Hilfe von drei Gleichungen mathematisch beschrieben werden kann, an einer unscheinbaren, aber entscheidenden Stelle. Wir nehmen an, daß die Unternehmen ihre Produktions- und Angebotsentscheidungen in der Wirtschaftsperiode t in Abhängigkeit von dem beobachteten Preis in der jeweiligen Vorperiode t−1 treffen. Das maßgeblich Modell präsentiert sich dann mit der Angebotsfunktion

(1) $x_t^A = x^A(p_{t-1})$,

der Nachfragefunktion

(2) $x_t^N = x^N(p_t)$

und der Bedingung für die Räumung des Marktes

(3) $x_t^A = x_t^N$

als eine Differenzengleichung 1. Ordnung, mit der es gelingt, die Preisentwicklung in der Zeit zu beschreiben und abzubilden, wenn ein Anfangswert gegeben ist. Trifft man eine Entscheidung über die konkrete Form der Funktionen (1) und (2), etwa dergestalt, daß man lineare Abhängigkeiten unterstellt, dann ist selbstverständlich auch eine allgemeine Lösung des Problems in analytischer Hinsicht möglich. Wir wollen hier darauf verzichten und uns mit einer graphischen Deutung begnügen.

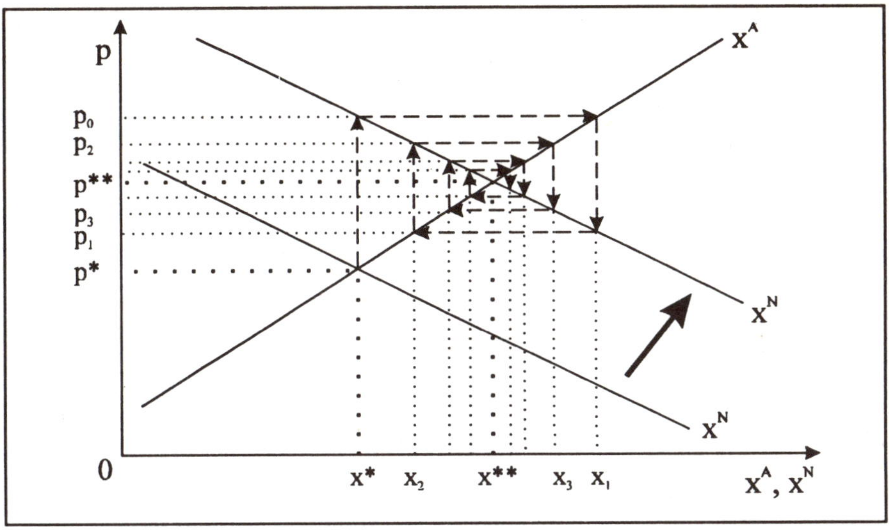

Abb. 5/8

Ausgangspunkt der Überlegungen sei ein bestehendes Marktgleichgewicht $(p^*;x^*)$. Es werde gestört in der Periode 0 durch eine einmalige Verlagerung der Nachfragekurve. Die gestiegene Zahlungsbereitschaft der Abnehmer führt zunächst, bei unveränderter Produktionsmenge x*, via Preisüberbietungen zu dem Marktpreis p_0. Damit hat die ursprüngliche Gleichgewichtsmenge Nachfrage gefunden, allerdings zu einem Preis, der die Erwartungen der im Markt agierenden Anbieter bei weitem übertrifft. Gemäß der Angebotsfunktion richten sie ihre Produktionsmenge in der Folgeperiode t = 1 an diesem Preis aus, so daß die Menge x_1 auf den Markt gelangt. Die Nachfrager nehmen diese Menge jedoch nur zu dem niedrigeren Preis p_1 ab. Es kommt folglich zu einem Preiseinbruch, mit dem die Erwartungen der Produzenten erneut verfehlt werden. Die nun erlebten Enttäuschungen lassen die Absatzmenge x_2 entstehen, die über die Angebotskurve dem Preis p_1 zugeordnet ist. Der Produktionsrückgang in der Periode t = 2 führt jetzt aber seinerseits zu einem neuerlichen Preisanstieg auf p_2, da die Nachfrager entsprechend zahlungsbereit sind. Es findet eine weitere Erwartungskorrektur statt. In der Periode t = 3 gelangt mithin die Produktionsmenge x_3 als Angebot auf den Markt, verursacht wiederum einen Preisrückgang auf p_3 usw.. Auf diese Weise entsteht ein Entwicklungsmuster, das augenfällig die Konturen eines Spinngewebes nachzeichnet, dessen Fadenzentrum offenkundig im Schnittpunkt der alten Angebots- mit der neuen Nachfragekurve liegt und damit die neue gleichgewichtige Preis-Mengen-Kombination $(p^{**};x^{**})$ kennzeichnet.

Unser Interesse an der Entwicklung des Marktpreises in der Zeit legt es nahe, eine neue Graphik zu verwenden. Trägt man etwa die unterschiedlichen Marktpreise gegen eine Zeitachse ab, entsteht die folgende Figur:

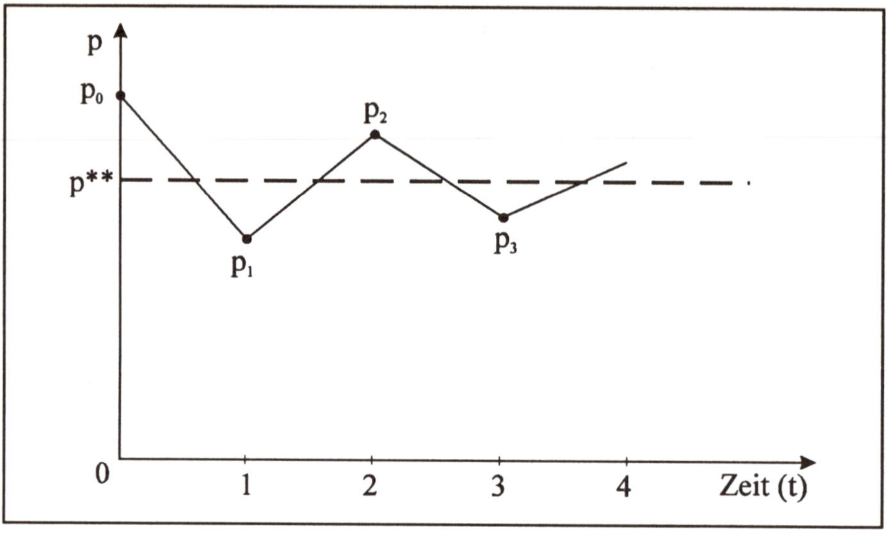

Abb. 5/9

Die Preisentwicklung oszilliert um und konvergiert gegen das Niveau des neuen gleichgewichtigen Wertes – erfüllt also die Stabilitätseigenschaft. Ähnliches läßt sich auch im Hinblick auf die Produktions- und Nachfragemengen anschaulich machen.

Ein stabiles Marktgleichgewicht ist nun keineswegs selbstverständlich. Im vorliegenden Fall und auch sonst ist es die Konsequenz einer spezifischen Bedingungskonstellation, die sich an dem Verhältnis der (absoluten) Steigungen der beiden Kurven zueinander festmachen läßt. Verläuft die Angebotskurve (absolut) steiler als die Nachfragekurve, ist die Stabilität garantiert. Instabilität resultiert mithin, wenn die (absolute) Steigung der Nachfragekurve jene der Angebotskurve übertrifft. Sollten die Steigungsmaße übereinstimmen, werden Oszillationen mit gleichbleibender Amplitude die Folge sein.

Mit dem cobweb-Modell gelingt eine besonders anschauliche Einführung in die dynamische Modellierung marktlichen Geschehens. Das sollte aber nicht dazu führen, die Bedeutung dieses Modells zu überschätzen. Die Plausibilität der zentralen Hypothese, nach der die Angebotsentscheidungen starr und einseitig vergangenheitsorientiert erfolgen, ist selbstverständlich mehr als fragwürdig. Impliziert sie doch, daß die unternehmerischen Akteure trotz permanenter Überraschungen – ihre Erwartungen erfüllen sich schließlich nie, wenn man von der Situation des neuen Gleichgewichts einmal absieht – wenig Bereitschaft zeigen, aus der Erfahrung zu lernen. Und dennoch hat sich das cobweb-Modell durchaus schon bewährt bei dem Versuch, empirische Marktergebnisse erklärungskräftig nachzuzeichnen.

5.1.4 Das Marktgleichgewicht in längerfristiger Perspektive

Die bisherigen Ausführungen zum Marktgleichgewicht sind ohne weiteres vereinbar mit der Vorstellung einer gegebenen Zahl von Unternehmen. Sie werden realistischerweise unterschiedlich leistungfähig sein, also mit verschiedenen Produktionsfunktionen operieren. Dies bedeutet letztlich, daß die Gewinnsituation der einzelnen Akteure jeweils individuelle Züge trägt. Es wird Unternehmen geben, die zum herrschenden Marktpreis gerade in der Lage sind, kostendeckend zu produzieren. Andere wiederum werden erkleckliche Gewinne erzielen. Eine solche Situation kann man sich an der folgenden Graphik vor Augen führen.

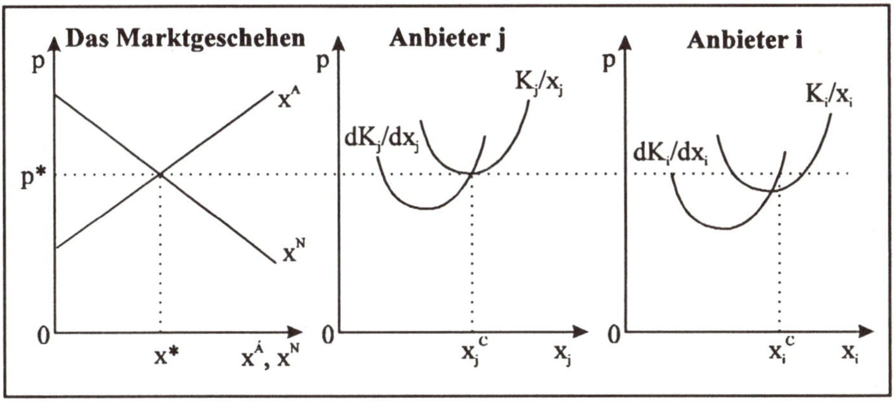

Abb. 5/10

Die linke Figur zeigt das bekannte Marktgleichgewicht. Anbieter i und j gehören zu den Akteuren im Markt. Der gleichgewichtige Marktpreis p^* stellt sich für sie als Datum dar, an das sie ihre unternehmensindividuelle Ausbringungsmenge x_i bzw. x_j gewinnmaximierend anpassen. Dies ist bei x_i^C bzw. x_j^C geschehen. (Um Mißverständnissen vorzubeugen: Die Dimension auf der Abszisse in der linken Graphik ist mit jener auf den Abszissen der mittleren und rechten Graphik nicht vergleichbar.).

Anbieter j realisiert – wie deutlich wird – keinen Gewinn. Bei der Produktionsmenge x_j^C fallen Stückkosten an, die exakt dem Marktpreis p^* entsprechen. Sieht man in der notwendigen Verzinsung des Eigenkapitals und in dem Unternehmerlohn ein Kostenelement, das in dem Kostenverlauf berücksichtigt ist, so erreicht j die volle Kostendeckung. Die Marktsituation erlaubt ihm gerade noch das Überleben als Produzent. Man nennt ihn einen Grenzanbieter oder auch marginalen Anbieter.

Anders ist die Situation des i. Seine überlegene Leistungsfähigkeit zeigt sich in den günstigeren Kostenkurven, die Ausdruck der von ihm verwendeten Produktionstechnik sind. Seine ökonomische Lage ist wesentlich vorteilhafter. Das von ihm gewählte Produktions- und Absatzniveau x_i^C führt bei dem herrschenden

Marktpreis p* zu Erlösen, die Gewinne ermöglichen über den „normal profit" hinaus. Man nennt ihn einen intramarginalen Anbieter, da seine unternehmerische Existenz auch bei geringeren Marktpreisen noch nicht unmittelbar in Frage stünde.

Eine derartig charakterisierte Marktsituation wird längerfristig keinen Bestand haben. Sofern der Markt offen ist, einem Markteintritt also weder rechtlich noch ökonomisch unüberwindliche Hürden entgegenstehen (gleiches nimmt man üblicherweise immer auch in bezug auf den Marktaustritt an), wird die Aussicht auf Gewinne über den „normal profit" hinaus neue Anbieter in den Markt locken. Sie werden die jeweils fortschrittlichste Produktionstechnik „mitbringen". Auch Grenzanbieter haben Veranlassung, über eine Neuorganisation ihres Produktionsprozesses nachzusinnen, denn kurzfristige Marktgleichgewichte bieten – wie wir wissen – keine dauerhafte Gewähr für auskömmliche Preise. Beides zusammengenommen, der Zustrom neuer Wettbewerber wie auch das Bemühen der im Markt bereits agierenden Anbieter um eine günstigere Produktionstechnik im Interesse des ökonomischen Überlebens, läßt nun selbstverständlich das Marktgeschehen insgesamt nicht mehr unberührt. Da es sich nicht nur um das Verhalten einzelner, sondern um die gleichgerichteten Entscheidungen einer Vielzahl von Akteuren handelt, wird unsere früher hervorgehobene „Unmerklichkeits"-Schlußfolgerung obsolet. Die Kurve des Gesamtangebots wird sich nach rechts (unten) verlagern und damit einen sinkenden Marktpreis provozieren. Über die Konsequenzen informiert die Abb. 5/11.

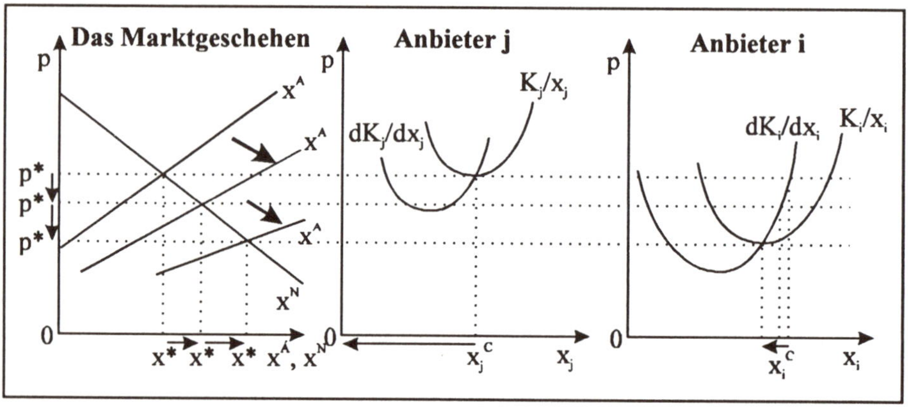

Abb. 5/11

Das Marktgeschehen ist in Form von zwei Sequenzen wiedergegeben. Anbieter j steht für jene Gruppe von (ursprünglichen) Grenzanbietern, die ihre Unbeweglichkeit im Hinblick auf produktionstechnische Verbesserungen mit der Aufgabe der unternehmerischen Existenz bezahlen. Sofern die Zahl der in den Markt strömenden neuen Wettbewerber größer ist als die Zahl der ausscheidenden inflexiblen Grenzanbieter, wird der Prozeß andauern und der Marktpreis weiter sinken.

Anbieter i sei jener Akteur, der die fortschrittlichste Produktionstechnik realisiert. Sinkende Marktpreise als Folge zahlreicherer Wettbewerber führen bei ihm zunächst zu einer Revision der Produktions- und Absatzentscheidungen: seine unternehmensindividuelle Ausbringungsmenge fällt kleiner aus als zuvor. Mit ihr geht ein reduziertes Gewinniveau einher. Solange noch Gewinne erzielt werden, die den „normal profit" übersteigen, wird der Zustrom weiterer Wettbewerber jedoch nicht versiegen. Der Marktpreis wird fallen, bis Anbieter i und mit ihm alle newcomer und Neuerer gezwungen sind, das Betriebsoptimum als gewinnmaximierendes output-Niveau zu akzeptieren. Erst dann besteht nämlich keinerlei Anreiz mehr für potentielle Konkurrenten, in den Markt einzudringen, da lediglich eine durchschnittliche Rentabilität erzielt werden kann.

In logischer Konsequenz realisieren jetzt alle im Markt agierenden Unternehmen ein identisches individuelles output-Niveau, das die optimale Betriebsgröße gewährleistet. Die Markt-Angebotskurve als Resultante der horizontalen Addition aller unternehmensindividuellen Grenzkostenkurven beginnt folglich im Marktdiagramm „auf" der Nachfragekurve beim langfristig gültigen gleichgewichtigen Marktpreis. Und die gesamtwirtschaftlich relevante Botschaft lautet: Das Eigennutzinteresse an der Gewinnerzielung führt unter den Bedingungen der vollständigen Konkurrenz zu einem Marktergebnis, das langfristig auch in volkswirtschaftlicher Hinsicht dem Rationalitätserfordernis genügt. Die Güterproduktion erfolgt in bestmöglicher, d h. in ressourcenschonender Weise, also mit minimalem Faktorverbrauch. Mit einer (fiktiven) Umverteilung von Produktionsfaktoren bei und zwischen den beteiligten Unternehmen ließe sich nämlich keine Einsparung von inputs mehr erzielen.

Man sollte sich die beschriebenen Marktvorgänge allerdings nur als einen grundsätzlich wirksamen Prozeß vorstellen. Unternehmensneugründungen, die Umstellung von Produktionsverfahren in bereits existierenden Unternehmen und dergleichen mehr benötigen naturgemäß viel Zeit. Insofern spricht einiges dafür, daß kurzfristige Änderungen der Angebots-/Nachfragekonstellationen die langfristig vermutete Entwicklung stets dominierend überlagern. Gleichwohl wird im allgemeinen der Anspruch erhoben, mit dem charakterisierten vorzüglichen Marktergebnis eine Tendenzaussage mit Geltung hergeleitet zu haben.

Es ist diese Vorzüglichkeit des Marktergebnisses, die der Marktform der vollständigen Konkurrenz bei freiem Markteintritt und -austritt ihre besondere Bedeutung verleiht. Stellt man sich nämlich vor, daß alle Märkte einer Volkswirtschaft entsprechend organisiert und strukturiert sind, so wird man ähnliche Ergebnisse bei allen Produktions- und Konsumalternativen erwarten dürfen. Das Rationalitätsprinzip wäre quasi flächendeckend gewährleistet und der ökonomischen Effizienz überall zum Durchbruch verholfen.

Ein Rechenbeispiel:

Es sei

(1*) $x^A = -40000 + 20000 \cdot p$

die Angebotsfunktion auf einem Markt, der die Charakteristika der vollständigen Konkurrenz aufweist. Die Nachfragefunktion laute

(2*) $x^N = 800000 - 40000 \cdot p$

Unter Berücksichtigung der Gleichgewichtsbedingung

(3*) $x^A = x^N$

errechnet sich der (kurzfristige) gleichgewichtige Marktpreis aus
$-40000 + 20000 \cdot p = 800000 - 40000 \cdot p$ als

(4*) $p^* = 14.$

Eingesetzt in (1*) bzw. (2*) resultiert für die Gleichgewichtsmenge der Wert

(5*) $x^* = 240000.$

Das Marktgleichgewicht ist eindeutig und (wegen der „normalen" Angebots- und Nachfragefunktionen) sowohl Walras- wie auch Marshall-stabil. Die Konsumentenrente KR entspricht der Fläche unter der Nachfragefunktion zwischen dem prohibitiven Preis $p = 20$ und dem Gleichgewichtspreis $p^* = 14$. Sie ist analytisch definiert als

(6*) $$KR = \int_{14}^{20} x^N(p)dp$$

$$= \int_{14}^{20} (800000 - 40000 \cdot p)dp$$

$$= \left[800000 \cdot p - 20000 \cdot p^2 \right]_{14}^{20}$$

$$= 720000.$$

Für die Produzentenrente PR gilt ähnliches. Sie steht für die Fläche unter der Angebotsfunktion in dem Intervall $p = 2$ und $p^* = 14$. Analytisch ist sie definiert als

(7*) $$PR = \int_{2}^{14} x^A(p)dp$$

$$= \int_{2}^{14} (-40000 + 20000 \cdot p)dp$$

$$= \quad [-40000 \cdot p + 10000 \cdot p^2]_2^{14}$$

$$= \quad 1{,}44 \text{ Mio.}$$

Anbieter i sei einer der im Markt operierenden Unternehmen. Seine Kostenfunktion laute

(8*) $K_i = 625 + 0{,}04 \cdot x_i^2.$

Als gewinnmaximierender Mengenanpasser hat sich i folglich an der Gewinnfunktion

(9*) $G_i = 14 \cdot x_i - (625 + 0{,}04 \cdot x_i^2)$

zu orientieren. Die Bedingungen 1. und 2. Ordnung für einen maximalen Gewinn errechnen sich als

(10*) a) $dG_i/dx_i = 14 - 0{,}08 \cdot x_i = 0$ und

b) $d^2G_i/dx_i^2 = -\,0{,}08 < 0.$

Die gewinnmaximierende Produktions- und Absatzmenge beziffert sich mithin in Höhe von

$$x_i^* = 175.$$

Sie ermöglicht einen Gewinn, der das Niveau

$$G_{(x_i=175)} = 14 \cdot 175 - (625 + 0{,}04 \cdot 175^2) = 600$$

erreicht. Beim Produzenten i handelt es sich also um einen intramarginalen Anbieter. Er wird im Markt agieren, solange der Marktpreis nicht dauerhaft unter das Minimum seiner Durchschnittskosten fällt. Der Verlauf der Durchschnittskosten gehorcht wegen (8*) der Funktion

(11*) $K_i/x_i = (625/x_i) + 0{,}04 \cdot x_i.$

Diese erreicht ihr Minimum, wenn die Bedingungen 1. und 2. Ordnung entsprechend

(12*) a) $d(K_i/x_i)/dx_i = -\,(625/x_i^2) + 0{,}04 = 0$

b) $d^2(K_i/x_i)/dx_i^2 = 1250/x_i^3 > 0$

erfüllt sind. Dies trifft zu an der Stelle

$$x_i = 125.$$

Das Niveau der Durchschnittskosten realisiert hier den Wert

$$K_i/x_i = (625/125) + 0{,}04 \cdot 125 = 10.$$

5.2 Das Monopol

Als Monopol hatten wir jene Marktkonstellation bezeichnet, in der nur ein Anbieter agiert. Er sieht sich einer Vielzahl von Abnehmern gegenüber, deren Zahlungsbereitschaft in der üblichen, normal verlaufenden Nachfragekurve zum Ausdruck kommt. Man nennt sie jetzt auch Preis-Absatz-Kurve und notiert sie als Funktion $p = p(x)$. Die Marktgegenseite des Monopolisten ist wieder atomistisch strukturiert, so daß hier das bekannte Mengenanpasser-Verhalten erwartet werden kann.

Der monopolistische Akteur hat – im Gegensatz zu seinem unternehmerischen Kollegen bei vollständiger Konkurrenz – einen erweiterten Handlungsspielraum. Dieser ist mitnichten unbegrenzt. Die Marktgegenseite weist den Monopolisten nämlich in die Schranken bei seinem Bemühen, möglichst hohe Gewinne zu erzielen; denn nicht jede beliebige Menge ist zu jedem beliebigen Preis absetzbar. Unser Anbieter hat aber die Möglichkeit der Preisfixierung. Die nachgefragte Menge ist dann, da die Nachfragekurve im allgemeinen unbekannt sein dürfte, ein Erwartungsparameter, über den im Wege eines trial-and-error-Vorgehens jedoch Gewißheit zu gewinnen ist.

Natürlich besteht auch die Möglichkeit, eine bestimmte Menge anzubieten. Dann bleibt es der Konkurrenz der Nachfrager untereinander überlassen, herauszufinden, welcher Preis im Markt gezahlt werden muß bzw. erzielt werden kann. Im Endeffekt unterscheidet sich das Ergebnis nicht von jenem bei Preisfixierung.

5.2.1 Die traditionelle Cournot-Lösung

Welchen Preis p wird unser Monopolist für sein Produkt fordern bzw. welche Menge x wird er anbieten? Selbstverständlich ist mit einer Entscheidung zu rechnen, die den Gewinn maximiert. Aus früheren Überlegungen wissen wir, daß dazu v. Stackelbergs „Gesetz des erwerbswirtschaftlichen Angebots" erfüllt sein muß, das nach Grenzerlösen verlangt, die den Grenzkosten entsprechen. Anders als früher sind wir jetzt aber mit einer neuen Situation konfrontiert. Während der polypolistische Mengenanpasser damit rechnen durfte, für jede zusätzliche Verkaufsmenge den herrschenden Marktpreis als zusätzlichen Erlös zu erzielen, hat der Monopolist Veranlassung, den gegenläufigen Zusammenhang zwischen verlangtem Preis und absetzbarer Menge zu beachten. Plant er eine große Produktions- und Absatzmenge, wird er nur einen geringen Preis erzielen können und umgekehrt. Mit welcher Menge soll er also konkret operieren?

Man kommt der Antwort näher, wenn man sich vor Augen hält, welche Konsequenzen etwa eine beabsichtigte Mengenerhöhung zeitigen würde. Der Erlös E des Monopolisten als das mathematische Produkt aus Preis p und Menge x [E = p(x) · x] würde durch die Mengenzunahme positiv und durch die zu erwartende Preissenkung negativ beeinflußt. Welcher Einfluß dieser beiden gegenläufigen Effekte dominiert, ist a priori offen. Die Erinnerung an die Preiselastizität der Nachfrage $\eta_{x,p}$ als ein Maß zur Kennzeichnung der Intensität von Nachfragereaktionen hilft jedoch weiter.

Sofern $|\eta_{x,p}| > 1$, ist mit zusätzlichen Erlösen zu rechnen. Die relative Mengenzunahme fällt stärker aus als die relative Preissenkung. Erweist sich die Nachfrage hingegen als preisunelastisch, werden Erlöseinbußen die Folge einer Mengenerhöhung sein. Daraus kann der Schluß gezogen werden, daß die (der) gewinnmaximierende Verkaufsmenge (Preis) im Bereich der elastischen Nachfragereaktion liegen muß. Negative Grenzkosten dürfen nämlich als unsinnig außer Betracht bleiben, so daß v. Stackelbergs „Gesetz des erwerbswirtschaftlichen Angebots" nur bei einer preiselastischen Nachfrage (wegen der positiven Grenzerlöse) Gültigkeit beanspruchen kann.

Dieser Sachverhalt läßt sich auf analytischem Wege naturgemäß schärfer fassen. Ausgehend von der Definition der Erlöse E in Form von

(1) $$E = p(x) \cdot x$$

erhält man eine Information über die Grenzerlöse, mithin über die zusätzlichen Erlöse infolge einer zusätzlichen Verkaufsmenge, durch einfache Differentiation.

(2) $$\begin{aligned} dE/dx &= (dp/dx) \cdot x + p \\ &= p \cdot [1 + (dp/dx)(x/p)] \\ &= p \cdot [1 + (1/\eta_{x,p})] \end{aligned}$$

Der letzte Ausdruck geht auf die Ökonomen L. Amoroso und J. Robinson zurück und wird daher Amoroso-Robinson-Relation genannt. Sie macht deutlich, daß die Grenzerlöse (dE/dx) nur dann positiv sind, wenn die Preiselastizität der Nachfrage $\eta_{x,p}$ – die immer ein negatives Vorzeichen trägt – einen absoluten Wert aufweist, der größer ist als Eins.

Diese erste Einsicht findet ihre Bestätigung, wenn wir die Lösung des Problems nun zunächst graphisch und anschließend algebraisch demonstrieren. Wir wollen dabei der Einfachheit halber wieder eine lineare Nachfragefunktion unterstellen.

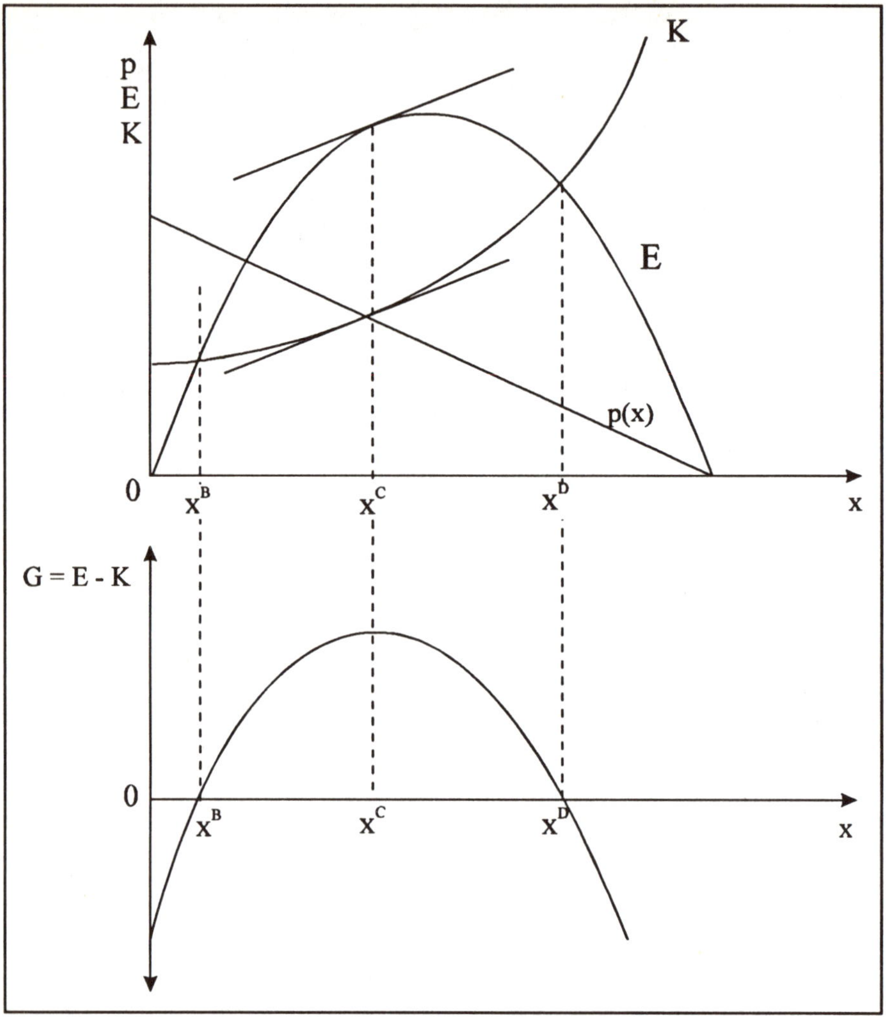

Abb. 5/12

Zu einer linearen Nachfragefunktion, die – nach p aufgelöst – in der Form

(3) $p = a - b \cdot x$, mit $a > 0$ und $b > 0$,

notiert werden kann, gehört eine glockenförmige Erlöskurve, denn es gilt

(4) $E = p \cdot x = (a - b \cdot x) \cdot x$

Diese Erlöskurve realisiert ihr Maximum bei der Hälfte der Sättigungsmenge. Dort nimmt, wie wir aus früheren Überlegungen wissen, die Preiselastizität der Nachfrage den Wert Eins an. Die Amoroso-Robinson-Relation weist für den Grenzerlös hier folglich den Wert Null aus.

Stellt man einer solchen Erlöskurve eine beliebige Kostenkurve gegenüber (wir verwenden z. B. einen durchgängig progressiven Kostenverlauf), so informiert die vertikale Differenz wiederum über den Gewinn bzw. den Verlust. Interesse beanspruchen können jetzt die drei Produktions- und Absatzmengen x^B, x^C und x^D. Im Intervall 0 bis x^B kommt es zu Verlusten, von x^B bis x^D werden Gewinne erzielt und für alle Mengen, die das Niveau x^D übersteigen, ist das Unternehmensergebnis erneut ein Verlust. An den Stellen x^B und x^D entsprechen die Markterlöse exakt den Kosten. Der Gewinn ist maximal bei dem Produktions- und Absatzniveau x^C. Hier weisen sowohl die Erlös- wie auch die Kostenkurve dieselbe Steigung auf.

Eine Darstellung dieses Sachverhaltes unter Verwendung von Marginalgrößen schärft den Blick für die wesentlichen Zusammenhänge.

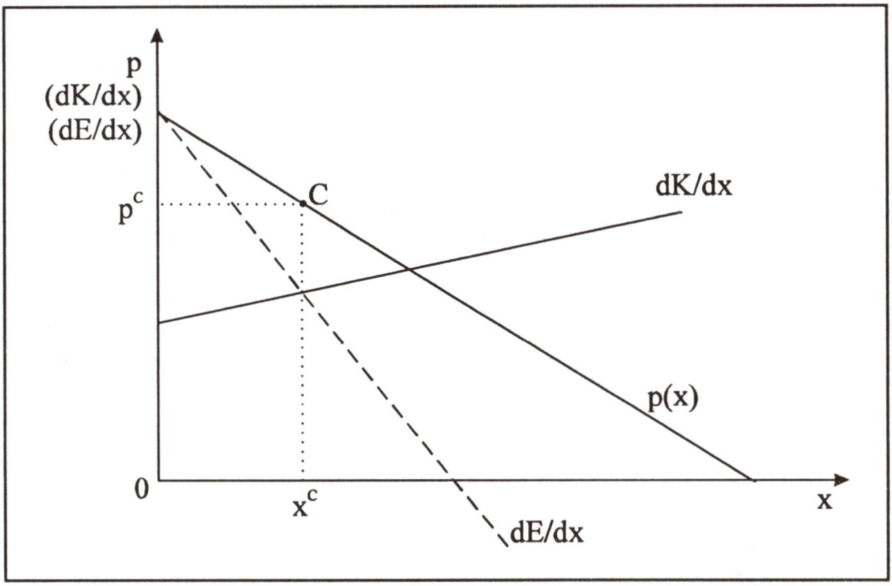

Abb. 5/13

Die Grenzerlöse erhält man durch Differentiation der Erlösfunktion (4) als

(5) $dE/dx = a - 2 \cdot b \cdot x.$

Ein Vergleich mit der Preis-Absatz-Funktion (3) läßt erkennen, daß auch (5) eine Gerade definiert. Sie ist der Nachfragekurve ähnlich, beginnt auf der Ordinate ebenfalls beim Niveau des prohibitiven Preises p = a, verläuft allerdings doppelt so steil. Die gewinnmaximierende Produktions- und Absatzmenge x^C ist durch den Schnittpunkt der Grenzerlös- mit der Grenzkostenkurve markiert. Hier bestätigt sich die Einsicht, die schon zuvor im Zusammenhang mit der Amoroso-Robinson-Relation gewonnen wurde: Die gewinnmaximierende Preisforderung lokalisiert im preiselastischen Bereich der Nachfragekurve.

Das Lot über die Preis-Absatz-Kurve auf die Ordinate informiert über den zugehörigen Preis. Den maßgeblichen Punkt C auf der Nachfragekurve nennt man den Cournotschen Punkt, zu Ehren des französischen Nationalökonomen A. Cournot, dem es bereits im letzten Jahrhundert gelang, eine mathematische Lösung für das fragliche Problem zu formulieren.

Monopole werden üblicherweise in Verbindung gebracht mit dem Tatbestand der Marktmacht. Definiert man letztere in Anlehnung an Max Weber als die Chance, Dritte zu einem Verhalten auch gegen ihren Willen zu veranlassen, so kann dies in dem hier interessierenden Zusammenhang interpretiert werden als eine Möglichkeit des Monopolisten, von den Abnehmern Preise zu verlangen, die einem Anbieter unter den Bedingungen der vollständigen Konkurrenz verwehrt bleiben. Es liegt nahe, diese Differenz zu beziffern. Wenn wir uns daran erinnern, daß ein Unternehmer in einem Markt bei vollständiger Konkurrenz nach der Maxime „Preis = Grenzkosten" handelt, liegt damit eine Referenzgröße fest. Abweichungen davon können für die Marktmacht stehen. Formuliert man diese Abweichungen als Relativwert, dann ist der sog. Monopolgrad nach A. P. Lerner definiert:

$$\mu = [p - (dK/dx)]/p$$

Der Monopolgrad μ realisiert im Fall der vollständigen Konkurrenz den Wert Null, da unter diesen Bedingungen $p = (dK/dx)$ gilt und insoweit Machtlosigkeit vorliegt. Ein gewinnmaximierender Monopolist hingegen handelt unter Berücksichtigung von (2) gemäß

$$(6) \qquad p \cdot [1 + (1/\eta_{x,p})] = dK/dx.$$

Verwendet man (6) in Zusammenhang mit dem Monopolgrad μ, so resultiert

$$\mu = [p - p \cdot (1 + (1/\eta_{x,p}))]/p$$

$$= -1/\eta_{x,p}.$$

Damit zeigt sich, daß bei gewinnmaximierendem Verhalten der Monopolgrad dem Kehrwert der Preiselastizität der Nachfrage entspricht. μ vermag also Werte anzunehmen, die mit dem Intervall $0 \leq \mu \leq 1$ festliegen.

5.2.2 Veränderungen der Nachfrage

Auch ein Monopolist sieht sich keinesfalls einer stets unveränderten Nachfragesituation gegenüber. Sofern es zu Präferenzverschiebungen kommt, Einkommensvariationen beobachtet werden können oder die Preise auf anderen Märkten in Bewegung geraten, wird sich die Preis-Absatz-Kurve im geometrischen Raum verlagern. Wir sollten prüfen, welche Konsequenzen für das Marktgeschehen daraus erwachsen.

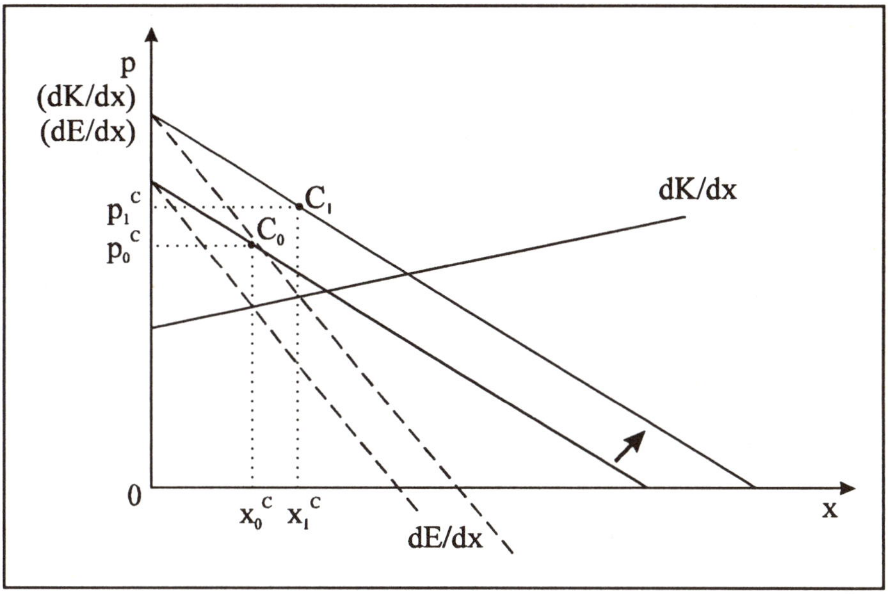

Abb 5/14

Die Figur 5/14 gibt so etwas wie eine „normale" Marktreaktion wieder. Danach ist damit zu rechnen, daß bei einer Nachfrageausweitung sowohl die mengenmäßige Marktversorgung zunimmt wie auch der Marktpreis steigt. Verwendet man auch in diesem Zusammenhang ein bekanntes Elastizitätsmaß, so kann eine entscheidende Konsequenz deutlicher gefaßt werden: Der Preis wird im Vergleich zur Produktions- und Absatzmenge stärker steigen, wenn die Preiselastizität der Nachfrage gering ist bzw. abnimmt. Von Bedeutung ist zudem die Veränderung der Grenzkosten. Nehmen sie deutlich zu, wird dies die Dominanz der Preis- im Vergleich zur Mengenentwicklung verstärken.

Sieht man von der Figur 5/14 einmal ab, müssen Grenzkosten jedoch nicht zwingend zunehmen bei einer Ausweitung der Produktionsmenge. Sie können auch konstant bleiben oder sogar sinken. In Verbindung mit einer zunehmenden Preiselastizität als mögliches Ergebnis einer Nachfrageausweitung mag daraus dann durchaus eine Preissenkung folgen. Der geneigte Leser möge dies in eigener Regie konstruieren. Mit der Annahme sinkender Grenzkosten liegt nämlich bereits ein neues Thema vor, dem wir uns nun widmen wollen.

5.2.3 Das „natürliche" Monopol

Das „natürliche" Monopol ist zunächst einmal gar keines. Es ist weder „natürlich" noch logisch zwingend ein Monopol. Man bezeichnet damit vielmehr eine Bedingungkonstellation, die sich wie folgt beschreiben läßt: Die technisch-organisatorischen Produktionsstrukturen eines repräsentativen Anbieters im Markt führen in dem für die Gesamtnachfrage relevanten Bereich zu stets sinkenden Stückkosten.

Stets sinkende Stückkosten lassen sich im wesentlichen durch steigende Skalenerträge erklären und die damit einhergehenden sinkenden Grenzkosten oder durch eine Kombination von extrem hohen Fixkosten mit relativ niedrigen Grenzkosten. Letzteres findet sich in der Realität häufig bei sog. leitungsgebundenen Verkehren, wie etwa der Gas- oder Elektrizitätsversorgung. Unterstellt man der Einfachheit halber wieder lineare Kurvenverläufe, dann wird der maßgebliche Sachverhalt in der Figur 5/15 deutlich.

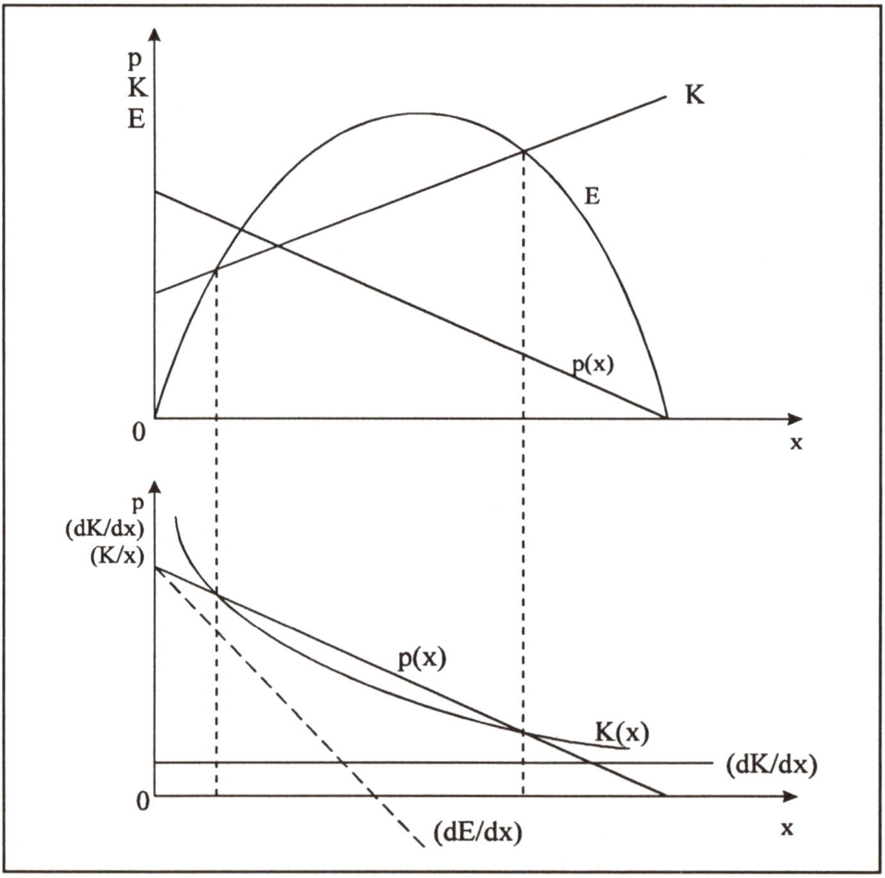

Abb. 5/15

Die obere Graphik enthält die übliche Preis-Absatz-Kurve nebst der zugehörigen parabolischen Erlöskurve sowie den Verlauf der Gesamtkosten. Der enorme Fixkostenblock ist im Ordinatenabschnitt der Kostenkurve erkennbar, und die niedrigen Grenzkosten zeigen sich in dem geringen Steigungswinkel. Die untere Graphik gibt denselben Sachverhalt mittels der Grenzerlös-, der Grenzkosten- und der Stückkostenkurve wieder.

Stets sinkende Stückkosten bei einem repräsentativen Anbieter offenbaren nun ein ökonomisches Dilemma. Ein einzelner Produzent könnte den Markt nämlich allein zu insgesamt geringeren Kosten versorgen als mehrere Anbieter gemeinsam. Mit anderen Worten: Die Kostenstruktur ist subadditiv, d. h., es gilt

$$K(x) < \sum K(x_i), \quad \text{wobei } x = \sum x_i.$$

Unter diesen Umständen scheint es wenig Sinn zu machen, einen Markt wettbewerblich organisieren zu wollen. Eine mögliche Konkurrenz wäre funktionslos, da sie das Marktergebnis nicht verbesserte. Vielfach wird daraus die Empfehlung abgeleitet, solche Märkte als ein „natürliches" Monopol aufzufassen und staatlicherseits den Marktzugang entsprechend zu regulieren. Dies wäre dann das Resultat einer Abwägung, die Marktmacht ausdrücklich fördert, um ökonomische Effizienz sicherzustellen. Daß man dabei leicht vom Regen in die Traufe kommen kann, ist auch Gegenstand der folgenden Überlegungen.

5.2.4 Vollständige Konkurrenz vs. Monopol: ein wohlfahrtstheoretischer Vergleich und mögliche Schlußfolgerungen

Unsere bisherigen Ausführungen zu dem Preisbildungsgeschehen erlauben uns einige wichtige resümierende Feststellungen. Wir sind in der Lage, mit Hilfe der analytischen Instrumente, die wir kennengelernt haben, eine vergleichende Betrachtung verschiedener Marktergebnisse durchzuführen, die uns erste Bewertungen ermöglicht.

Begreift man das Wirtschaften als eine Veranstaltung, die nicht um ihrer selbst willen stattfindet, sondern als einen zweckgerichteten Prozeß, der auf die Befriedigung menschlicher Bedürfnisse zielt, dann geht es letztlich um die gesellschaftliche Wohlfahrt, die maximiert werden sollte. Es liegt nahe, diese mit dem Konzept der Konsumenten- und Produzentenrente in Verbindung zu bringen und zu messen, hatten wir letztere doch als Summe des erreichten sozialen Überschusses gekennzeichnet. In welcher Höhe fällt also sozialer Überschuß an, wenn Märkte alternativ als Monopol- oder als Konkurrenzmarkt organisiert sind? Wenn wir einmal unterstellen, daß die Grenzkostenkurve eines Anbieters unter Monopolbedingungen identisch sei mit der normalverlaufenden Angebotskurve aller Anbieter unter den Bedingungen der vollständigen Konkurrenz, dann ist ein Vergleich auf einfache Weise durchführbar.

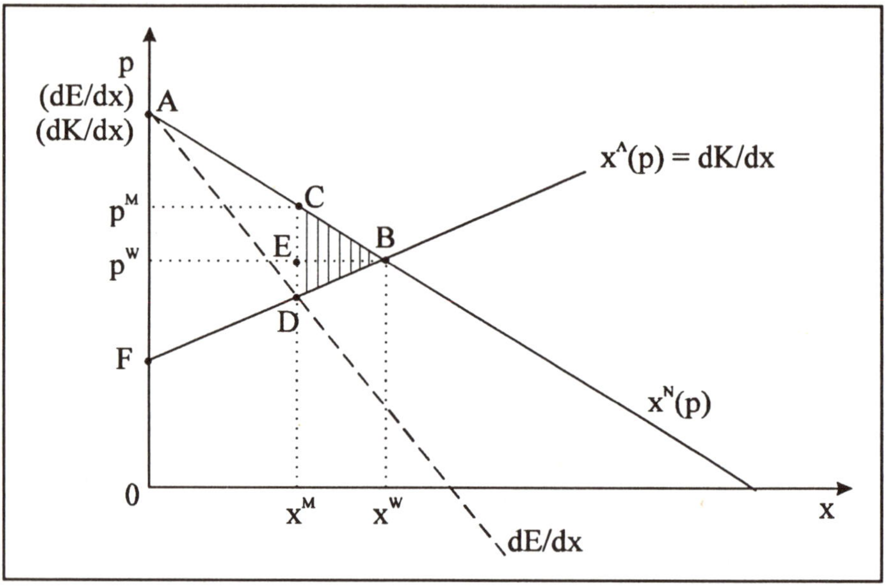

Abb. 5/16

Die traditionelle Cournot-Lösung führt zu der Preis-Mengen-Kombination (p^M;x^M), das wettbewerbliche Marktergebnis zu der Preis-Mengen-Kombination (p^W;x^W). Die Konsumenten werden folglich über Wettbewerbsmärkte mit größeren Mengen versorgt und haben geringere Preise zu zahlen. Aber auch das Konzept des sozialen Überschusses sieht die Vorteilhaftigkeit bei dieser Alternative.

Für die Konsumentenrente unter Wettbewerbsbedingungen steht bekanntlich die Fläche ABP^W. Unter Monopolbedingungen fällt sie kleiner aus. Sie läßt sich nun identifizieren als Fläche, die durch die Punkte ACP^M festliegt. Der „Verlust" der Konsumenten ist also in Höhe der Fläche CBP^WP^M zu beziffern.

Für die Produzentenrente gilt, daß sie unter Wettbewerbsbedingungen in der Fläche FBP^W ihren Ausdruck findet. Im Monopolmarkt ist die Fläche $FDCP^M$ ihr Äquivalent, das um das Teilstück BDE geringer, um das Teilstück CEP^WP^M allerdings größer ausfällt. Letzteres dokumentiert eine Umverteilung. In dieser Größenordnung sinkt die Wohlfahrt der Konsumenten zugunsten der Wohlfahrt der Produzenten. Der soziale Überschuß insgesamt bleibt für diesen Teil insoweit unverändert.

Jenseits der Umverteilung liegt aber das Dreieck CBD. Es macht den Wohlfahrtsverlust deutlich, der mit der monopolistischen Marktstruktur in Verbindung gebracht werden muß; oder allgemeiner: der als eine Konsequenz von Marktmacht anzusehen ist.

Dieser Schluß ist selbstverständlich nicht unproblematisch, da wesentlich abhängig von der Gleichsetzung der Kostenstrukturen im Monopol- und Wettbewerbsfall. Häufig wird z. B. betont, daß die Grenzkostenkurve des Monopolisten vermutlich niedriger verlaufe als die Angebotskurve aller Unternehmen bei vollständiger Konkurrenz. Die Monopolstellung erlaube die Nutzung effizienterer Produktionsverfahren, die nur bei entsprechend hohen output-Niveaus rentierlich seien und sich deshalb für eine Anwendung bei kleinen Betriebseinheiten nicht eignen würden. Dem kann man entgegenhalten, daß dann der – über den Wettbewerbsdruck vermittelte – notwendige Anreiz fehlt, solche Produktionsverfahren überhaupt zu realisieren. Im übrigen verweist das Argument auf die Sachlogik des „natürlichen" Monopols, so daß wir Veranlassung haben, auch dieses Thema auf den wohlfahrtstheoretischen Prüfstand zu stellen.

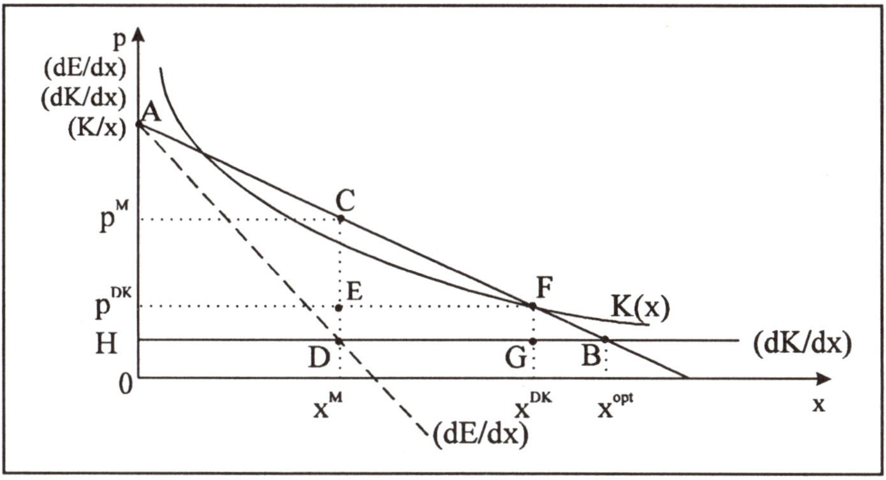

Abb. 5/17

Anhand der Figur 5/17 ist zu erkennen, daß der Wohlfahrtsverlust im Falle eines „natürlichen" Monopols keineswegs eine vernachlässigbare Größe darstellt. Er geht sogar über jenen der zuvor behandelten Cournot-Lösung hinaus. Sofern nämlich der Marktzutritt im Interesse der angestrebten Effizienz gesperrt würde und ansonsten nichts geschähe, wäre die unter diesen Umständen relevante Cournot-Lösung zu erwarten. Der solcherart privilegierte „natürliche" Monopolist würde die gewinnmaximale Preis-Mengen-Kombination (p^M;x^M) realisieren. Die Konsumentenrente fände ihre Äquivalent in der Fläche ACP^M, und die Höhe der Produzentenrente ließe sich an der Fläche $CDHP^M$ ablesen.

Ein solches Marktergebnis wäre gesamtwirtschaftlich suboptimal, da es einen sozialen Überschuß hervorbringt, der bedeutend geringer ist als er sein könnte. Der Gesellschaft bliebe ein möglicher Zugewinn an Wohlfahrt vorenthalten, der mit der Fläche CBD ausgemacht werden kann. Würde die Produktion nämlich – ausgehend von der Monopolmenge x^M – sukzessive gesteigert bis zur Menge x^{opt}, fielen stets geringere zusätzliche Kosten an, als an zusätzlichen subjektiven Nutzen, die sich in der Zahlungsbereitschaft dokumentieren, erreichbar wären. Es ist leicht erkennbar, daß dieser Verlust ein Vielfaches dessen beträgt, was einer Gesellschaft im Fall „normaler" Monopole zugemutet wird. Man vergleiche zu diesem Zweck die beiden maßgeblichen Flächen CBD in den Abb. 5/16 und 5/17. Damit zeigt sich, daß die Empfehlung, den Marktzugang zu einem „natürlichen" Monopol zu regulieren, alles andere als unproblematisch ist.

Die Protagonisten des Konzepts der bestreitbaren Märkte („contestable markets") werden deshalb auch nicht müde, auf die eminente Bedeutung der potentiellen Konkurrenz hinzuweisen. Als „contestable" gilt ein Markt, in den man insbesondere frei eintreten und den man ebenso ungehindert wieder verlassen kann. Dies führt dazu, daß Monopolisten jeglicher Couleur niemals sicher sein werden, ob nicht doch mit dem Auftreten eines Wettbewerbers zu rechnen ist. Die Wahrscheinlichkeit dafür steigt mit der Höhe der erzielbaren Gewinne und sorgt daher für eine zurückhaltende Preispolitik seitens des im Markt bereits agierenden Anbieters. Insoweit wäre eine restriktive Regulierung des Marktzutritts zur Sicherung der Produktionseffizienz nicht nur überflüssig, sondern sogar kontraproduktiv.

Die Freiheit des Markteintritts und -austritts hat jedoch eine formalrechtliche und eine materielle Dimension. Erstere kennzeichnet das Dürfen, die zweite das Können. Es geht mithin nicht nur um den Tatbestand, daß einem Markteintritt keine unüberwindlichen juristischen Hürden im Wege stehen dürfen. Er darf auch keine übermäßigen Kosten verursachen. Dies ist vor allem dann der Fall, wenn bei einem Marktaustritt Liquidationserlöse möglich sind, die dem Wert der Markteintrittskosten annähernd entsprechen – selbstverständlich unter Berücksichtigung zwischenzeitlich eventuell eingetretener Abnutzungen. Sollten sich Markteintrittskosten allerdings als irreversibel („sunk costs") erweisen, überzeugen die Schlußfolgerungen der Theorie bestreitbarer Märkte nicht mehr uneingeschränkt. Irreversibilitäten liegen vor bei Investitionen, die für eng beschränkte, spezielle Produktionszwecke getätigt werden. Solche Investitionen sind überdies häufig langlebig. Die Konsequenzen liegen dann auf der Hand: Ein theoretisch denkbarer Verkauf ist praktisch unmöglich, da wegen der beschränkten Verwendbarkeit kein oder nur ein sehr geringer Marktpreis erzielt werden kann. Unter diesen Voraussetzungen wird ein Engagement in den Markt zu einem „way of no return", also zu einem äußerst kostenträchtigen Unterfangen.

Bei näherem Hinsehen ist demnach nicht die Subadditivität der Kostenstruktur das eigentliche Problem der Rechtfertigung eines „natürlichen" Monopols, sondern in Verbindung damit die Eigenschaft eines Marktengagements, irreversibel zu sein. Erst sie begründet eine staatliche Regulierung, die aus wohlfahrtstheoretischer Sicht allerdings nicht auf eine restriktive Ausgestaltung des Marktzutritts beschränkt bleiben darf. Idealerweise wäre der „natürliche" Monopolist vielmehr dazu zu bringen, mit der Menge x^{opt} den Markt zu versorgen. Dies mutet ihm, wie Figur 5/17 deutlich macht, Verluste zu. Sie müßten nötigenfalls vom Staat in Form von Subventionen getragen werden. Sofern dies nicht möglich oder aber unerwünscht ist, liegt eine second-best-Lösung nahe. Man könnte den monopolistischen Akteur auf die Produktionsmenge x^{DK} verpflichten, die zu einem Marktpreis p^{DK} führt, der exakt die Kosten deckt. Eine solche Lösung wird realiter denn auch weitgehend praktiziert, ohne daß damit jedoch der Stein des Weisen gefunden wäre. Eine Preisvorschrift, die sämtliche Kosten abzudecken verspricht, führt nämlich – die Lebenserfahrung lehrt es – zu dem Phänomen der künstlichen Kostenproduktion; denn welche staatliche Instanz sieht sich schon in der Lage, im konkreten Fall die Angemessenheit und Unabweisbarkeit bestimmter Kostenpositionen zu beurteilen? Im übrigen fehlt der heilsame Zwang des Wettbewerbs, ständig nach neuen Möglichkeiten zur Kostensenkung Ausschau zu halten.

Ein Rechenbeispiel

Das Nachfrageverhalten in einem Monopolmarkt lasse sich durch die Funktion

(1*) $x^N = 800000 - 40000 \cdot p$

beschreiben, die, umgestellt zu

(2*) $p = 20 - 0{,}000025 \cdot x$,

als Preis-Absatz-Funktion bezeichnet wird. Der Monopolist produziere mit dem Ziel der Gewinnmaximierung gemäß der Kostenfunktion

(3*) $K = 420000 + 2 \cdot x + 0{,}000025 \cdot x^2$.

Da der Gewinn definiert ist als $G = E - K = x \cdot p(x) - K(x)$, gilt es, die Gewinnfunktion

(4*) $G = (20 - 0{,}000025 \cdot x) \cdot x - (420000 + 2 \cdot x + 0{,}000025 \cdot x^2)$

zu maximieren. Sie erreicht ihr Maximum an der Stelle

(5*) $dG/dx = 20 - 0{,}00005 \cdot x - 2 - 0{,}00005 \cdot x = 0$, da

$d^2G/dx^2 = -0{,}0001 < 0$,

also bei der Produktions- und Absatzmenge $x = 180000$. Dies korrespondiert mit einem Marktpreis p in Höhe von $p = 15{,}5$. Der Gewinn ist demnach zu beziffern auf

$$\begin{aligned} G &= p \cdot x - K \\ &= 15{,}5 \cdot 180000 - (420000 + 2 \cdot 180000 + 0{,}000025 \cdot 180000^2) \\ &= 1{,}2 \text{ Mio.} \end{aligned}$$

Zu dieser Cournot-Lösung gehört eine Konsumentenrente, die sich errechnet als

$$KR^M = \int_0^{18000} (20 - 0{,}000025 \cdot x)dx - 15{,}5 \cdot 180000$$

$$= 0{,}405 \text{ Mio.}$$

Die Produzentenrente beläuft sich auf

$$PR^M = 15{,}5 \cdot 180000 - \int_0^{18000} (2 + 0{,}00005 \cdot x)dx$$

$$= 1{,}62 \text{ Mio.}$$

Der erzielte soziale Überschuß ist mit

$$KR^M + PR^M = 2{,}025 \text{ Mio.}$$

zu beziffern. Da die Nachfragefunktion (1*) und die aus (3*) herzuleitende Grenzkostenfunktion identisch sind mit den Angebots-/Nachfragefunktionen des Rechenbeispiels zum Kapitel 5.1, läßt sich der soziale Überschuß unmittelbar vergleichen. Unter den Bedingungen der vollständigen Konkurrenz betrug die Konsumentenrente

$$KR^W = 0{,}72 \text{ Mio.}$$

und die Produzentrenrente

$$PR^W = 1{,}44 \text{ Mio.},$$

der soziale Überschuß also

$$KR^W + PR^W = 2{,}16 \text{ Mio.}$$

Der machtbedingte Wohlfahrtsverlust kann folglich beziffert werden in Höhe von

$$(KR^W + PR^W) - (KR^M + PR^M) = 0{,}135 \text{ Mio.}$$

5.3 Das Oligopol

Wir behandeln nun einen Markt mit nur wenigen Anbietern. Ihnen stehen wiederum viele Nachfrager gegenüber, die einzeln keinen Markteinfluß besitzen.

Die Kennzeichnung der Angebotsseite eines Marktes mit wenigen Akteuren weist eher auf eine qualitative Eigenschaft hin denn auf eine exakte quantitative Norm. „Wenig“ in diesem Sinn bedeutet nämlich, daß der Markteinfluß eines jeden Oligopolisten merklich ist. Daraus folgt die Konsequenz, daß wettbewerbliche

Aktionen einzelner Anbieter für die Mitwettbewerber nicht mehr bedeutungslos sind. Ihre Absatzsituation wird berührt. Sie haben insoweit – rationales Verhalten unterstellt – Anlaß, sich den geänderten Bedingungen anzupassen. Eine solche Anpassung aber wird auf die Absatzsituation des ursprünglichen Akteurs zurückwirken. Dieser ist von daher gut beraten, vor einer jeden unternehmerischen Entscheidung die zu erwartenden Reaktionen der Konkurrenten in Rechnung zu stellen. Die Rationalitätsprämisse impliziert ja schließlich, daß die Handlungsfolgen den Handlungsabsichten entsprechen sollten.

Das Geschäft eines Oligopolisten ist also ungleich schwieriger als jenes von Polypolisten oder gar eines Monopolisten. Er muß das Verhalten der Abnehmer und die Aktivitäten der Konkurrenz in sein Kalkül einbeziehen. Und in bezug auf die Mitwettbewerber geht es nicht um eine einseitige sondern um eine wechselseitige Abhängigkeit. Man bezeichnet sie oft auch als oligopolistische Interdependenz.

Es ist üblich, das Preisbildungsgeschehen in einem oligopolistisch strukturierten Markt zu diskutieren, indem man nur zwei Anbieter unterstellt. Dieser Fall des sog. Dyopols (bzw. Duopols) fördert die Anschaulichkeit und wird dem anstehenden Erklärungsziel insoweit gerecht, als er den wesentlichen Punkt des fraglichen Problems berücksichtigt. Der unternehmerische Erfolg eines jeden Anbieters hängt jetzt von Faktoren ab, die sich der eigenen unmittelbaren Einflußnahme und Kontrolle entziehen. Formal betrachtet geht es – wenn wir die beiden unternehmerischen Akteure mit I und II bezeichnen – darum, daß der Gewinn z. B. des Anbieters I nicht nur von der eigenen Absatzmenge x_I abhängt, sondern auch von der Absatzmenge x_{II} des Konkurrenten. Die Gewinnfunktion lautet demnach allgemein

$$G_I = G_I(x_I;x_{II}),$$

und die notwendige Bedingung für ein Gewinnmaximum kann notiert werden als

$$dG_I/dx_I = \delta G_I/\delta x_I + (\delta G_I/\delta x_{II})(dx_{II}/dx_I) = 0.$$

Neu und von besonderem Interesse ist hier der Ausdruck „dx_{II}/dx_I". In ihm bündelt sich die Problematik der Oligopolpreisbildung. Man nennt ihn den „Reaktionskoeffizienten", denn er informiert über die Mengenreaktion des Anbieters II als Antwort auf die (Mengen-)Aktivitäten des Mitanbieters I.

Im Monopolfall war – sieht man von der potentiellen Konkurrenz einmal ab – die Berücksichtigung eines solchen Reaktionskoeffizienten ex definitione überflüssig. Und unter den Bedingungen der vollständigen Konkurrenz besaß der einzelne Anbieter keinen merklichen Markteinfluß; der Reaktionskoeffizient wird dann, wenn man ihn formal berücksichtigen würde, den Wert Null annehmen, so daß Gewinnveränderungen letztlich doch nur aus Variationen der eigenen Absatzmenge herrühren.

Von entscheidender Bedeutung ist nun, daß dem einzelnen Oligopolisten der Wert des Reaktionskoeffizienten zunächst unbekannt sein dürfte. Er wird Vermutungen anstellen, also mit Erwartungen operieren, und diese den tatsächlichen Ereignissen gegenüberstellen, um aus der Erfahrung zu lernen. Für die Modellierung der oligopolistischen Preisbildung bedeutet dies, daß Reaktionshypothesen notwendig sind, die man den Akteuren als Vermutungen unterstellt. Zudem müssen Annahmen getroffen werden, welche Konsequenzen die Anbieter aus etwaigen Irrtümern ziehen. Man kann mit Fug und Recht behaupten, daß hier der Schlüssel für ein erklärungskräftiges Verständnis oligopolistischen Preisbildungsgeschehens liegt. Ihn zu finden, dürfte nicht ganz einfach sein.

Die bisherigen Oligopolmodelle lassen sich geradezu klassifizieren nach der konkreten Ausprägung der in ihnen enthaltenen Reaktionshypothesen und den Annahmen über die Art und Weise etwaiger Erwartungskorrekturen. Wir stellen im folgenden und an späterer Stelle die bekanntesten vor. Soviel sei jedoch bereits hier angedeutet: restlos überzeugend ist eine adäquate Modellierung bis heute nicht gelungen.

5.3.1 Das Modell von A. Cournot

Bahnbrechend auf dem Gebiet der Oligopolpreistheorie betätigte sich der uns schon bekannte A. Cournot. Der Ausgangspunkt seiner Überlegungen ist eine Mineralwasserquelle. Sie liefert ein homogenes Produkt, das von den zwei Anbietern I und II vermarktet wird. Variable Produktionskosten entstehen nicht, so daß das Gewinn- mit dem Erlöskalkül zusammenfällt.

Die letzte Annahme überzeugt wenig. Sie wird von uns gleichwohl übernommen, da sie für die Lösung des anstehenden Problems allenfalls von sekundärer Bedeutung ist, uns aber den Vergleich mit bereits bekannten Ergebnissen aus früheren Analysen auf einfache Weise gestattet. Im übrigen wollen wir wiederum anhand einer linearen Nachfragefunktion argumentieren.

Welcher Preis wird sich also im Marktgleichgewicht herausbilden, und von welchen Überlegungen werden sich die Oligopolisten bei ihren Entscheidungen leiten lassen? Cournots überraschende Antwort lautet: Die Akteure werden ihre gewinnmaximierenden Mengenentscheidungen treffen unter der Annahme, daß der jeweilige Konkurrent seine Ausbringungsmenge beibehält und nicht verändert. Die maßgebliche Reaktionshypothese lautet daher

für den Anbieter I: $dx_{II}/dx_I = 0$ bzw.

für den Anbieter II: $dx_I/dx_{II} = 0$.

Im übrigen wird angenommen, daß Erwartungsfehler keine Konsequenzen zeitigen, insbesondere nicht zu einer Korrektur der Reaktionshypothese führen. Unter diesen Bedingungen resultiert folgendes Ergebnis.

Die Nachfragefunktion, als Preis-Absatz-Funktion formuliert, informiert über den Marktpreis p in Abhängigkeit von der insgesamt produzierten und abgesetzten Menge x_G.

(1) $p = a - b \cdot x_G$, mit $a > 0$ und $b > 0$.

Da sich die insgesamt produzierte Menge x_G zusammensetzt aus den beiden Teilmengen x_I und x_{II}, kann (1) auch notiert werden in Form von

(2) $p = a - b \cdot (x_I + x_{II})$.

Die Gewinnfunktion des Anbieters I lautet dann

(3) $$\begin{aligned} G_I &= p \cdot x_I \\ &= [a - b \cdot (x_I + x_{II})] \cdot x_I \\ &= a \cdot x_I - b \cdot x_I^2 - b \cdot x_I \cdot x_{II}. \end{aligned}$$

Sie realisiert ein Maximum, wenn

(4) $dG_I/dx_I = a - 2 \cdot b \cdot x_I - [b \cdot x_{II} + b \cdot x_I \cdot (dx_{II}/dx_I)] = 0$.

Wegen der Cournotschen Reaktionshypothese ($dx_{II}/dx_I = 0$) gilt (4) auch als

(5) $a - 2 \cdot b \cdot x_I - b \cdot x_{II} = 0$.

In bezug auf den Anbieter II ist analog zu verfahren. Das Ergebnis liefert

(6) $a - 2 \cdot b \cdot x_{II} - b \cdot x_I = 0$.

Mit (5) und (6) liegt nun ein Gleichungssystem vor, das aus zwei Gleichungen besteht mit den beiden Variablen x_I und x_{II}. Es ist mithin grundsätzlich lösbar. Die Lösung beschreibt das Marktgleichgewicht, also die Vereinbarkeit der Mengenentscheidungen des Anbieters I mit jenen des Anbieters II, bei dem unterstellten symmetrischen Verhalten beider Akteure. Sie lautet

(7) $x_I^* = a/(3 \cdot b)$ und $x_{II}^* = a/(3 \cdot b)$

Setzt man $x_G^* = (x_I^* + x_{II}^*)$ in die Preis-Absatz-Funktion ein, errechnet sich der gleichgewichtige Marktpreis p^* zu

(8) $p^* = a - b[a/(3 \cdot b) + a/(3 \cdot b)]$

$= a - a/3 - a/3$

$= a/3$

In graphischer Hinsicht dokumentiert das folgende Bild die Lösung.

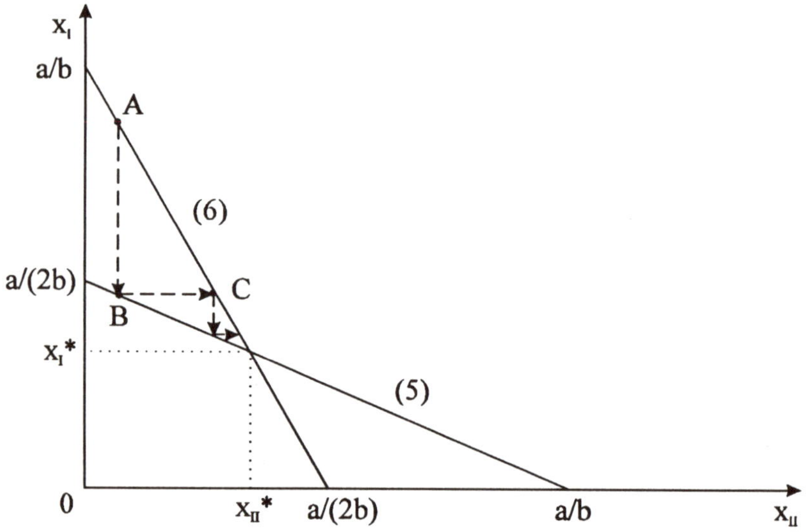

Abb. 5/18

Dargestellt sind die Gleichungen (5) und (6). Man kann sie Reaktionskurven nennen, denn sie informieren Anbieter I (II) über die zu wählende, gewinnmaximierende Produktions- und Absatzmenge x_I (x_{II}) bei vorgegebenem output-Niveau x_{II} (x_I) des Konkurrenten II (I). Der Schnittpunkt der Reaktionskurven bestimmt die Gleichgewichtsmengen. Hier sind die Entscheidungen der Wettbewerber konsistent.

Die Lösung erweist sich als stabil. Der Weg dahin kann kommentierend aufgezeigt werden. Sollte nämlich aus irgendeinem Grund einmal eine (x_I;x_{II})-Kombination zustandekommen, die z. B. dem Punkt A entspräche, hätte Anbieter I gemäß (5) Veranlassung, seine Produktions- und Absatzmenge zu reduzieren. Das Ergebnis wäre der Punkt B. Die solcherart revidierte Entscheidung des I würde aber Wettbewerber II zum Anlaß nehmen, gemäß (6) seine Ausbringungsmenge von B auf C zu erhöhen. Dies wiederum nötigte den I zu einer nochmaligen Korrektur von C auf D usw., bis schließlich der Gleichgewichtspunkt erreicht wäre. Dieser steht für zwei Drittel der Sättigungsmenge ($x_G^* = x_I^* + x_{II}^* = 2 \cdot a/3 \cdot b$), weshalb in der Literatur auch die Bezeichnung „Cournotsche Zwei-Drittel-Lösung" üblich ist. Der zugehörige Preis notiert auf dem Niveau von einem Drittel des prohibitiven Preises.

Im Hinblick auf dieses Modell sind selbstverständlich erhebliche Vorbehalte angebracht. Sie betreffen die verwendeten Reaktionshypothesen ebenso wie die implizit unterstellten Annahmen über die Lern-(un-)fähigkeit der Oligopolisten. Mit den spezifischen Reaktionshypothesen wird nämlich das charakteristische Element eines oligopolistisch strukturierten Marktes - die wechselseitige Interdependenz - geradezu wegdefiniert. Die Oligopolpreisbildung aber analysieren zu wollen, indem man von den Akteuren annimmt, sie handelten nicht wie Oligopolisten, scheint wenig Sinn zu machen. Dies umso mehr, als die Wettbewerber auch jegliche Erfahrung strikt ignorieren. Obwohl der jeweilige Konkurrent im ungleichgewichtigen Markt ständig auf Aktionen mit Reaktionen antwortet, behalten beide Anbieter ihre Hypothese über die vermutete Reaktionslosigkeit des anderen unternehmerischen Marktteilnehmers bei. Mit einer kleinen Modifikation kann einem Teil der Einwände jedoch Rechnung getragen werden.

5.3.2 H. v. Stackelbergs Asymmetrie-Lösung

Verwendet man zu Analysezwecken zunächst die Reaktionshypothesen von A. Cournot, so ist es plausibel anzunehmen, daß zumindest einer der beiden Dyopolisten die Interdependenz der Handlungen alsbald erkennt und sie auch in seinem Kalkül berücksichtigt. Er gibt dann das autonome Verhalten auf und legt ein sog. heteronomes Verhalten an den Tag. Sofern dem anderen Akteur nach wie vor die Cournotsche Reaktionshypothese unterstellt wird, operiert man nun also mit einer Asymmetrie der Verhaltensweisen.

Für uns sei der Dyopolist I jener Anbieter, der das Spiel durchschaue und sich diese Kenntnis zunutze mache. Er wird auf eigene Aktivitäten eine Reaktion des Konkurrenten erwarten, wie sie mit der Reaktionsfunktion (6) beschrieben wurde. Differenziert man diese, so erhält man als maßgebliche Reaktionshypothese für I

$$dx_{II}/dx_I = -1/2.$$

Wettbewerber II hege unverändert die Vermutung

$$dx_I/dx_{II} = 0.$$

In der Terminologie H. v. Stackelbergs nimmt damit Anbieter I die Unabhängigkeitsposition ein, während Anbieter II in der Abhängigkeitsposition verbleibt.

Die Konsequenzen einer derartigen Modifikation des Modells finden ihren Niederschlag in der Gleichung (5). Sie beschreibt die Bedingung 1. Ordnung für das Gewinnmaximum des nun heteronom handelnden Dyopolisten. Unter Berücksichtigung der neuen Reaktionshypothese lautet sie jetzt

(5a) $a - 2 \cdot b \cdot x_I - [b \cdot x_{II} + b \cdot x_I \cdot (-1/2)] = 0$ bzw.

$a - 1{,}5 \cdot b \cdot x_I - b \cdot x_{II} = 0$

Für den Anbieter II hat wegen der unveränderten Reaktionshypothese weiterhin die alte Gleichung

(6) $a - 2 \cdot b \cdot x_{II} - b \cdot x_I = 0$

Gültigkeit. Es zeigt sich damit, daß erneut ein Gleichungssystem zu lösen ist, bestehend aus zwei Gleichungen und den gesuchten Absatzmengen x_I und x_{II}. Seine Lösung beschreibt den gleichgewichtigen Oligopolmarkt bei dem unterstellten asymmetrischen Verhalten der Akteure. Sie lautet nun

(7a) $x_I^* = a/(2 \cdot b)$ und $x_{II}^* = a/(4 \cdot b)$

I bietet danach die Hälfte und II ein Viertel der Sättigungsmenge an. Der Markt wird folglich mit einer Menge in Höhe von $x_G^* = x_I^* + x_{II}^* = (3 \cdot a) / (4 \cdot b)$ versorgt. Die führt, eingesetzt in die Preis-Absatz-Funktion, zu einem Marktpreis p^* in Höhe von

(8a) $p^* = a - b \cdot [a/(2 \cdot b) + a/(4 \cdot b)]$

$= a - a/2 - a/4$

$= a/4$

Auch dieses Resultat findet ein graphisches Äquivalent.

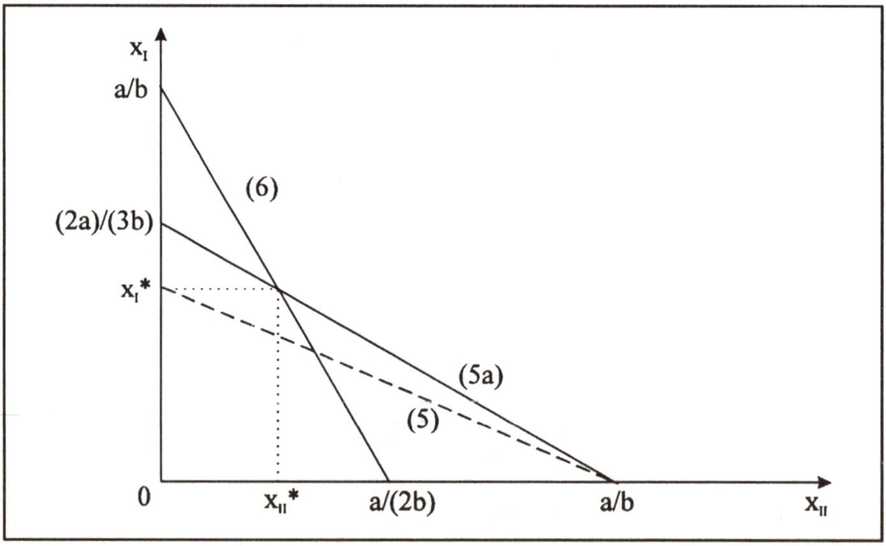

Abb. 5/19

Gegenüber der Figur 5/18 hat sich lediglich die Reaktionskurve des I in Gestalt der Gleichung (5) bzw. (5a) geändert (Zur Orientierung ist die frühere Reaktionskurve ebenfalls eingezeichnet). Auch hier legt der Schnittpunkt der Reaktionskurven die Angebotsmengen im Gleichgewicht fest.

Es wird den Leser nicht überraschen, wenn die v. Stackelbergsche Asymmetrie-Lösung ebenfalls als nicht völlig zufriedenstellend qualifiziert wird. Sie überzeugt eher als das Cournot-Modell, läßt aber die Frage nach der Rationalität des oligopolistischen Entscheidungskalküls bei dem in der Abhängigkeitsposition verharrenden Anbieter unbeantwortet. Es ist zwar möglich, hier auf Machtdifferenzen o. ä. zu verweisen; solchen Argumenten ist jedoch oft der (ad-hoc-)Charakter einer gewissen Beliebigkeit nicht abzusprechen. Im übrigen stellt sich auch im Kontext dieses Modells das Problem der Korrektur von Erwartungsfehlern – ein Problem, das insbesondere in einer Situation des Ungleichgewichts augenfällig wird.

5.3.3 H. v. Stackelbergs Konflikt-Lösung

Es liegt nahe, die zuvor dem Anbieter I unterstellte Unabhängigkeitsposition auch auf den Wettbewerber II zu übertragen. Die Verhaltensweisen der Akteure sind dann wieder symmetrisch. Sie genügen zudem der oligopolistischen Logik, sind allerdings beide erkennbar fehlerhaft, da ja nun jeder der Konkurrenten seinen Mitwettbewerber in der Abhängigkeitsposition zu finden glaubt.

Eine Konsequenz, die sich ummittelbar aufzudrängen scheint, wäre dann, daß jeder Dyopolist versuchen wird, die Absatzmenge auszubringen, die uns aus der v. Stackelbergschen Asymmetrie-Lösung als die gleichgewichtige Marktversorgung jenes Akteurs bekannt ist, der aus der Unabhängigkeitsposition heraus operiert. Es handelt sich um die Hälfte der Sättigungsmenge. Würde so von beiden Unternehmen verfahren, käme exakt die Sättigungsmenge [$x_G = x_I + x_{II} = a/(2 \cdot b) + a/(2 \cdot b) = a/b$] zum Angebot und der Marktpreis mußte auf Null sinken [$p = a - b \cdot x_G = a - b \cdot (a/b) = 0$]. Daß ein solches Ergebnis nicht als eine Gleichgewichtssituation gedeutet werden kann, die dauerhaft Bestand hat, liegt auf der Hand. Sie besitzt eher den Charakter eines Machtkampfes, der allerdings ungewollt, da irrtümlich entsteht. In der Literatur ist denn auch der Begriff des „oligopolistischen Krieges“ durchaus üblich. Assoziativ naheliegend sind überdies Sachverhalte, die man mit „ruinöser Konkurrenz“ oder „Verdrängungswettbewerb“ bezeichnet.

Ein solches Marktergebnis ist jedoch keineswegs zwingend. Wenn wir unserer bisherigen Argumentation folgen, haben wir in dem Gewinnmaximierungskalkül eines jeden Oligopolisten vielmehr einen Reaktionskoeffizienten zu berücksichtigen, der uns für das heteronome Verhalten eines in der Unabhängigkeitsposition befindlichen Akteurs typisch schien. Und dieser wähnt ja seinen Mitwettbewerber in der Abhängigkeitsposition. Für das Unternehmen I wie für das Unternehmen II lautet unter diesen Umständen die Reaktionshypothese

$$dx_{II}/dx_I = -1/2 \quad \text{bzw.} \quad dx_I/dx_{II} = -1/2.$$

Verwendet man sie bei der mathematischen Lösung des anstehenden Modells, so resultieren daraus die Bedingungen 1. Ordnung in Form von

(5b) $a - 1{,}5 \cdot b \cdot x_I - b \cdot x_{II} = 0$ und

(6b) $a - 1{,}5 \cdot b \cdot x_{II} - b \cdot x_I = 0.$

Die Lösung dieses Gleichungssystems informiert wieder über die Kompatibilität der Mengenentscheidungen. Sie ist garantiert bei

(7b) $x_I^* = (2 \cdot a)/(5 \cdot b)$ und $x_{II}^* = (2 \cdot a)/(5 \cdot b).$

Zum Angebot gelangen damit $x_G^* = x_I^* + x_{II}^* = (4 \cdot a)/(5 \cdot b)$, also 4/5 der Sättigungsmenge. In die Preis-Absatz-Funktion eingesetzt, ergibt das einen Marktpreis p* in Höhe von

(8b) $p^* = a - b \cdot [(4 \cdot a)/(5 \cdot b)]$

$= a - (4 \cdot a)/5$

$= a/5.$

In graphischer Hinsicht informiert Figur 5/20 über das entsprechende Ergebnis.

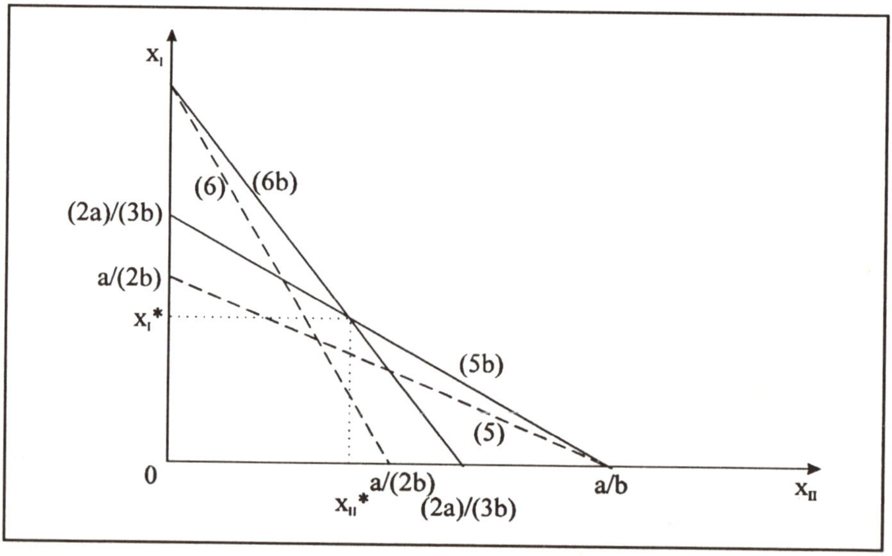

Abb. 5/20

Die maßgeblichen Reaktionskurven folgen jetzt aus den Gleichungen (5b) und (6b). Ihr gemeinsamer Schnittpunkt legt die Angebotsmengen x_I* und x_{II}* fest. Zur Orientierung sind auch diesmal wieder die Cournotschen Reaktionslinien (5) und (6) eingezeichnet.

5.3.4 Ein vorläufiges Resümee: Das Gefangenen-Dilemma als mögliches Ergebnis oligopolistischen Wettbewerbs

Ein Vergleich der Gewinne, die von den einzelnen Oligopolisten realisierbar sind, zeigt, daß beträchtliche Unterschiede festgestellt werden können. Sie sind das Ergebnis der verschiedenen Kombinationen, die aus den vorgestellten Verhaltensalternativen der Akteure folgen. Bezeichnet man den Gewinn eines Anbieters mit G_{ij}, wobei i für sein Verhalten und j für das seines Mitwettbewerbers stehen und i bzw. j entweder A (= Abhängigkeitsposition) oder U (= Unabhängigkeitsposition) bedeuten mögen, so gilt die Rangordnung:

$$G_{U,A} = (a/4)[a/(2 \cdot b)] = a^2/(8 \cdot b) \quad >$$

$$G_{A,A} = (a/3)[a/(3 \cdot b)] = a^2/(9 \cdot b) \quad >$$

$$G_{U,U} = (a/5)[(2 \cdot a)/(5 \cdot b)] = a^2/(12{,}5 \cdot b) \quad >$$

$$G_{A,U} = (a/4)[a/(4 \cdot b)] = a^2/(16 \cdot b)$$

Besonders lukrativ ist es offenbar für einen Oligopolisten, die Unabhängigkeitsposition einzunehmen, wenn gleichzeitig sichergestellt ist, daß sein Konkurrent ein autonomes Verhalten an den Tag legt. Sofern beide Anbieter sich autonom verhalten, erzielen beide einen höheren Gewinn als im Fall eines symmetrischen heteronomen Verhaltens. Am wenigsten zu empfehlen ist einem Anbieter das Besetzen der Abhängigkeitsposition, wenn der Mitwettbewerber die Unabhängigkeitsposition einnimmt.

Interpretiert man die vorgestellten Reaktionshypothesen nicht als (wenig überzeugenden) Versuch, oligopolistische Interdependenz deskriptiv zu modellieren, sondern aus der Sicht der Akteure als mögliche, alternativ anwendbare unternehmerische Strategien, so ist damit eine Entscheidungssituation gegeben, die aus der Spieltheorie als Gefangenen-Dilemma bekannt ist. Der Zusammenhang wird deutlich, wenn wir etwa einen prohibitiven Preis a in Höhe von a = 12 und eine Sättigungsmenge (a/b) in Höhe von (a/b) = 25 unterstellen. Die erreichbaren Marktergebnisse lassen sich dann wie folgt kennzeichnen.

⇓I / II ⇒	A	U
A	(33,3/33,3)	(18,75/37,5)
U	(37,5/18,75)	(24/24)

Abb. 5/21

Die Kopfspalte (-zeile) zeigt die Handlungsalternativen A bzw. U des Oligopolisten I (II). In dem Tableau sind die individuellen Handlungsfolgen sichtbar, die aus den verschiedenen Strategiekombinationen resultieren. Sofern z.B. Anbieter I die Unabhängigkeitsstrategie wählt und Wettbewerber II sich für die Abhängigkeitsposition entscheidet, erzielt I einen Gewinn in Höhe von 37,5 und II einen solchen in Höhe von 18,75. Die übrigen Ergebnisse sind analog zu interpretieren. Welches Marktergebnis ist vermutlich zu erwarten?

Aus der Sicht des (Spielers) I stellt sich die Situation so dar, daß es für ihn in jedem Fall vergleichsweise günstig ist, die Unabhängigkeitsstrategie zu spielen. Sein Gewinn beträgt 37,5, sofern (Spieler) II die Altenative A wählt, und beziffert sich auf 24, wenn II sich für U entscheidet. Würde die Wahl des I auf A fallen, wären die vergleichbaren Ergebnisse (33,3 bzw. 18,75) für ihn stets schlechter. Der individuelle Vorteil als Handlungsmaxime wird also dazu führen, daß I für U votiert.

Aus der Sicht des II stellt sich das Problem keineswegs anders dar. Auch er wird folglich U wählen. Im Ergebnis ist deshalb damit zu rechnen, daß beide Oligopolisten ein Marktresultat bewirken, das für die Anbieter insgesamt schlechter ausfällt als es sein könnte. Schon die Bereitschaft von einem der beiden Wettbewerber nämlich, sich in die Abhängigkeitsposition zu begeben, ließe den Gruppengewinn steigen ($24 + 24 < 37{,}5 + 18{,}75$). Der unmittelbare Markterfolg des A spielenden Akteurs wäre zwar zunächst geringer. Dieser „Verlust“ könnte aber mehr als ausgeglichen werden durch Kompensationszahlungen des unabhängig agierenden Anbieters. Eine Finanzierung derartiger Zahlungen wäre ohne Schwierigkeiten aus dessen „Zuwachs“ möglich.

Diese Einsicht eines außenstehenden Beobachters trifft selbstverständlich erst recht zu für die Strategiekombination (A;A). Insofern läge es nahe zu vermuten, daß beide Wettbewerber sich darauf verständigen, die Abhängigkeitsposition zu wählen. Ein solcher Schluß ist jedoch voreilig; denn die Gesamtsituation wäre aufgrund der weiterhin vorhandenen individuellen Vorteilhaftigkeitserwägungen äußerst labil. Für jeden Akteur bestünde der Anreiz, U zu spielen, in der Hoffnung, daß sein Mitwettbewerber A beibehält. Dies ließe zwar den Gruppengewinn sinken, den Individualgewinn des unabhängig handelnden Spielers aber steigen. Alles in allem ist also damit zu rechnen, daß sich die agierenden Wirtschaftssubjekte im Hinblick auf ihre Markterfolge quasi als Gefangene ihrer egoistischen Motive präsentieren.

Eine derartige Problemkonstellation ist im Alltags(Wirtschafts-)leben durchaus nicht unüblich. Der Verkehrsinfarkt zur rush-hour in den Großstädten etwa kann in diesem Sinne gedeutet werden. Alle Beteiligten kämen vermutlich schneller ans Ziel, wenn in verstärktem Maße der öffentliche Personennahverkehr benutzt würde. Aus der Perspektive des einzelnen Verkehrsteilnehmers aber bedeutet der Entschluß, sein Kfz nicht zu benutzen, zunächst einmal die Wahl eines potentiell langsameren Verkehrsmittels. Überdies verbessert sein Verzicht grundsätzlich die Situation derjenigen, die nach wie vor den Individualverkehr als Alternative wählen. Wäre der überwiegende Teil der Berufspendler bereit, auf den Bus bzw. die Bahn umzusteigen, flösse der Verkehr optimal, am schnellsten allerdings auch für den unbelehrbaren individuellen Automobilisten.

Ebenso verhält es sich mit der Idee des Freihandels und der Praxis des Protektionismus. Unbestritten gilt z. B. der freie Austausch von Waren und Leistungen als ein probates Mittel zur weltweiten Wohlstandsmehrung – lukrativ ist jedoch ebenfalls die Position eines Außenseiters. Sofern sich (nahezu) alle Länder auf einen ungehinderten Handel verständigen, ist der Vorteil einer isoliert betriebenen Zollpolitik für ein einzelnes Land augenfällig. Sobald aber (fast) alle beteiligten Länder in einer solchen Weise handeln, findet sich die Welt insgesamt in einer Situation wieder, die jeglicher ökonomischen Vernunft Hohn spricht. Als Ausweg kommt nur ein kooperatives Vorgehen in Frage.

Kooperationen, also verabredete, aufeinander abgestimmte Aktivitäten, bieten sich in Oligopolsituationen schon deshalb an, weil der Kreis der Beteiligten überschaubar bleibt. Das gemeinsame Interesse ist relativ einfach zu organisieren und die getroffenen Vereinbarungen vergleichsweise problemlos auf Einhaltung zu kontrollieren. Insoweit wundert es nicht, wenn im Zusammenhang oligopolistisch strukturierter Märkte häufig ein gemeinsames Handeln der Anbieter vermutet wird. Die Absicht dürfte dann nicht nur eine Vermeidung des Gefangenen-Dilemmas sein, sondern darüber hinausgehend der Versuch, den Gruppengewinn insgesamt zu maximieren.

5.3.5 Die gemeinsame Aktion („joint profit maximization")

Die Vorstellung, daß Unternehmen im Markt kooperieren, um sich des lästigen Wettbewerbs zu entledigen, ist so alt wie die Nationalökonomik selbst. Adam Smith etwa hatte keine gute Meinung von den Fabrikanten und Kaufleuten. Er sah in ihnen Konspirateure gegen das allgemeine Wohl. Preistheoretisch bedeutet dies, daß er von den Anbietern als Gruppe ein Verhalten erwartete, mit dem diese letztlich die Cournotsche Monopollösung anstreben. Im Rahmen unserer bisher üblichen graphischen Disposition findet sie ihren Platz als Verbindungslinie der beiden – aus der Sicht von Einzelanbietern – gewinnmaximierenden Produktions-

und Verkaufsmengen x_I = a/(2 · b) und x_{II} = a/(2 · b). Sie läßt die Frage unbeantwortet, zu welcher Produktions- und Gewinnaufteilung es unter den Anbietern kommt.

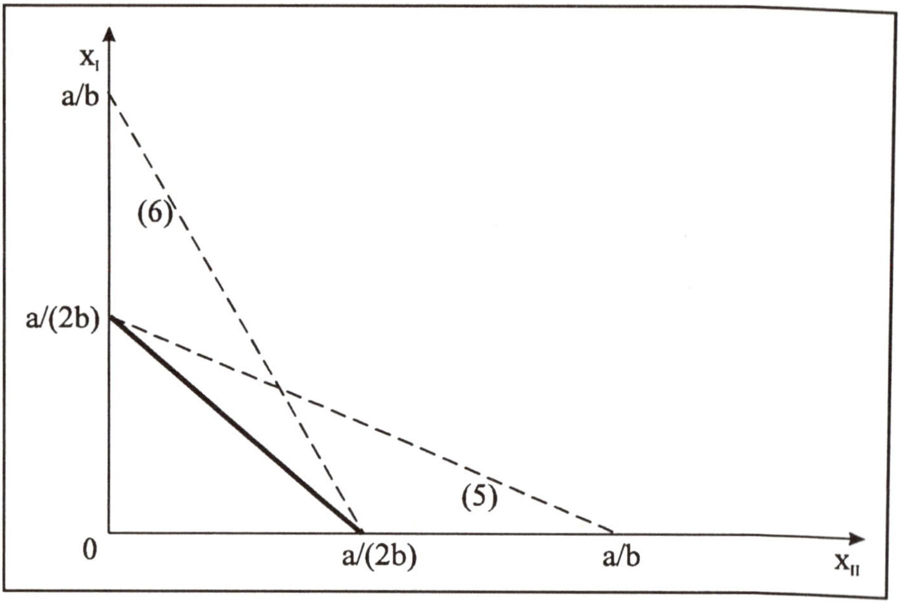

Abb. 5/22

Unter formalen Aspekten ist kooperatives Handeln in dreifacher Weise möglich. Soweit es auf der Grundlage eines förmlichen Vertrages erfolgt, liegt ein Kartell vor. Kartelle sind nach bundesrepublikanischem Recht verboten bzw. nichtig – es sei denn, einer der (zahlreichen) Ausnahmetatbestände ist gegeben.

Zu einem aufeinander abgestimmten Verhalten können auch formlose Vereinbarungen führen. Das rechtliche Verbot trifft derartige Kooperationen ebenfalls.

Anders ist es bei einem bewußten Parallelverhalten, hinter dem eine stillschweigende Übereinkunft vermutet werden kann. Sie äußert sich in dem Verzicht der Unternehmen auf eine betont wettbewerbliche Preispolitik. Die preispolitischen Aktivitäten erfolgen vielmehr „im Gleichschritt". Es handelt sich um die sog. Preisführerschaft.

Ein preispolitisches Verhalten im Sinne der Preisführerschaft ist in Oligopolsituationen besonders plausibel, denn gewöhnlich sind alle Akteure von Änderungen der Nachfragebedingungen oder von Kostenvariationen gleichermaßen betroffen. Parallelverhalten reduziert dann das Unsicherheitsmoment, von dem wir bisher immer abstrahiert hatten. Sofern die Anbieter überdies unterschiedliche Marktanteile besitzen, liegt eine Anlehnung an den einflußreichsten Wettbewerber nahe. Er gibt als Preisführer quasi das entscheidende Signal, an dem sich die Preisfolger orientieren und auf diese Weise ihre Bereitschaft bekunden, auf eine wettbewerblich orientierte Preisgestaltung zu verzichten (dominierende Preisführerschaft).

Bei dem Preisführer muß es sich aber nicht in jedem Fall um den Branchenersten handeln. Oligopolisten haben nämlich im allgemeinen eine gemeinsame Vergangenheit, in der die Überzeugung reifen konnte, daß sich Wettbewerb auf Dauer nicht auszahlt. Dies mag dann in ein Verhalten münden, das jenem Anbieter folgt, der zuerst auf eine neue Marktsituation in angemessener Weise reagiert (barometrische Preisführerschaft).

Abschließend bleibt festzustellen, daß kooperatives Handeln von Anbietern in der Regel zu Lasten der Marktgegenseite geht. Notiert man alle bisher aufgezeigten Oligopollösungen auf einer Nachfragekurve, so zeigt sich, daß aus der Sicht der Abnehmer jene Lösung die größten Vorteile besitzt, in der die Anbieter sich nicht kooperativ verhalten und überdies der oligopolistischen Logik im Grundsatz genügen.

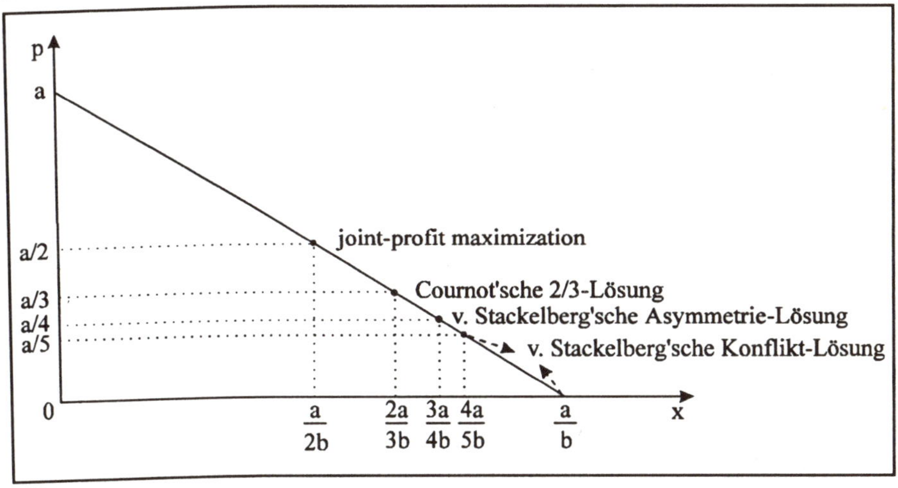

Abb. 5/23

Ein Rechenbeispiel

Das Nachfrageverhalten in einem homogenen Dyopol-Markt sei durch die Preis-Absatz-Funktion

(1*) $p = 50 - 0{,}1 \cdot (x_I + x_{II})$

beschrieben. Die Kostenfunktionen der Anbieter I und II mögen notiert sein als

(2*) $K_I = 400 + 5 \cdot x_I$ bzw. $K_{II} = 800 + 2 \cdot x_{II}$.

Aus (1*) und (2*) folgen die Gewinnfunktionen

(3*) $G_I = [50 - 0{,}1 \cdot (x_I + x_{II})] \cdot x_I - (400 + 5 \cdot x_I)$ bzw.

$G_{II} = [50 - 0{,}1 \cdot (x_I + x_{II})] \cdot x_{II} - (800 + 2 \cdot x_{II})$.

Die Bedingungen 1. Ordnung für ein Gewinnmaximum lauten

(4*) $dG_I/dx_I = 0 = 50 - 0{,}2 \cdot x_I - 0{,}1 \cdot x_{II} - 0{,}1 \cdot x_I \cdot (dx_{II}/dx_I) - 5$

$dG_{II}/dx_{II} = 0 = 50 - 0{,}1 \cdot x_I - 0{,}2 \cdot x_{II} - 0{,}1 \cdot x_{II} \cdot (dx_I/dx_{II}) - 2$

In Anwendung der Cournotschen Reaktionshypothesen [$(dx_{II}/dx_I) = 0$ bzw. $(dx_I/dx_{II}) = 0$] gehen die Gleichungen (4*) über in

(5*) $45 - 0{,}2 \cdot x_I - 0{,}1 \cdot x_{II} = 0$ und

(6*) $48 - 0{,}1 \cdot x_I - 0{,}2 \cdot x_{II} = 0$.

Die Lösung dieses Gleichungssystems lautet

(7*) $x_I^* = 140$ und $x_{II}^* = 170$.

Setzt man die Summe der Lösungsmengen ($x_I^* + x_{II}^* = x_G^* = 310$) in die Preis-Absatz-Funktion (1*) ein, errechnet sich der Marktpreis zu

(8*) $p^* = 50 - 0{,}1 \cdot 310 = 19$.

Die v. Stackelbergsche Asymmetrie-Lösung mit dem Oligopolisten I als heteronom handelnden Akteur erfordert zunächst eine Differentiation der Gleichung (6*), mit der die autonome Reaktion des II beschrieben ist, nach x_I. Man erhält auf diese Weise die Reaktionshypothese $dx_{II}/dx_I = -1/2$, die in (4*) entsprechend zu berücksichtigen ist. Dies führt zu der neuen Bedingung 1. Ordnung für den Anbieter I in Form von

(5a*) $45 - 0{,}15 \cdot x_I - 0{,}1 \cdot x_{II} = 0$.

Im Hinblick auf den Oligopolisten II gilt weiterhin

(6*) $48 - 0{,}1 \cdot x_I - 0{,}2 \cdot x_{II} = 0$.

Die Mengenlösung lautet nun

(7a*) $x_I^* = 210$ bzw. $x_{II}^* = 135$

und führt zu einem Marktpreis in Höhe von

(8a*) $p^* = 50 - 0{,}1 \cdot 345 = 15{,}5$.

Wenn nicht I sondern II die v. Stackelbergsche Unabhängigkeitsposition einnimmt, also mit einem Reaktionskoeffizienten $(dx_I/dx_{II}) = -1/2$ aus (5*) operiert, lauten die maßgeblichen Bedingungen 1. Ordnung

(5*) $45 - 0{,}2 \cdot x_I - 0{,}1 \cdot x_{II} = 0$ und

(6a*) $48 - 0{,}1 \cdot x_I - 0{,}15 \cdot x_{II} = 0.$

Die Lösungsmengen errechnen sich als

(7aa*) $x_I^* = 97{,}5$ bzw. $x_{II}^* = 255$

und bedingen einen Marktpreis in Höhe von

(8aa*) $p = 50 - 0{,}1 \cdot 352{,}5 = 14{,}75$

Sofern sich beide Oligopolisten heteronom verhalten und den jeweiligen Konkurrenten in der Abhängigkeitsposition vermuten, sind die Gleichungen (5a*) und (6a*) relevant. Notieren wir sie neu als

(5b*) $45 - 0{,}15 \cdot x_I - 0{,}1 \cdot x_{II} = 0$ und

(6b*) $48 - 0{,}1 \cdot x_I - 0{,}15 \cdot x_{II} = 0,$

so lauten die Lösungsmengen

(7b*) $x_I^* = 156$ bzw. $x_{II}^* = 216$

und der Marktpreis realisiert den Wert

(8b*) $p = 50 - 0{,}1 \cdot 372 = 12{,}8.$

6. Preisbildung auf unvollkommenen Märkten

Eine (wichtige?) Voraussetzung unserer bisherigen preistheoretischen Überlegungen geben wir jetzt auf: die Annahme, der Markt sei homogen und transparent. Damit ist auch die Konsequenz hinfällig, daß sich in einem Markt nur ein einheitlicher Preis bilden kann. Sobald nämlich auf Seiten der Nachfrager Präferenzen existieren und/oder Unübersichtlichkeit vorherrscht, werden unterschiedliche Marktpreise für ein und dasselbe Produkt bzw. für ähnliche Erzeugnisse einer bestimmten Produktgruppe die Regel sein. Preisdifferenzen gelten dann z. B. als ein Äquivalent für tatsächliche oder vermeintliche Qualitätsunterschiede. Aber auch persönliche Beziehungen zwischen Marktteilnehmern etwa mögen dafür verantwortlich sein, daß Jevons' „law" nicht gilt.

Derartige Präferenzen sind realiter keineswegs naturgegeben und unveränderlich. Sie werden vielmehr geweckt und geformt durch den Einsatz dessen, was man das absatzpolitische Instrumentarium eines Unternehmens neben der Preispolitik nennt, d. h. durch werbliche Aktivitäten, die Gestaltung des Produktes u. ä. mehr. Solche Maßnahmen sind grundsätzlich geeignet, die Absatzsituation eines Anbieters günstig zu beeinflussen, verursachen andererseits allerdings auch Kosten. Dieses Beziehungsgeflecht zu analysieren, ist Aufgabe der Betriebswirtschaftslehre. Wir wollen das Thema nicht vertiefen und gehen von vorgefundenen Präferenzen aus. Unsere zentrale Frage lautet: Wie sind die bisher gewonnenen Einsichten über das Preisbildungsgeschehen, die nach wie vor Gültigkeit beanspruchen, zu modifizieren, wenn „realitätsnäher" argumentiert und die Inhomogenität von Märkten berücksichtigt wird?

6.1 Monopolistische Konkurrenz

Da wir nur eine Voraussetzung unserer bisherigen Überlegungen aufgeben, bleiben die übrigen erhalten. Dies bedeutet, daß bei einer polypolistischen Marktstruktur der Einfluß eines einzelnen Akteurs auf das gesamte Marktgeschehen weiterhin vernachlässigbar gering sein wird. Sofern er etwa seine absatzpolitischen Aktivitäten intensiviert, sind die Konsequenzen für ihn zwar unmittelbar bedeutsam, schlagen bei den übrigen Anbietern aber nicht sonderlich zu Buche.

Die Marktergebnisse insgesamt sind wie bisher das Resultat der wettbewerblichen Entscheidungen aller Wirtschaftssubjekte. Die neue Ausgangslage, die Inhomogenität des Marktes, läßt sich dabei an der Nachfrage- und Angebotsfunktion festmachen. Sie verlieren als Funktionen ihre „Eindeutigkeit". Die folgende Figur möge diesen Sachverhalt illustrieren.

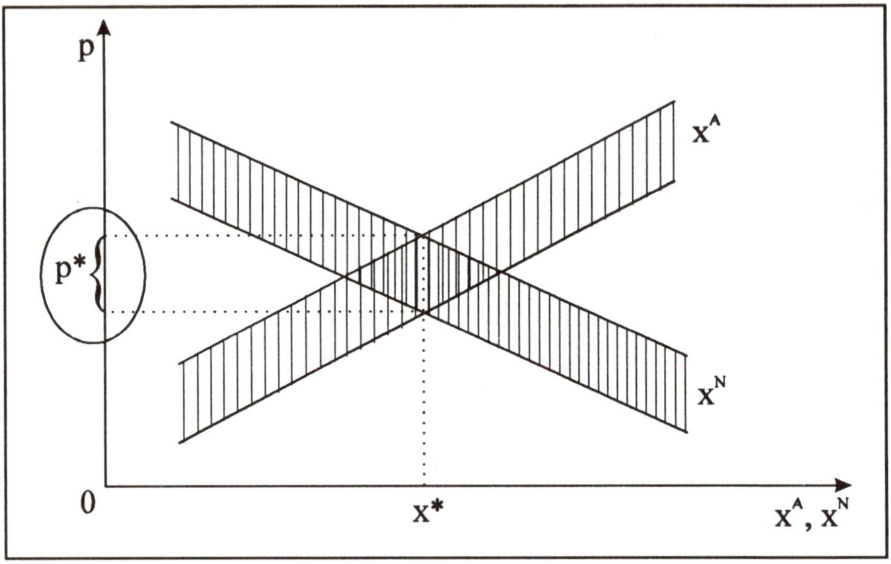

Abb. 6/1

Jede bestimmte Menge wird jetzt zu verschiedenen, wenn auch nicht willkürlichen Preisen von den Nachfragern abgenommen. Die Streuung der Preise bei alternativen Mengen, die uneinheitliche Zahlungsbereitschaft der Abnehmer also, ist Ausdruck der bestehenden unterschiedlichen Präferenzen gegenüber den Produkten und Produzenten.

Das Marktgleichgewicht definiert nun lediglich ein Niveau des Produktpreises. Im Rahmen dieses Niveaus besteht für den einzelnen Anbieter die Möglichkeit zur autonomen Preispolitik. Der Wettbewerb zwingt ihn mithin nicht mehr völlig in die Rolle eines Mengenanpassers.

Wenn dem einzelnen Unternehmen isolierte Preisvariationen möglich sind, ist seine Situation insoweit mit der eines Monopolisten vergleichbar. Da die möglichen Preisvariationen aber auf das Niveau des Marktpreises begrenzt sind, bleibt auch die Konkurrenz grundsätzlich wirksam. Es wundert daher nicht, wenn für solche Marktkonstellationen Bezeichnungen wie „monopolistische Konkurrenz“ oder „unvollständiger Wettbewerb“ gebräuchlich sind. Sie wurden von E. H. Chamberlin und J. Robinson, die sich in den 30er Jahren dieses Jahrhunderts erstmals dieser Marktform annahmen, in die wirtschaftswissenschaftliche Diskussion eingeführt. Ihre modelltheoretische Behandlung des Themas kann auch heute noch als beispielhaft gelten. Die Lösung von Chamberlin zeichnen wir im folgenden nach. Zuvor wollen wir jedoch den ebenso bemerkenswerten Zugriff von E. Gutenberg zu diesem Problem charakterisieren.

6.1.1 Gutenbergs doppelt geknickte Preis-Absatz-Funktion

Für Gutenberg ist der autonome Preissetzungspielraum eines typischen Polypolisten i in einem unvollkommenen Markt durch einen oberen und unteren Grenzpreis gekennzeichnet.

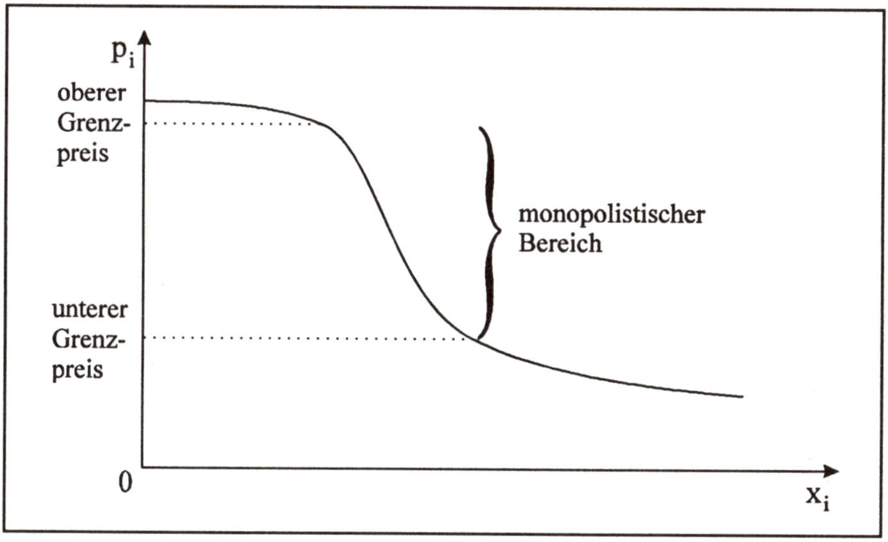

Abb. 6/2

Innerhalb dieses Intervalls besteht die Möglichkeit zu einer isolierten Preisvariation, ohne daß bei Preiserhöhungen ein Anbieter gleich sämtliche Kunden verliert oder ihm bei Preissenkungen die gesamte Marktnachfrage zuwächst. Sein preispolitischer Aktionsradius ist quasi dem eines Monopolisten vergleichbar, wenn auch nur en miniature. Infolge von Preissenkungen wird vornehmlich latente Nachfrage aktualisiert, und der Nachfrageverlust als Konsequenz von Preisanhebungen erklärt sich primär aus dem Sachverhalt, daß einige Kunden nun ganz auf den Kauf des Produktes verzichten.

Der monopolistische Bereich ist Ausdruck des akquisitorischen Potentials eines Unternehmens. Dieses steht für die Präferenzen der Kunden gegenüber dem Anbieter. Es ist formbar durch unternehmerisches Handeln (Präferenzpolitik) und legt Lage und Ausmaß des monopolistischen Bereichs fest. Die Preis-Absatz-Funktion eines jeden Anbieters ist insoweit stets individuell.

Aus der Sicht der Abnehmer stellt sich die Angelegenheit wie folgt dar. Das spezifische Produkt eines typischen Anbieters i gehört nach Art und Qualität in eine bestimmte Preisklasse oder Preislage. Damit ist eine Vorstellung gekennzeichnet, die für jedes Produkt ein Preisäquivalent definiert. Diese rechtfertigt einen gewissen Mindestpreis und hält einen Preis oberhalb einer kritischen

Größenordnung für inakzeptabel. Sobald also der Mindestpreis unter- bzw. der Höchstpreis überschritten ist, gilt das Produkt als besonders billig bzw. teuer. Plausiblerweise ist dann damit zu rechnen, daß Nachfrage in nennenswertem Umfang von der Konkurrenz ab- bzw. zu ihr hinwandert. Oberhalb des Höchstpreises und unterhalb des Mindestpreises verläuft die Preis-Absatz-Funktion deshalb wesentlich flacher.

Zur weiteren Kennzeichnung der Entscheidungssituation eines repräsentativen Anbieters stilisieren wir die Preis-Absatz-Funktion. Sie bestehe aus drei linearen Teilstücken, von denen sowohl das erste (oberhalb des oberen Grenzpreises) wie auch das letzte (unterhalb des unteren Grenzpreises) parallel zur Abszisse verlaufen mögen. Dies gestattet uns, auf einfache Weise die zugehörigen Grenzerlöskurven zu konstruieren.

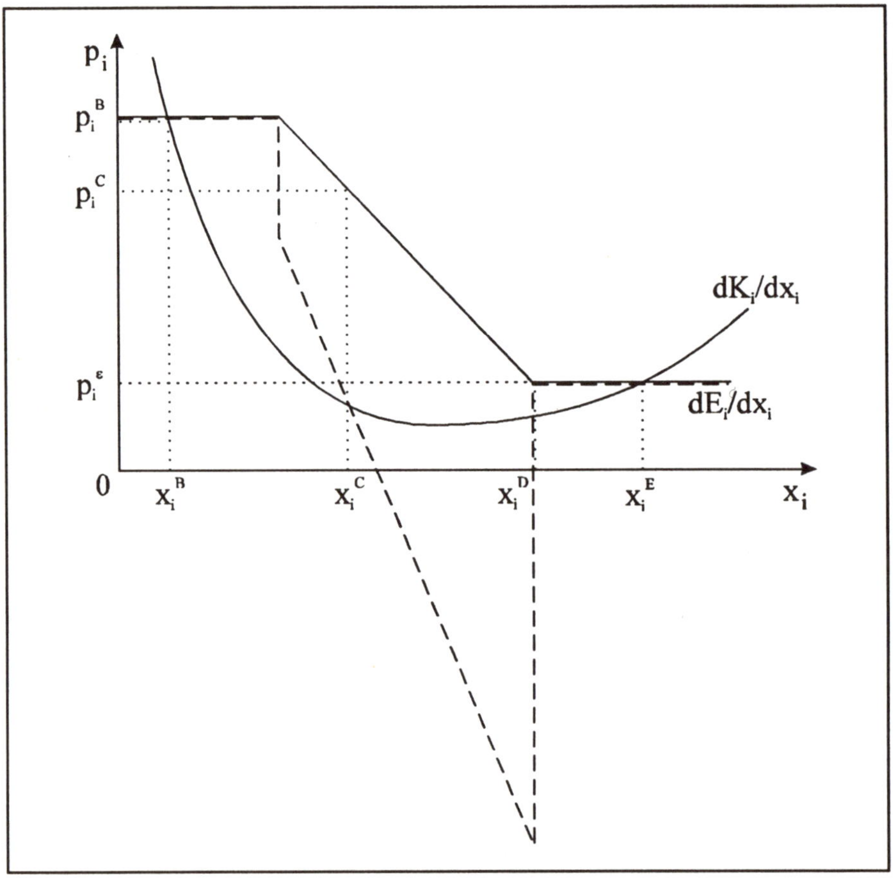

Abb. 6/3

Aus der Analyse des Entscheidungsfeldes eines polypolistischen Anbieters im vollkommenen Markt wissen wir, daß dort die „unternehmensindividuelle" Preis-Absatz-Funktion im Marktgleichgewicht als eine Parallele zur Abszisse in Höhe des gleichgewichtigen Marktpreises zu begreifen war. Eine solche Preis-Absatz-Kurve informierte zugleich über den Verlauf der Grenzerlöse, denn aus $E_i = \overline{p} \cdot x_i$ folgte $dE_i/dx_i = \overline{p}$. Für den hier interessierenden Fall bedeutet dies, daß mit den beiden preiselastischen Teilstücken der Preis-Absatz-Funktion gleichzeitig auch die Funktionen der Grenzerlöse gekennzeichnet sind.

Bezüglich des monopolistischen Bereichs ist daran zu erinnern, daß zu einer linearen Nachfragekurve eine Grenzerlöskurve gehört, die ebenfalls linear ist. Sie beginnt im prohibitiven Preis und schneidet die Abszisse bei der Hälfte der Sättigungsmenge. Verlängert man den monopolistischen Teil der Preis-Absatz-Kurve in Figur 6/3 gedanklich bis zu den Koordinatenachsen, dann liegen damit die maßgeblichen Bezugspunkte fest, und die zugehörige Gerade der Grenzerlöse ist einfach zu konstruieren. Insgesamt besteht die Grenzerlöskurve also ebenfalls aus drei linearen Teilstücken, die an den Grenzen der Intervalle, in denen sie definiert sind, „springen".

Für die Antwort auf die Frage, welches Produktions- und Absatzniveau der Gutenbergsche Polypolist wählen wird, sind wir aufgrund früherer Überlegungen soweit vorbereitet, daß wir uns an dieser Stelle mit der graphischen Lösung begnügen können. Als gewinnmaximierender Akteur wird er versuchen, v. Stackelbergs „Gesetz des erwerbswirtschaftlichen Angebots" zu realisieren, also die Entsprechung von Grenzerlösen und Grenzkosten aufzuspüren. In der Figur 6/3 wird er dabei an den Stellen x_i^B, x_i^C, x_i^D und x_i^E fündig, die nach Preisforderungen in Höhe von p_i^B, p_i^C bzw. p_i^E verlangen.

Die Mengen x_i^B und x_i^D erweisen sich als irrelevant, da hier die Bedingung 2. Ordnung für ein Gewinnmaximum nicht erfüllt ist. Diese verlangt bekanntlich, daß die Steigung der Grenzkostenkurve größer zu sein hat als jene der Grenzerlöskurve. Es verbleiben deshalb die Alternativen x_i^C und x_i^E, aus denen im Wege des Vergleichs das absolute Gewinnmaximum ausgewählt werden muß.

Die Notwendigkeit der Wahl zwischen zwei relativen Maxima ist ein Novum, das im Kontext der Gutenbergschen doppelt geknickten Preis-Absatz-Funktion nicht zwingend auftritt. Sofern etwa eine Grenzkostenkurve vorliegt, die in der Figur 6/3 nach „oben" verschoben ist, so daß ein Schnittpunkt mit der Preis-Absatz-Kurve unterhalb des Mindestpreises nicht existiert, resultiert lediglich ein Maximum.

Die Lösung Gutenbergs für das Problem der Preisbildung bei monopolistischer Konkurrenz besticht ob ihrer Plausibilität. Ein Nachteil ist jedoch, daß die Diskussion ausnahmslos aus der Perspektive eines einzelnen Anbieters im Marktgleichgewicht erfolgt und die Konkurrenzbeziehung zwischen allen Anbietern im Markt allenfalls „nachrichtlich" Berücksichtigung findet. Die modelltheoretische Herleitung des autonomen Preisspielraums eines repräsentativen Unternehmens im Kontext des Gesamtmarktgeschehens ist demgegenüber ein besonderes Qualitätsmerkmal der Lösung Chamberlins.

Ein Rechenbeispiel:

Ein Polypolist i, der in einem unvollkommenen Markt operiert, produziere mit der Kostenfunktion

(1*) $K_i = 5500 + 0{,}0003 \cdot x_i^2$ und

sehe sich einer Preis-Absatz-Funktion gegenüber, die sich kennzeichnen lasse als

$$(2^*) \quad p_i = \begin{cases} 7{,}20 - 0{,}00045 \cdot x_i & \text{für } 0 \leq x_i \leq 2000 \\ 9{,}10 - 0{,}0011 \cdot x_i & \text{für } 2000 < x_i \leq 6000 \\ 3{,}20 - 0{,}00032 \cdot x_i & \text{für } 6000 < x_i \leq 10000 \end{cases}$$

Die daraus folgende Gewinnfunktion lautet

$$(3^*) \quad G_i = (7{,}20 - 0{,}00045 \cdot x_i) \cdot x_i - (5500 + 0{,}0003 \cdot x_i^2)$$

für $0 \leq x_i \leq 2000$,

$$G_i = (9{,}10 - 0{,}0011 \cdot x_i) \cdot x_i - (5500 + 0{,}0003 \cdot x_i^2)$$

für $2000 < x_i \leq 6000$,

$$G_i = (3{,}20 - 0{,}00032 \cdot x_i) \cdot x_i - (5500 + 0{,}0003 \cdot x_i^2)$$

für $6000 < x_i \leq 10000$.

Für die Bedingung 1. Ordnung ist erforderlich, daß

$$(4^*) \quad dG_i/dx_i = 7{,}20 - 0{,}0009 \cdot x_i - 0{,}0006 \cdot x_i = 0$$

für $0 \leq x_i \leq 2000$,

$$dG_i/dx_i = 9{,}10 - 0{,}0022 \cdot x_i - 0{,}0006 \cdot x_i = 0$$

für $2000 < x_i \leq 6000$ bzw.

$$dG_i/dx_i = 3{,}20 - 0{,}00064 \cdot x_i - 0{,}0006 \cdot x_i = 0$$

für $6000 < x_i \leq 10000$

gilt. Die Lösungen der ersten und dritten Gleichung liegen außerhalb der entsprechenden Definitonsbereiche. Das Gewinnmaximum lokalisiert deshalb im monopolistischen Bereich, der mit der zweiten Gleichung eingefangen ist. Die unternehmensindividuelle gewinnmaximierende Ausbringungsmenge und die zugehörige Preisforderung beziffern sich auf

(5*) $x_i^* = 3250$ und $p_i^* = 5{,}525$.

6.1.2 Die Lösung Chamberlins

Ein unvollkommener Markt, der wettbewerblich organisiert ist und auf beiden Marktseiten viele Akteure kennt, gestattet einem typischen Anbieter i nicht jede erdenkliche Preisforderung. Er wird vielmehr immer die Relation zu den Konkurrenzpreisen beachten müssen. Argumentiert man anhand einer unternehmensindividuellen Preis-Absatz-Funktion, liegt es nahe, diesen Sachverhalt durch das Notieren der Konkurrenzpreise explizit zu berücksichtigen. Legt man lineare Beziehungen zugrunde, führt dies etwa zu

$$(1) \quad p_i = a_i - b_i \cdot x_i + \sum_{i \neq j}^{n} c_{ij} \cdot p_j \quad \text{mit } a_i, b_i, c_{ij} > 0.$$

Man erkennt unmittelbar, daß die Absatzmöglichkeiten x_i – wie gewöhnlich – negativ auf die eigenen Preisforderungen p_i reagieren. Hohe Konkurrenzpreise p_j begünstigen allerdings die individuellen Absatzchancen. Dabei ist zu beachten, daß der Einfluß nicht von dem einzelnen Mitwettbewerber j herrührt (die einzelnen Koeffizienten c_{ij} gehen gegen Null), sondern die Gesamtheit aller Konkurrenzpreise ist merklich.

Führt man mit Chamberlin nun die Symmetrieannahme ein, unterstellt man also gleiche Absatzsituationen für alle Anbieter im Markt, so erübrigen sich die Indices an den Koeffizienten. (1) wird dann zu

$$(2) \quad p_i = a - b \cdot x_i + c \cdot \sum_{j \neq i}^{n} p_j.$$

Ausgehend von dieser für alle Anbieter individuell gültigen Preis-Absatz-Funktion unterscheidet Chamberlin die beiden Fälle, daß alle Wettbewerber stets identische Preise verlangen bzw. ein Anbieter i isoliert eine Preisvariation unternimmt. In diesem zweiten Fall (re)agiert die Konkurrenz nicht.

Bei identischen Preisforderungen wird aus (2)

$$(3) \quad p_i = a - b \cdot x_i + c \cdot (n-1) \cdot p_i \quad \text{bzw.}$$

$$p_i \cdot [1 - c \cdot (n-1)] = a - b \cdot x_i \quad \text{oder}$$

$$p_i = a/[1 - c \cdot (n-1)] - [b/(1 - c \cdot (n-1))] \cdot x_i.$$

Sofern ein repräsentativer Anbieter isoliert Preispolitik betreibt und die Konkurrenz „stillhält", läßt sich (2) formulieren als

$$(4) \quad p_i = a - b \cdot x_i + k \quad \text{mit } k = c \cdot \sum_{j \neq i}^{n} p_j = \text{const., bzw.}$$

$$p_i = (a + k) - b \cdot x_i.$$

Diese beiden Preis-Absatz-Funktionen stehen nicht beziehungslos nebeneinander. Ihr gemeinsamer Schnittpunkt liegt bei den identischen Preisforderungen aller Anbieter.

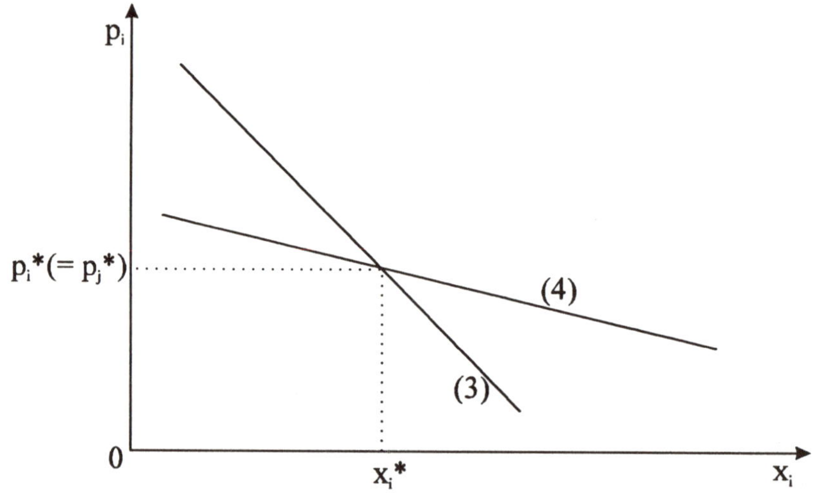

Abb. 6/4

Die Preis-Absatz-Funktion (4), mit der die Nachfragereaktion auf Preisvariationen des i – bei Konstanz der Konkurrenzpreise – beschrieben wird, verläuft weniger steil als die Gerade (3), die über die individuelle Absatzentwicklung informiert, wenn alle Anbieter identische Preise verlangen. Dies ist zwingend, denn es gilt: $-b > -b/[1 - c \cdot (n - 1)]$. Inhaltlich kommt darin nichts anderes zum Ausdruck, als daß der Nachfragezuwachs größer ausfällt, wenn ein Produkt in Relation zu den Konkurrenzerzeugnissen billiger wird. Ebenso wird der Absatzverlust deutlicher spürbar sein, wenn eine Preisanhebung isoliert erfolgt. Die Erklärung mag jeweils in Nachfragewanderungen zu suchen sein, zu denen es bei identischen Veränderungen der Preise nicht kommt.

Für die Entscheidung eines repräsentativen Anbieters i, welche Menge er zum Zwecke der Gewinnmaximierung auszubringen bzw. welchen Preis er zu fordern hat, ist selbstverständlich nur die Nachfragefunktion (4) relevant. Unterstellt man allen Anbietern mit Chamberlin nicht nur gleiche Absatzsituationen sondern auch gleiche Produktions- und Kostenbedingungen, erübrigt sich zudem die Analyse des Gesamtmarktgeschehens. Die Lösung ist auffindbar, wenn die charakteristische Situation eines einzelnen Akteurs untersucht wird.

Jeder Anbieter wird bestrebt sein, v. Stackelbergs „Gesetz des erwerbswirtschaftlichen Angebots“ zu beachten, also die Entsprechung von Grenzerlös und Grenzkosten herbeizuführen. Die Orientierung dazu liefert für alle Wettbewerber die Nachfragefunktion (4). Wegen der Annahme identischer Absatzsituationen und Kostenfunktionen ist das Ergebnis für alle Akteure gleich. Wenn es aber zu gleichen Preisforderungen aller Unternehmen kommt, ist auch die Nachfragefunktion (3) relevant. Mit anderen Worten: Das kurzfristige Marktgleichgewicht zeichnet sich dadurch aus, daß die gewinnmaximierende Preisforderung eines jeden Wettbewerbers durch den Schnittpunkt der beiden Nachfragekurven (3) und (4) festliegt. Figur 6/5 bildet diesen Sachverhalt ab.

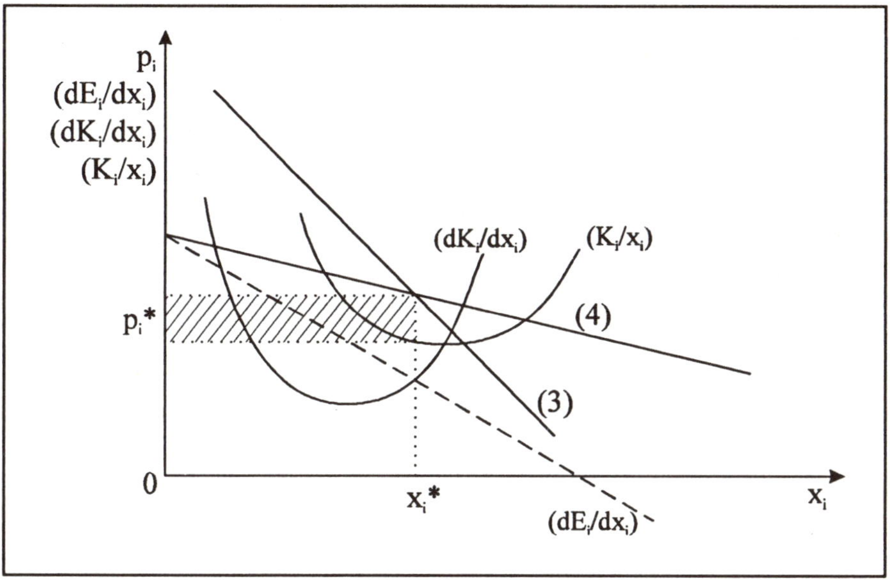

Abb. 6/5

Das Bild läßt zudem erkennen, daß jeder Anbieter offenbar Gewinne erzielt, deren Ausmaß hier als schraffierte Fläche deutlich gemacht ist. Wie im Fall der vollständigen Konkurrenz müssen wir dazu feststellen, daß eine solche Situation bei freiem Markteintritt und wirksamem Wettbewerb allenfalls vorübergehend denkbar ist. Die Möglichkeit, Gewinne über den „normal profit" hinaus zu erzielen, wird neue Anbieter in den Markt locken. Die steigende Zahl der Wettbewerber jedoch läßt die Absatzsituation der bereits im Markt agierenden Unternehmen nicht unberührt. Die Nachfragekurven (3) und (4) werden sich zum Koordinatenursprung hin verschieben. Eine solche Verlagerung infolge ständiger Markteintritte wird im Zeitablauf solange stattfinden, bis die Motivation für ein Engagement weiterer Teilnehmer schwindet und eine Situation gewinnloser Produktion vorliegt.

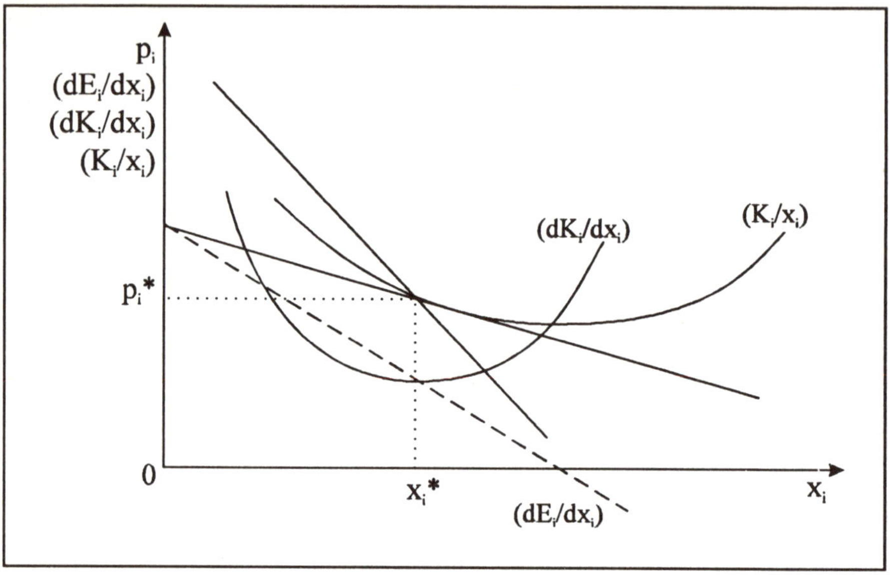

Abb. 6/6

Das langfristige Marktgleichgewicht ist erreicht, wenn die Kurve der Stückkosten von jener Nachfragekurve tangiert wird, die als Orientierung für die Preisforderung eines typischen Anbieters i dient (Tangentenlösung). Es handelt sich um die Preis-Absatz-Funktion (4).

Ein entscheidender Unterschied zu der Lösung des langfristigen Marktgleichgewichts bei vollständiger Konkurrenz fällt auf. Die „unternehmensindividuelle" Preis-Absatz-Funktion war dort als eine Parallele zur Abszisse zu begreifen. Als Konsequenz wurde im langfristigen Gleichgewicht von allen Unternehmen das Betriebsoptimum realisiert. Bei monopolistischer Konkurrenz wird unter vergleichbaren Bedingungen unwirtschaftlicher produziert. Infolge der negativ geneigten Preis-Absatz-Funktion (4) erzeugt jedes Unternehmen jetzt langfristig weniger als gesamtwirtschaftlich wünschenswert wäre, denn das Minimum der Durchschnittskosten wird nicht erreicht. Anders gewendet: Bei vergleichbaren Kostenverläufen werden die Ressourcen suboptimal genutzt, weil die Marktkonstellation dazu tendiert, Überkapazitäten entstehen zu lassen. Im Ergebnis ist die Versorgung der Nachfrager geringer bei im Durchschnitt höheren Preisen.

Dem wird häufig zweierlei entgegengehalten. Zum einen dürfte das Ausmaß der gesamtwirtschaftlichen Ressourcenvergeudung vernachlässigbar sein, wenn die maßgeblichen unternehmensindividuellen Nachfragekurven (4) relativ flach verlaufen. Sollten sie sich jedoch infolge ausgeprägter Präferenzen relativ preisunelastisch präsentieren, dann kann die Unwirtschaftlichkeit als ein Äquivalent für eine differenzierte Produktpalette interpretiert werden, die es den Abnehmern gestattet, ihre jeweils spezifischen Bedürfnisse insoweit besser zu befriedigen, als ihnen nun die Möglichkeit geboten wird, aus einem vielfältigen Angebot zu wählen.

Abschließend bleibt festzustellen, daß selbstverständlich auch gegenüber der Lösung Chamberlins Vorbehalte naheliegen. Ohne die restriktiven Annahmen gleicher Kosten- und Absatzsituationen für alle Anbieter ist nämlich die skizzierte Tangentenlösung nicht so einfach zu begründen.

Ein Rechenbeispiel:

In einem unvollkommenen Markt mögen 301 Unternehmen mit identischen Kosten- und Preis-Absatz-Funktionen operieren. Für jeden Anbieter i laute die Kostenfunktion

(1*) $K_i = 3000 + 2{,}5 \cdot x_i^2$

und für seine Preis-Absatz-Funktion gelte

(2*) $p_i = 300 - 5 \cdot x_i + 0{,}0025 \cdot \sum_{j \neq i}^{301} p_j$

Die Nachfragefunktion eines einzelnen Anbieters bei identischen Preisforderungen aller Wettbewerber errechnet sich dann aus (2*) als

(3*) $p_i = 300 - 5 \cdot x_i + 0{,}75 \cdot p_i$ bzw.

$p_i = 1200 - 20 \cdot x_i$

Im Hinblick auf isolierte Preisvariationen ist - bei Konstanz der Konkurrenzpreise -

(4*) $p_i = 300 - 5 \cdot x_i + k$, mit $k = 0{,}0025 \cdot \sum_{j \neq i}^{301} p_j = \text{const.}$

relevant. In Orientierung an (4*) ist das Gewinnmaximierungskalkül durchzuführen. Der Gewinn gehorcht der Funktion

(5*) $G_i = p_i \cdot x_i - K_i$

$= (300 - 5 \cdot x_i + k) \cdot x_i - (3000 + 2{,}5 \cdot x_i^2).$

Sie erreicht ihr Maximum, wenn

$dG_i/dx_i = 300 - 10 \cdot x_i + k - 5 \cdot x_i = 0,$ also bei

$x_i = 20 + k/15.$

(Die Bedingung 2. Ordnung bleibt der Einfachheit halber wieder außer acht.) Dieser Wert, eingesetzt in die Gleichungen (3*) und (4*), führt zu dem Gleichungssystem

(6*) $p_i = 800 - 4 \cdot k/3$

$p_i = 200 + 2 \cdot k/3,$

dessen Lösung über k = 300 die gewinnmaximale und damit gleichgewichtige Preis-Mengen-Kombination ($p_i^* = 400$; $x_i^* = 40$) liefert. Jeder der 301 Anbieter erzielt folglich einen Gewinn in Höhe von

$G_i = 400 \cdot 40 - (3000 + 2{,}5 \cdot 40^2) = 9000$

6.2 Monopolistische Preisdifferenzierung

Jeder Anbieter mit einem monopolistischen Preisspielraum – und damit erst recht jeder Monopolist – hat grundsätzlich die Möglichkeit, die unterschiedliche Zahlungsbereitschaft der Nachfrager eines Marktes zu nutzen und in eine entsprechende Preisforderung umzusetzen. Sofern dies geschieht, liegt Preisdifferenzierung vor. Von ihr spricht man immer dann, wenn ein und dasselbe Produkt von einem Anbieter zu unterschiedlichen Preisen verkauft wird, ohne daß die Preisdifferenzen durch entsprechende Kostenunterschiede gerechtfertigt sind.

Das Alltagsleben kennt eine Vielzahl von Beispielen für solche Sachverhalte. So sind etwa gesonderte Preise für Erwachsene und Kinder üblich in Schwimmbädern oder Kinos („personelle Preisdifferenzierung"). Ebenso differieren gewöhnlich die Übernachtungspreise in Urlaubsorten nach dem Kriterium der Vor-, Haupt- und Nachsaison („zeitliche Preisdifferenzierung"), und auch in regionaler Hinsicht lassen sich häufig Preisunterschiede beträchtlichen Ausmaßes feststellen. Für Käufer von Automobilen ist es z. B. ratsam, sich im Ausland dahingehend kundig zu machen, ob das gewünschte Produkt dort nicht wesentlich preiswerter erworben werden kann („regionale Preisdifferenzierung"). Darüber hinaus ist es gängige Praxis der Produzenten von Markenartikeln, ihr Erzeugnis über Versandhäuser unter einem anderen Produktnamen i.d.R. billiger abzusetzen („sachliche Preisdifferenzierung"). Nach welchem Kriterium auch immer differenziert werden mag, stets geht es – wenn man von sozialen Erwägungen bei der Preisgestaltung einmal absieht – darum, die Gesamtnachfrage in gesonderte Absatzschichten zu zerlegen und je nach Zahlungsbereitschaft mit einer schichtspezifischen Preisforderung zu bedienen. Auf diese Weise gelingt es, den Unternehmensgewinn nicht unerheblich zu erhöhen. Den Grundgedanken illustriert die folgende Graphik.

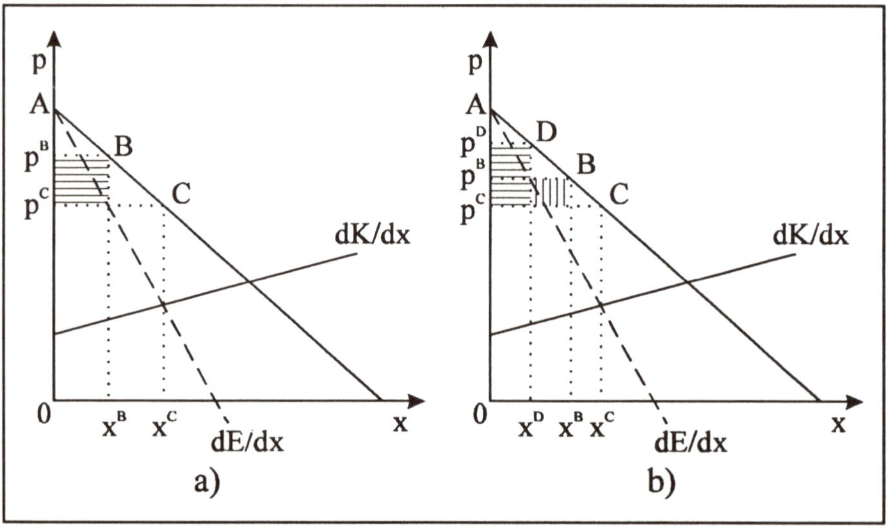

Abb. 6/7

In beiden Fällen ist zunächst die bekannte Cournot-Lösung für die Monopolpreisbildung kenntlich gemacht (Punkt C). Bei einheitlicher Preisforderung wäre jeweils der gewinnmaximierende Preis p^C zu verlangen, zu dem die Menge x^C abgesetzt werden kann.

Mit Figur 6/7 a) wird ansonsten deutlich, welche Konsequenzen aus einer zweifachen Preisdifferenzierung resultieren. Sofern es gelingt, den Gesamtmarkt zu halbieren und in zwei getrennte Absatzschichten zu zerlegen, besteht die Möglichkeit, die Menge x^B zum Preis p^B zu verkaufen und für die restliche Menge $(x^C - x^B)$ den Preis p^C zu erhalten. Der dadurch erzielbare Mehrerlös gegenüber der einfachen Cournot-Lösung ist in der Graphik als schraffierte Fläche hervorgehoben. Aus der Geometrie paßt dazu die Schlußfolgerung, daß es sich dabei um die Hälfte der Konsumentenrente handelt, jener Fläche also, die durch die Eckpunkte A,C und p^C definiert ist.

Das Bild 6/7 b) informiert über das Ergebnis einer dreifachen Preisdifferenzierung. Die Menge x^D ist zum Preis p^D an den Mann bzw. die Frau zu bringen, für die Menge $(x^B - x^D)$ kann der Preis p^B verlangt werden und das verbleibende Angebot $(x^C - x^B)$ wird für das Entgelt p^C seine Abnehmer finden. Insgesamt gelingt es damit, zwei Drittel der Konsumentenrente abzuschöpfen. Führt man den Gedanken weiter, so ist unschwer zu erkennen, daß es im Grunde um die Aneignung der Konsumentenrente geht. Je häufiger man den Preis differenziert, umso ergiebiger fällt der zusätzliche Markterlös aus, der sich aus der Konsumentenrente speist. Bei einer n-fachen Differenzierung fließen dem Unternehmen Einnahmen zu, die $(n-1)/n$ Teile der Konsumentenrente absorbieren. Im theoretischen Grenzfall wird jeder Käufer gesondert zur Kasse gebeten.

Aus der eingangs getroffenen Feststellung, daß jeder Anbieter mit einem monopolistischen Preisspielraum grundsätzlich die Möglichkeit hat, eine Politik der Preisdifferenzierung zu betreiben, kann nun allerdings nicht ohne weiteres gefolgert werden, das es dazu auch tatsächlich kommen wird. Im allgemeinen verursacht eine Marktteilung nämlich Kosten, die mit in den Kalkül gehören. Diese mögen im Einzelfall so horrend sein, daß eine Segmentierung der Nachfrage nicht lohnt. Ansonsten gilt auch in diesem Zusammenhang v. Stackelbergs „Gesetz des erwerbswirtschaftlichen Angebots“: Eine Differenzierung des Preises wird so lange vorgenommen werden, bis die daraus erwachsenden Grenzerlöse den Grenzkosten entsprechen, die für die Teilung eines Marktes aufzuwenden sind.

Des weiteren mag eine Preisdifferenzierung unterbleiben, weil die notwendigen Voraussetzungen technischer, organisatorischer, rechtlicher o.ä. Art nicht vorliegen. Die Absicht, den Preis zu differenzieren, hat nur dann Aussicht auf Erfolg, wenn es einem Anbieter gelingt, die einzelnen Teilmärkte gegeneinander komplett abzuschotten. Konkret bedeutet dies, daß ein Handel zwischen den Marktsegmenten verhindert werden oder ausgeschlossen sein muß. Ist dies nicht möglich, wird es zu Arbitragegeschäften kommen, die letztlich einheitliche Preise nach sich ziehen. Als Arbitrageure bezeichnet man Wirtschaftssubjekte, die Preisunterschiede ausnutzen. Erwerben Marktteilnehmer ein Produkt etwa preiswert in einem Marktsegment und verkaufen sie es gleichzeitig in einem andern zu einem dort annahmegemäß höheren Preis, wird eine Preisangleichung zwischen den Segmenten die Folge sein. Die Angebotsausweitung wird Preissenkungen und der Nachfragesog Preissteigerungen initiieren.

In manchen Fällen ist die Aufteilung eines Gesamtmarktes in Teilmärkte jedoch nahezu vorgegeben. Dies gilt z. B. für die nationalen Teilgebiete eines internationalen Wirtschaftsraumes. Die Marktteilungskosten sind dann vergleichsweise gering. Sofern Arbitragegeschäfte ausgeschlossen werden können, verlangt das Prinzip der Gewinnmaximierung im allgemeinen nach einer nationalspezifischen Preisforderung, denn die Zahlungsbereitschaft der Abnehmer dürfte in räumlicher Hinsicht unterschiedlich ausgeprägt sein. Den Nachweis für diese Behauptung erbringen wir im folgenden vornehmlich anhand eines graphischen Exposés.

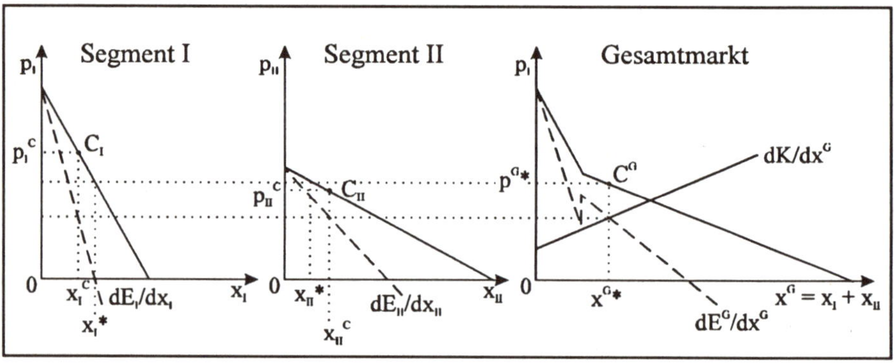

Abb. 6/8

Die Abb. 6/8 zeigt zunächst die Nachfragekurven in den beiden Ländern I und II nebst den Geraden der zugehörigen Grenzerlöse. Die rechte Figur informiert über die Nachfragebedingungen, die für den aggregierten (internationalen) Gesamtmarkt maßgeblich sind. Man erhält sie mittels horizontaler Addition der einzelnen nationalen Nachfragekurven. Das Ergebnis ist ein Knick in der Nachfragekurve des Gesamtmarktes mit der Konsequenz, daß an dieser Stelle die entsprechenen Grenzerlöse „springen".

Die Cournot-Lösung für den aggregierten Gesamtmarkt, eine Politik der Gewinnmaximierung bei einheitlicher Preisforderung im gesamten Absatzgebiet also, verlangt nach einem Preis i.H.v. p^{G*}, der eine Absatzmenge x^{G*} garantiert. Dieser Gesamtabsatz setzt sich aus den nationalen Verkaufsmengen x_I* und x_{II}* zusammen. Aus der linken und der mittleren Graphik ist ersichtlich, daß bei diesen teilräumigen Absatzmengen die jeweils nationalen Grenzerlöse nicht den Grenzkosten entsprechen. Im Land I bzw. Land II erreichen die Grenzerlöse ein Niveau, das unter bzw. über jenem der Grenzkosten liegt. Daraus folgt nichts anderes, als daß ein Umdisponieren des Gesamtabsatzes die Chance bietet, den Gewinn zu steigern. Eine Reduktion der Verkaufsmenge im Land I und eine bessere Versorgung des Teilmarktes II wird den Gewinn insgesamt anwachsen lassen. Dies gilt so lange, bis die jeweiligen regionsspezifischen Grenzerlöse den einheitlichen totalen Grenzkosten entsprechen. Als Resultat sind dann die Preise p_I^C und p_{II}^C zu fordern, die einen Absatz in Höhe von x_I^C und x_{II}^C sicherstellen. Wir treffen hier erneut auf das „Gesetz des erwerbswirtschaftlichen Angebots", wenngleich unter geänderten Umständen. Es hat nun für jeden Teilmarkt gesondert zu gelten.

Aus der Perspektive der Mathematik verlangt das Gewinnmaximum demnach, daß der Bedingung

$$dE_I/dx_I = dE_{II}/dx_{II} = dK/dx^G$$

genügt wird. Formuliert man diese Voraussetzung um unter Verwendung der Amoroso-Robinson-Relation (vgl. hierzu 5.2.1), erscheint sie als

$$p_I[1 + (1/\, \eta_{x_I,p_I})] = p_{II}[1 + (1/\, \eta_{x_{II},p_{II}})] = dK/dx^G.$$

Hier wird deutlich, daß gewinnmaximierendes Verhalten eine Differenzierung der Preise erzwingt, wenn die Elastizität der Nachfrage auf den einzelnen Teilmärkten in bezug auf eine einheitliche Preisforderung unterschiedlich ausfällt. Anders gewendet: Der Verzicht auf eine Politik der Preisdifferenzierung ist mit dem Kriterium des Gewinnmaximums nur dann kompatibel, sofern ein einheitlicher Preis auf allen Teilmärkten auch eine identische Nachfrageelastizität vorfindet.

Ein Rechenbeispiel:

Ein Unternehmen produziere mit der Kostenfunktion

(1*) $K = 6000 + 0{,}0002 \cdot x^2$

und beliefere einen Markt, der sich aus den beiden Teilmärkten I und II zusammensetzt. Das Nachfrageverhalten gehorche den Funktionen

(2*) $p_I = 10 - 0{,}004 \cdot x_I$ und

$p_{II} = 5 - 0{,}001 \cdot x_{II}$.

Die Entwicklung des Gewinns ist dann für eine Politik der Preisdifferenzierung mit

(3*) $G = E_I + E_{II} - K$

$= (10 - 0{,}004 \cdot x_I)\cdot x_I + (5 - 0{,}001 \cdot x_{II})\cdot x_{II} - 6000 - 0{,}0002 \cdot (x_I + x_{II})^2$

beschrieben. (3*) ist zu maximieren, wobei wir im folgenden erneut die Bedingungen 2. Ordnung außer acht lassen. Die notwendigen Bedingungen finden ihren Ausdruck in Form des Gleichungssystems

(4*) $\delta G/\delta x_I = 0 = 10 - 0{,}008 \cdot x_I - 0{,}0004 \cdot (x_I + x_{II})$

$\delta G/\delta x_{II} = 0 = 5 - 0{,}002 \cdot x_{II} - 0{,}0004 \cdot (x_I + x_{II})$.

Seine Lösung informiert über die Angebotsmengen, mit denen die Teilmärkte I und II zu beliefern sind. Unter Berücksichtigung von (2*) lassen sich die zugehörigen Preise ermitteln. Das Ergebnis lautet

(5*) $x_I^* = 1100$ und $p_I^* = 5{,}6$

$x_{II}^* = 1900$ und $p_{II}^* = 3{,}1.$

Der Gewinn beziffert sich auf

(6*) $G = 1100 \cdot 5{,}6 + 1900 \cdot 3{,}1 - 6000 - 0{,}0002 \cdot (1100 + 1900)^2$

$= 4250.$

Sofern der Gewinn maximiert werden soll unter der Bedingung einer einheitlichen Preisforderung in beiden Marktsegmenten, ist aus (2*) zunächst die Nachfragefunktion für den Gesamtmarkt mittels horizontaler Addition herzuleiten. Sie lautet

(2a*) $$p = \begin{cases} 10 - 0{,}004 \cdot x & \text{für } 0 < x \leq 1250 \\ 6 - 0{,}0008 \cdot x & \text{für } 1250 < x \leq 7500 \end{cases}$$

Den Gewinn beschreibt, wenn beide Teilmärkte beliefert werden, die Funktion

(3a*) $G = (6 - 0{,}0008 \cdot x) \cdot x - 6000 - 0{,}0002 \cdot x^2.$

Sie erreicht ihr Maximum an der Stelle

(4a*) $dG/dx = 0 = 6 - 0{,}0016 \cdot x - 0{,}0004 \cdot x,$

so daß die Lösung unter Berücksichtigung von (2a*) lautet

(5a*) $x^* = 3000$ und $p^* = 3{,}6$

Die gewinnmaximierende Angebotsmenge wird zum einheitlichen Preis $p^* = 3{,}6$ in den einzelnen Marktsegmenten gemäß (2a*) mit $x_I = 1600$ und $x_{II} = 1400$ abgesetzt. Der Gewinn errechnet sich für diesen Fall als

(6a*) $G = 3000 \cdot 3{,}6 - 6000 - 0{,}0002 \cdot 3000^2 = 3000$

6.3 Oligopolistischer Preiswettbewerb

Im Mittelpunkt unseres Interesses steht nun wieder ein Markt, in dem nur einige wenige Anbieter agieren, so daß als Charakteristikum die oligopolistische Interdependenz zu beachten ist. Wir wollen die Untersuchung dabei erneut anhand eines Dyopols durchführen, realistischerweise jetzt aber preis- und nicht mengenpolitische Entscheidungen thematisieren.

6.3.1 Preisstarrheit à la Sweezy

Nach P. Sweezy betreiben oligopolistische Anbieter Preispolitik, indem sie in bezug auf das Verhalten der Konkurrenten eine asymmetrisch ausgestaltete Erwartung hegen. Sofern Preiserhöhungen geplant sind, wird keine Reaktion der Mitwettbewerber vermutet; sobald jedoch Preissenkungen beabsichtigt sind, wird von einer gleichgerichteten Reaktion der Konkurrenz ausgegangen. Bezeichnet man die Anbieter mit I bzw. II, so lautet die Reaktionshypothese des I demnach

$$dp_{II}/dp_I = 0 \qquad \text{für } dp_I > 0 \text{ und}$$

$$dp_{II}/dp_I > 0 \qquad \text{für } dp_I < 0$$

Entsprechendes gilt für den Anbieter II.

Eine derartige Hypothese hat nun, begreift man sie als einen empirisch relevanten Tatbestand, eine bemerkenswerte Konsequenz: Die unternehmensindividuelle Preis-Absatz-Funktion weist an der Stelle der aktuellen Preisforderung einen Knick auf. Im Fall linearer Beziehungen führt dies etwa zu folgender Figur:

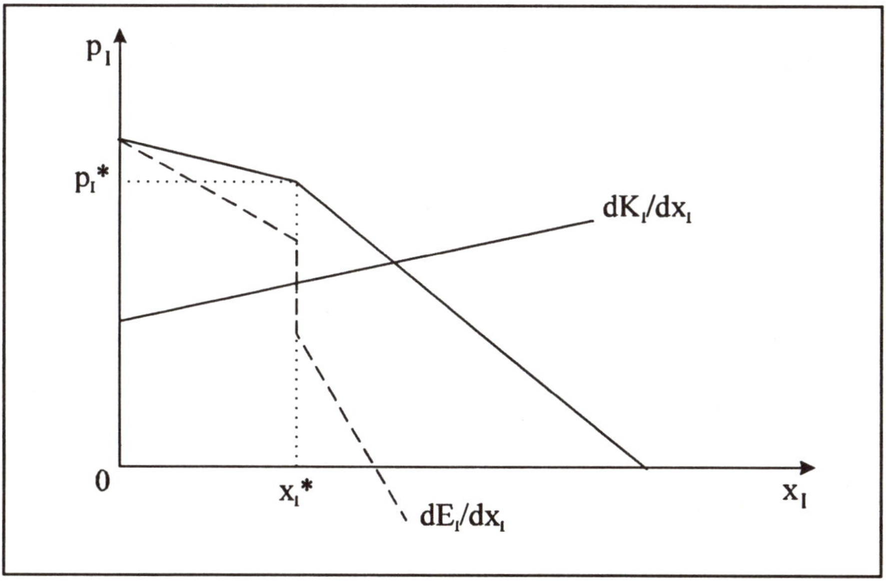

Abb. 6/9

Die Preis-Absatz-Funktion verläuft oberhalb des Knicks merklich flacher als darunter. Dies ist die ökonomische Konsequenz der erwähnten Reaktionshypothese. Da eine Preisanhebung isoliert erfolgt, wird der Nachfrageverlust deutlich spürbar sein, denn auf Seiten der Abnehmer kommt es nicht nur zu Konsumverzichten sondern vielfach auch zur Auflösung der Produktbindung. Etliche Abnehmer werden sich nun bei der Konkurrenz bedienen.

Anders im Fall der Preissenkung. Sie wird von allen Anbietern durchgeführt. Ein Marktanteilsgewinn eines Oligopolisten zu Lasten seines Mitwettbewerbers ist deshalb wenig wahrscheinlich. Der Nachfragezuwachs dürfte sich vor allem aus bisher latenten Käuferschichten speisen.

Die skizzierte Form der Preis-Absatz-Funktion ist grundsätzlich plausibel. Sie bedingt, daß die zugehörigen Grenzerlöse an der Knickstelle „springen". Sollte die Grenzkostenkurve durch diesen Unbestimmtheitsbereich verlaufen – und das muß sie wohl, wenn man die Ausgangslage als gleichgewichtig begreift –, wäre an dieser Stelle das „Gesetz des erwerbswirtschaftlichen Angebots" erfüllt. Unser repräsentative Oligopolist würde hier seinen maximalen Gewinn realisieren.

Ein weiteres kommt hinzu. Datenänderungen, festgemacht etwa am Verlauf der Grenzkosten, geben keine Veranlassung mehr zu geänderten Preisforderungen – jedenfalls solange nicht, wie diese Datenänderungen nicht die Intervallgrenzen des Unbestimmtheitsbereichs überschreiten. Der gewinnmaximierende Preis ist daher in bestimmten Grenzen invariant gegenüber Kostenveränderungen. Es liegt Preisstarrheit vor, die man in oligopolistischen Märkten häufig glaubt beobachten zu können.

Mit diesem Entwurf gelang es P. Sweezy schon frühzeitig, der realen Erfahrung, daß Marktpreise sich im Zeitablauf oft rigide präsentieren, ein beachtliches theoretisches Fundament zu geben. Sein Argumentationsrahmen galt deshalb auch lange Zeit als die Oligopolpreistheorie schlechthin. Aus heutiger Sicht ist gleichwohl eine Relativierung angebracht. Bei näherem Hinsehen handelt es sich nämlich nicht um eine geschlossene Theorie, sondern allenfalls um ein Versatzstück. Völlig ungeklärt bleibt z. B., wie die (gleichgewichtige) Ausgangslage begründet werden kann. Der Argumentation ist insoweit eine gewisse Beliebigkeit nicht abzusprechen.

Man kann diesem Mangel abhelfen, indem man die Ausgangslage als eine im Laufe der Marktentwicklung historisch gewachsene Situation interpretiert, die Ausdruck einer Politik fester Preisrelationen zwischen den Anbietern ist. Wir wollen einen solchen Gedanken im Rahmen dieses einführenden Lehrbuches jedoch nicht vertiefen. Er würde es erforderlich machen, daß wir uns eingehender mit den einzelnen Phasen der Marktentwicklung auseinandersetzen und damit Aspekte thematisieren, die wir bisher immer ausgeklammert haben. Der geneigte Leser sei deshalb diesbezüglich auf die weiterführende Literatur verwiesen.

Mit dem folgenden Modell der Oligopolpreistheorie tragen wir aber einer weiteren Kritik an der Argumentation Sweezys Rechnung. Sie ist eng verwandt mit dem Hinweis auf die nicht näher begründete Ausgangslage. Der oligopolistische Reaktionsverbund geht nämlich eher nachrichtlich in die Analyse ein, als daß er explizit in der Preis-Absatz-Funktion berücksichtigt wird. Auf diese Weise bleibt die gegenseitige Abhängigkeit der Anbieter im Markt und die Herleitung des Preisbildungsgeschehens aus der allgemeinen Nachfragefunktion weitgehend im Dunkeln.

6.3.2 Das Gleichgewicht als ein Gebiet von Preisen

Das oligopolistische Element und der unvollkommene Markt können in die Analyse Eingang finden, wenn wir für jeden Anbieter eine Nachfragefunktion formulieren, die nicht nur den eigenen Preis sondern auch jenen des Konkurrenten enthält. Verwenden wir der Einfachheit halber wieder lineare Beziehungen, so gelingt dies mit

(1) $x_I = a_I - b_I \cdot p_I + c_I \cdot p_{II}$ und

(2) $x_{II} = a_{II} - b_{II} \cdot p_{II} + c_{II} \cdot p_I$.

Von den Koeffizienten wollen wir verlangen, daß sie allesamt größer sind als Null, also a_i, b_i, $c_i > 0$ gilt, mit i = I, II. Es ist plausibel, davon auszugehen, daß der von einem Anbieter geforderte Preis den eigenen Absatz stets stärker beeinlußt als jenen des Konkurrenten. Damit gilt auch $b_I > c_{II}$ und $b_{II} > c_I$. Dies stellt sicher, daß die gesamte Marktnachfrage in der üblichen Weise auf Preisvariationen reagiert. Die gesamte Marktnachfrage resultiert bekanntlich additiv aus den unternehmensindividuellen Nachfragemengen zu

(3) $x = x_I + x_{II} = (a_I + a_{II}) - (b_I - c_{II}) \cdot p_I - (b_{II} - c_I) \cdot p_{II}$,

und wegen der Plausibilitätsüberlegung gilt $(b_I - c_{II}) > 0$ sowie $(b_{II} - c_I) > 0$, so daß Preiserhöhungen die Marktnachfrage negativ beeinflussen und Preissenkungen zu einer Ausweitung der Nachfragemengen führen.

Die beiden unternehmensindividuellen Nachfragefunktionen sind in ihrer grundlegenden Struktur identisch. Will man die charakteristische Situation eines typischen Akteurs beleuchten, reicht es daher aus, sich auf einen Anbieter zu konzentrieren. Wir wählen dazu das Unternehmen I. Notiert man dessen Nachfragesituation als Preis-Absatz-Funktion, erhält man

(4) $p_I = (a_I/b_I) - (1/b_I) \cdot x_I + (c_I/b_I) \cdot p_{II}$

Es wird hier deutlich, daß für den Anbieter I eine Vielzahl von Preis-Absatz-Funktionen existiert, je nachdem, welchen Preis sein Konkurrent II fordert. Mit zunehmenden Preisforderungen des II „wandert" die Preis-Absatz-Funktion des I parallel nach rechts, weg vom Koordinatenursprung. Die bedeutet selbstverständlich nichts anderes, als daß sich die eigenen Absatzchancen umso günstiger gestalten, je höher die Preisforderung des Mitwettbewerbers ausfällt.

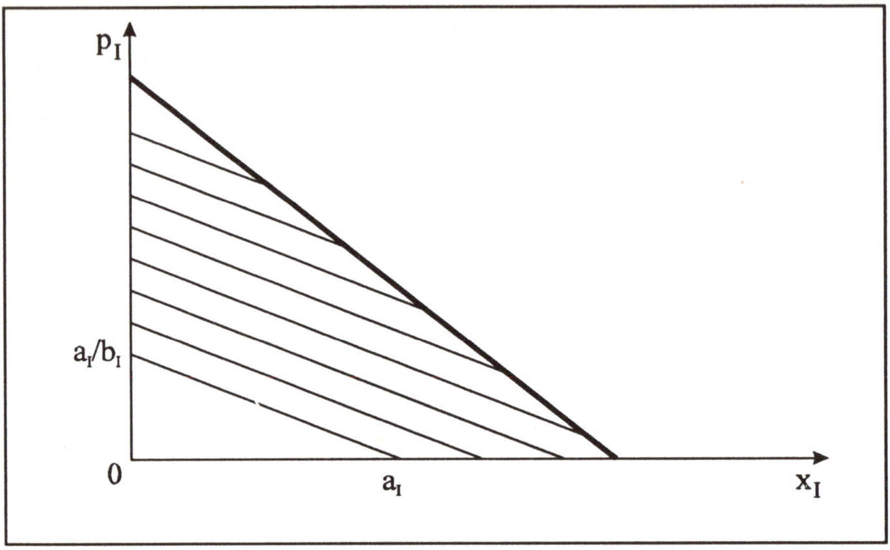

Abb. 6/10

Die Ausweitung der Absatzchancen findet ihr natürliches Ende an der Marktgrenze. Sie ist durch die Zahlungsbereitschaft der Abnehmer definiert und erreicht ihren maximalen Wert dann, wenn Unternehmen I zum Alleinanbieter avanciert. Dies setzt voraus, daß Akteur II nichts absetzt, also stets prohibitive Preise verlangt. Aus Gleichung (2) wird in einem solchen Fall

$$\text{(2a)} \quad 0 = a_{II} - b_{II} \cdot p_{II} + c_{II} \cdot p_I \quad \text{bzw.}$$

$$p_{II} = (a_{II}/b_{II}) + (c_{II}/b_{II}) \cdot p_I$$

Verwendet man diesen Ausdruck in (4), ergibt sich mit

$$\text{(4a)} \quad p_I = (a_I/b_I) - (1/b_I) \cdot x_I + (c_I/b_I)(a_{II}/b_{II})$$

$$+ (c_I/b_I)(c_{II}/b_{II}) \cdot p_I \quad \text{bzw.}$$

$$p_I = (a_I \cdot b_{II} + c_I \cdot a_{II})/(b_I \cdot b_{II} - c_I \cdot c_{II})$$

$$- [b_{II}/(b_I \cdot b_{II} - c_I \cdot c_{II})] \cdot x_I$$

jene Preis-Absatz-Funktion, die für das Unternehmen I im Monopolfall Gültigkeit besitzt. Sie verläuft steiler als jeder der Geraden, die in (4) ihren Ausdruck finden, denn ein Vergleich der Steigungsmaße zeigt: $b_{II}/(b_I \cdot b_{II} - c_I \cdot c_{II}) > 1/b_I$.

Für die weiteren Überlegungen unterstellen wir erneut, daß eine kostenlose Produktion möglich sei. Dies erlaubt uns die Herleitung des Marktergebnisses auf einfache Weise, ohne daß wir die wesentlichen Zusammenhänge aus den Augen verlieren. Wir greifen dabei zunächst auf eine Erkenntnis zurück, die wir bereits im Zusammenhang mit der einfachen Monopolpreisproblematik gewonnen haben: Bei kostenloser Produktion maximiert jene Preisforderung den Gewinn, die eine Nachfrageelastizität i.H.v. Eins sicherstellt, also die jeweilige Strecke einer linearen Preis-Absatz-Funktion zwischen den Koordinaten halbiert (Merke: Bei kostenloser Produktion ist die Zielsetzung der Gewinnmaximierung mit jener der Umsatzmaximierung identisch!)

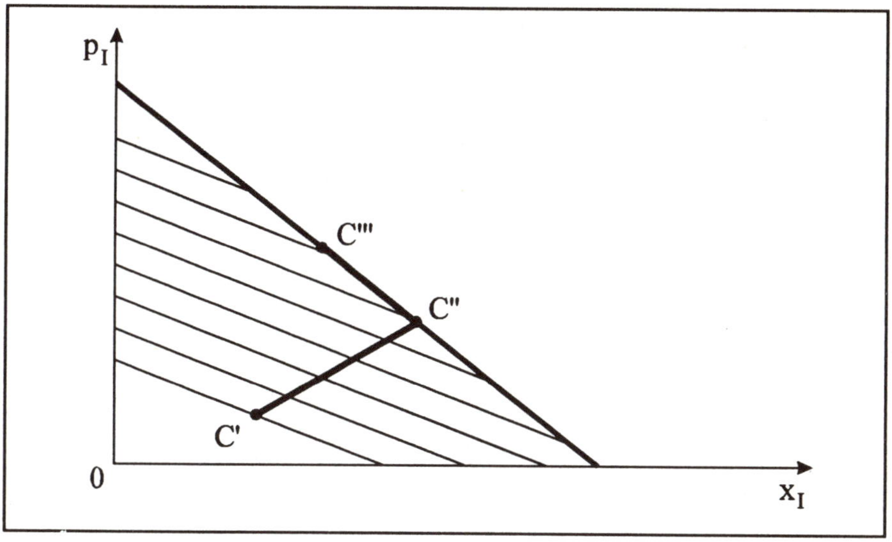

Abb. 6/11

Da die gewinnmaximierende Preisforderung eines Oligopolisten auch abhängig ist von der Preisforderung des Konkurrenten im Markt, existieren offenbar viele solcher Optimalpreise. Verbindet man sie miteinander, ergibt sich der Streckenzug C'C"C"'. Er informiert über sämtliche Preise des I, die seinen Gewinn bei vorgefundenen alternativen Preisforderungen des II maximal werden lassen. Bei näherem Hinsehen haben wir es natürlich mit einem Analogon zu der uns schon bekannten Reaktionsgerade zu tun, die im Rahmen früher dargelegter Oligopolmodelle aus der Cournotschen Reaktionshypothese resultierte. Hier findet sie Anwendung auf Preisentscheidungen.

Das mathematische Äquivalent der Reaktionsgeraden folgt aus der Differentiation der Gewinnfunktion des I unter Verwendung eines Reaktionskoeffizienten in Höhe von Null ($dp_{II}/dp_I = 0$). Es ist also die Bedingung 1. Ordnung zu der Funktion

$$G_I = x_I \cdot p_I = (a_I - b_I \cdot p_I + c_I \cdot p_{II}) \cdot p_I$$

gefragt. Sie lautet

(5) $dG_I/dp_I \quad = 0 = a_I - 2 \cdot b_I \cdot p_I + c_I \cdot p_{II}$ bzw.

$$p_I \qquad = (a_I/2 \cdot b_I) + (c_I/2 \cdot b_I) \cdot p_{II}.$$

Mit Hilfe dieser Informationen sind wir nun in der Lage, eine erste und vorläufige Antwort auf die Frage zu geben, mit welchen Preisforderungen der beiden Oligopolisten I und II zu rechnen ist. Wir können dabei die bisher gewonnenen Einsichten durch ein Vertauschen der Indices durchaus auf den Anbieter II übertragen.

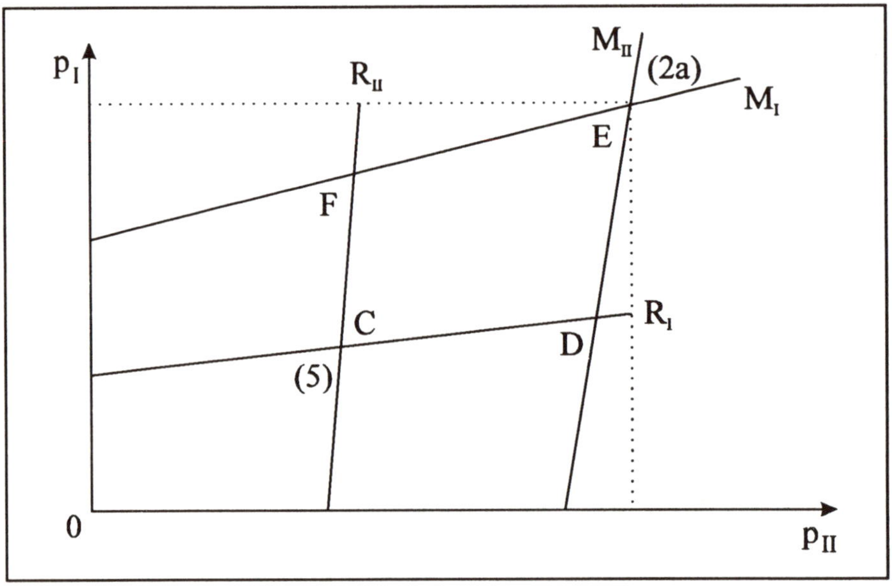

Abb. 6/12

In Figur 6/12 sind zunächst die Marktgrenzen markiert, die aus der Gleichung (2a) folgen. Entlang der Gerade M_I ist Wettbewerber II Alleinanbieter, entlang der Gerade M_{II} gilt dies für das Unternehmen I. Der Schnittpunkt beider Geraden informiert deshalb über jene Preiskombination, die sich als prohibitiv für den Gesamtmarkt erweist.

Darüber hinaus sind die Reaktionsgeraden R_I und R_{II} gemäß (5) abgebildet. Vergleicht man die Koeffizienten der Gleichungen (5) und (2a) miteinander, so fällt auf, daß die beiden Reaktionsgeraden die Marktgrenzen quasi halbieren. Sowohl R_I wie auch R_{II} verlaufen in Relation zu M_I bzw. M_{II} halb so steil und auch die Koordinatenabschnitte von R_I und R_{II} lokalisieren bei der Hälfte der entsprechenden Strecken von M_I und M_{II}.

Im Schnittpunkt der beiden Reaktionsgeraden, im Punkt C, liegt die Cournot-Lösung für das Oligopolproblem. Sie ist bekanntlich die Konsequenz einer Verhaltenshypothese, mit der die oligopolistische Interdependenz eigentlich geleugnet wird. Akzeptiert man die Cournot-Lösung dennoch als einen weiteren Referenzpunkt, so liegt damit die Fläche CDEF fest, in der offenbar das

Marktergebnis zu suchen ist. Dieses Feld möglicher Preisverhältnisse kann nun noch weiter eingegrenzt werden. Man benötigt dazu das methodische Instrument der Isogewinnlinie.

Als Isogewinnlinie bezeichnet man den geometrischen Ort all jener Preiskombinationen, die denselben Gewinn garantieren. Solche Isogewinnlinien besitzen - Figur 6/13 macht es deutlich - die Form einer Parabel.

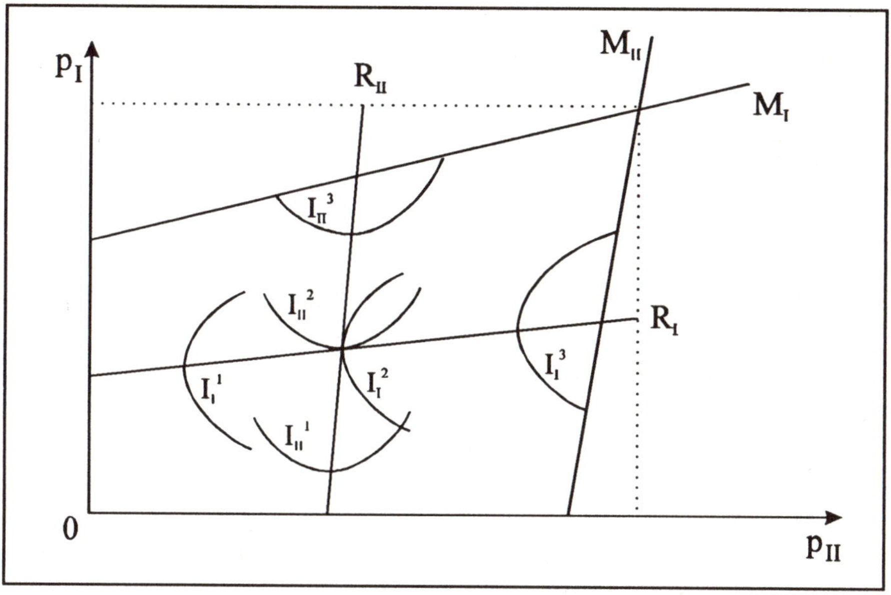

Abb. 6/13

Isogewinnlinie erreichen ihr Minimum an den Stellen, an denen sie die Reaktionsgerade schneiden. Anders gewendet: Die Reaktionsgerade verläuft durch die Minima aller zugehörigen Isogewinnkurven, wobei das repräsentierte Gewinniveau der einzelnen Kurven entlang der Reaktionsgerade zunimmt. Auf diese Weise entsteht das Bild eines Gewinngebirges, dessen Kamm die Reaktionsgerade darstellt. Es wundert daher nicht, daß für die Reaktionsgerade auch der Begriff Kammlinie üblich ist. In dem Bild 6/13 gilt z. B.: $I_I^1 < I_I^2 < I_I^3$ sowie $I_{II}^1 < I_{II}^2 < I_{II}^3$.

Von besonderem Interesse sind für uns jene zwei Isogewinnlinien, die sich im Punkt C schneiden. Sie legen ein Gebiet von Preiskombinationen fest, das einer Linse ähnelt, die durch die Eckpunkte C und G näher beschrieben werden kann.

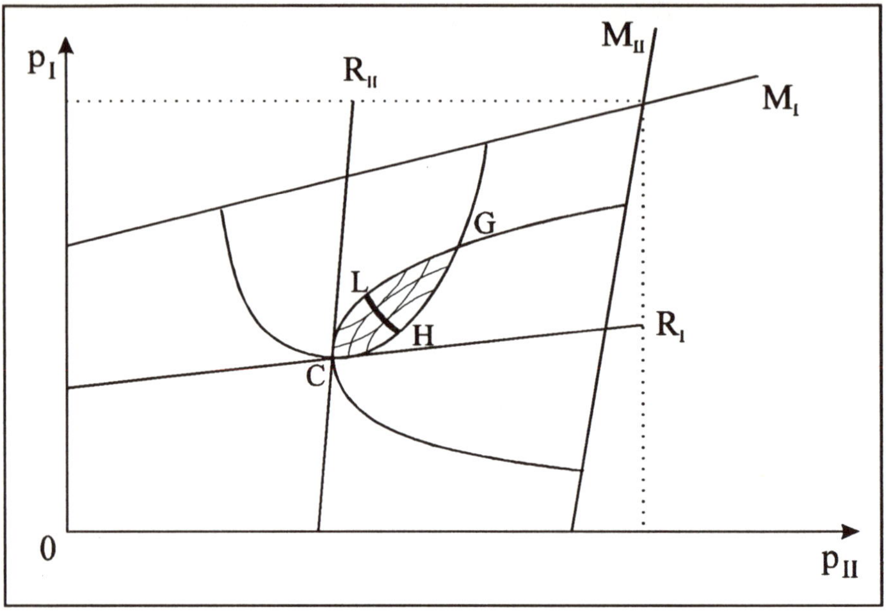

Abb. 6/14

Sieht man in dem Gewinn, den diese beiden Isogewinnlinien repräsentieren, ein – aus der Sicht der Akteure – hinreichendes Mindestniveau, so können alle Preiskombinationen innerhalb der Linse als gleichgewichtig gelten. Sie enthalten im übrigen auch die uns schon aus früheren Überlegungen bekannten Lösungen des Oligopolproblems, wie etwa die v. Stackelbergsche Asymmetrie-Lösung. Und auch die Strategie der gemeinsamen Gewinnmaximierung findet sich wieder. In diesem Fall kommt es z.B. zu Preisforderungen, die auf dem Linienzug LH liegen müssen, denn er verbindet die Tangentialpunkte der Isogewinnlinien innerhalb der Linse.

Einige Preiskombinationen innerhalb der Linse sind darüber hinaus vereinbar mit einer Reaktionshypothese, die der Argumentation bei Sweezy ähnelt. Danach bleiben Preiserhöhungen eines oligopolistischen Akteurs unbeantwortet, Preissenkungen werden jedoch durch ebensolche Aktionen von der Konkurrenz erwidert mit dem Ziel, die alte Gewinnposition wieder herzustellen.

Alles in allem kann keine eindeutige Antwort auf die Frage nach der gleichgewichtigen Kombination von Preisforderungen gegeben werden. Die Lösung bleibt im Rahmen des Preisgebietes letztlich unbestimmt. Dies ist auch durchaus plausibel, wenn man die vielfältigen Unsicherheiten und Imponderabilien der wirtschaftlichen Realität zusätzlich in Rechnung stellt. Insgesamt gelingt somit eine weitaus überzeugendere Begründung für das Phänomen der oligopolistischen Preisstarrheit als im Kontext des vorherigen Modells.

Ein Rechenbeispiel:

Ein oligopolistisch strukturierter Markt mit den beiden Anbietern I und II lasse sich durch die Nachfragefunktionen

(1*) $x_I = 9000 - 4 \cdot p_I + p_{II}$ und

(2*) $x_{II} = 6000 - 3 \cdot p_{II} + 2 \cdot p_I$

beschreiben. Die gesamte Marktnachfrage errechnet sich dann zu

(3*) $x = x_I + x_{II} = 15000 - 2 \cdot p_I - 2 \cdot p_{II}$

Die Nachfragefunktionen (1*) und (2*) können auch als Preis-Absatz-Funktionen

(4*) $p_I = 2250 - (1/4) \cdot x_I + (1/4) \cdot p_{II}$ und

$p_{II} = 2000 - (1/3) \cdot x_{II} + (2/3) \cdot p_I$

formuliert werden. Sofern der Anbieter I bzw. II stets prohibitive Preise fordert, wird aus (1*) bzw. (2*)

(1a*) $0 = 9000 - 4 \cdot p_I + p_{II}$ oder

$p_I = 2250 + (1/4) \cdot p_{II}$ $(= M_I)$ und

(2a*) $0 = 6000 - 3 \cdot p_{II} + 2 \cdot p_I$ oder

$p_{II} = 2000 + (2/3) \cdot p_I$ $(= M_{II})$

Berücksichtigt man (1a*) und (2a*) in (4*), so resultieren die jeweiligen Preis-Absatz-Funktionen für den Monopolfall:

(4a*) $p_I = 3300 - 0{,}3 \cdot x_I$ und

$p_{II} = 4200 - 0{,}4 \cdot x_{II}$

Die Kammlinien für die Anbieter I und II folgen aus der Differentiation der jeweiligen Gewinnfunktionen. Dabei ist der Konkurrenzpreis als konstant anzunehmen. Unter der Voraussetzung kostenloser Produktion gilt

(5*) $G_I = x_I \cdot p_I = (9000 - 4 \cdot p_I + p_{II}) \cdot p_I$ und damit

$dG_I/dp_I = 0 = 9000 - 8 \cdot p_I + p_{II}$ oder

$p_I = 1125 + (1/8) \cdot p_{II}$ $(= R_I)$ sowie

$G_{II} = x_{II} \cdot p_{II} = (6000 - 3 \cdot p_{II} + 2 \cdot p_I) \cdot p_{II}$ und

$dG_{II}/dp_{II} = 0 = 6000 - 6 \cdot p_{II} + 2 \cdot p_I$ oder

$p_{II} = 1000 + (1/3) \cdot p_I$ $(= R_{II})$

Bringt man die Marktgrenzen M_I und M_{II} aus (1a*) und (2a*) zum Schnitt, so errechnet sich die für den Gesamtmarkt relevante prohibitive Preis-Kombination zu

(6*) $p_I = 3300$ und $p_{II} = 4200$

Setzt man diese Werte in (1*), (2*) oder (3*) ein, so bestätigt sich die Konsequenz, daß nichts abgesetzt werden kann.

Der Schnittpunkt der Kammlinien R_I und R_{II} aus (5*) informiert über die Cournot-Lösung. Sie lautet:

(7*) $p_I \approx 1304$ und $p_{II} \approx 1435$.

Um die beiden Isogewinnlinien zu ermitteln, die sich bei dieser Preisrelation schneiden und damit das gleichgewichtige Preisgebiet definieren, ist zunächst der Gewinn zu beziffern. Zu den Preisen aus (7*) lassen sich, verwendet man diese Werte in (1*) und (2*), die Mengen

(8*) $x_I \approx 5218$ und $x_{II} \approx 4306$

absetzen. Daraus errechnen sich die Gewinne zu

(9*) $G_I \approx 1304 \cdot 5218$ und $G_{II} \approx 1434 \cdot 4306$.

Setzt man diese Resultate in die Gewinnfunktionen gemäß (5*) ein, so ergeben sich die entsprechenden Isogewinnlinien zu

(10*) $1304 \cdot 5218 = (9000 - 4 \cdot p_I + p_{II}) \cdot p_I$ bzw.

$p_{II} = (1304 \cdot 5218 - 9000 \cdot p_I + 4 \cdot p_I^2)/p_I$ $(= I_I)$ und

$1434 \cdot 4306 = (6000 - 3 \cdot p_{II} + 2 \cdot p_I) \cdot p_{II}$ bzw.

$p_I = (1434 \cdot 4306 - 6000 \cdot p_{II} + 3 \cdot p_{II}^2)/2 \cdot p_{II}$ $(=I_{II})$.

Literaturverzeichnis

Baumol, W. J. u. a. (1982): Contestable Markets and the Theory of Industry Structure, New York

Böventer, E. v./Illing, G. (1995): Einführung in die Mikroökonomie, 8. Aufl., München-Wien

Borchert, M./Grossekettler, H. (1985): Preis- und Wettbewerbstheorie, Stuttgart u. a.

Fehl, U./Oberender, P. (1994): Grundlagen der Mikroökonomie, 6. Aufl., München

Franke, J. (1995): Grundzüge der Mikroökonomik, 8. Aufl., München-Wien

Friedman, M. (1977): Die Theorie der Preise, München

Helmstädter, E. (1991): Wirtschaftstheorie I. Mikroökonomische Theorie, 4. Aufl., München

Henderson, J. M./Quandt, R. E. (1983): Mikroökonomische Theorie. Eine mathematische Darstellung, 5. Aufl., München

Herberg, H. (1994): Preistheorie. Eine Einführung in die Mikroökonomik, 3. Aufl., Stuttgart u. a.

Herdzina, K. (1995): Einführung in die Mikroökonomik, 4. Aufl., München

Hesse, H. (Hrsg.) (1980): Arbeitsbuch Angewandte Mikroökonomik, Tübingen

Hesse, H./Linde, R. (1976): Gesamtwirtschaftliche Produktionstheorie I und II, Würzburg-Wien

Heuss, E. (1965): Allgemeine Markttheorie, Tübingen-Zürich

Hirshleifer, J./Glazer, A. (1992): Price Theory and Applications, 5th ed., London

Hoyer, W./Rettig, R./Rothe, K.-D. (1993): Grundlagen der mikroökonomischen Theorie, 3. Aufl., Düsseldorf

Klaus, J./Maussner, A. (1996): Grundzüge der mikro- und makroökonomischen Theorie, 2. Aufl., München

Kortmann, W. (1997): Mikroökonomik. Eine anwendungsbezogene Einführung, Heidelberg

Krelle, W. (1968): Präferenz- und Entscheidungstheorie, Tübingen

Krelle, W. (1976): Preistheorie, I. und II. Teil, 2. Aufl., Tübingen

Krelle, W. (1976): Produktionstheorie, I. und II. Teil, 2. Aufl., Tübingen

Lancaster, K. (1991): Moderne Mikroökonomie, 4. Aufl., Frankfurt, New York

Leftwich, R. H. (1972): Lehrbuch der Mikroökonomischen Theorie, Stuttgart

Linde, R. (1996): Einführung in die Mikroökonomie, 3. Aufl., Stuttgart u. a.

Lipsey, R. G. (1971): Einführung in die positive Ökonomie, Köln

Luckenbach, H. (1975): Theorie des Haushalts, Göttingen

Malinvaud, E. (1972): Lectures on Microeconomic Theory, 2nd. ed., Amsterdam-London

Neumann, M. (1995): Theoretische Volkswirtschaftslehre II. Produktion, Nachfrage und Allokation, 4. Aufl., München

Ott, A. E. (1992): Grundzüge der Preistheorie, 4. Aufl., Göttingen

Ott, A. E. (Hrsg.)(1968): Preistheorie, 3. Aufl., Köln-Berlin

Reiß, W. (1997): Mikroökonomische Theorie. Historisch fundierte Einführung, 4. Aufl., München-Wien

Richter, R. (1970): Preistheorie, 2. Aufl., Wiesbaden

Samuelson, P. A./Nordhaus, W. D. (1987): Volkswirtschaftslehre. Grundlagen der Makro- und Mikroökonomie, Band 1 und 2, 8. Aufl., Köln

Schneider, E. (1972): Einführung in die Wirtschaftstheorie. II. Teil. Wirtschaftspläne und wirtschaftliches Gleichgewicht in der Verkehrswirtschaft, 13. Aufl., Tübingen

Schneider, H. (1995): Mikroökonomie. Eine Einführung in die Preis-, Produktions- und Wohlfahrtstheorie, 5. Aufl.,München

Schumann, J. (1992): Grundzüge der mikroökonomischen Theorie, 6. Aufl., Berlin u. a.

Stackelberg, H. v. (1951): Grundlagen der theoretischen Volkswirtschaftslehre, 2. Aufl., Tübingen

Stigler, G. J. (1966): The Theory of Price, 3rd ed., New York-London

Stobbe, A. (1991): Volkswirtschaftslehre, Bd. 2: Mikroökonomik, 2. Aufl., Berlin u. a.

Stocker, F. (1997): Spaß mit Mikro - Einfürhung in die Mikroökonomik, 4. Aufl., München-Wien

Streissler, M. (1974): Theorie des Haushalts, Stuttgart

Streissler, E. u. M. (Hrsg.) (1966): Konsum und Nachfrage, Köln-Berlin

Varian, H. R. (1994): Mikroökonomie, 3. Aufl., München-Wien

Wagner, A. (1995): Mikroökonomik, 3. Aufl., Stuttgart-New York

Weise, P. u. a. (1993): Neue Mikroökonomie, 3. Aufl., Würzburg-Wien

Woll, A. (1993): Allgemeine Volkswirtschaftslehre, 11. Aufl., München

Personen- und Sachverzeichnis